LÉON LALLEMAND

LA QUESTION
DES
ENFANTS ABANDONNÉS
ET DÉLAISSÉS
AU XIXE SIÈCLE

Elibron Classics
www.elibron.com

Elibron Classics series.

ISBN 1-4212-2847-5 (paperback)
ISBN 1-4212-2846-7 (hardcover)

This Elibron Classics Replica Edition is an unabridged facsimile of the edition published in 1885 by Alphonse Picard-Guillaumin et Co., Paris.

LA QUESTION

DES

ENFANTS ABANDONNÉS ET DÉLAISSÉS

AU XIXe SIÈCLE

ANGERS, IMP. A. BURDIN ET Cie, RUE GARNIER, 4.

LA QUESTION

DES

ENFANTS ABANDONNÉS

ET DÉLAISSÉS

AU XIXe SIÈCLE

PAR

LÉON LALLEMAND

Avocat

Lauréat de l'Institut

Membre de la Société d'Économie politique

(*Extrait d'un Mémoire couronné par l'Académie des Sciences morales et politiques*)

PARIS

ALPHONSE PICARD | GUILLAUMIN ET Cie

82, rue Bonaparte, 82 | 14, rue de Richelieu, 14

1885

AVANT-PROPOS

L'Académie des sciences morales et politiques vient pour la seconde fois de couronner nos travaux sur les questions hospitalières et charitables. Notre mémoire, à l'impression en ce moment, traite du sort fait chez les différents peuples à l'enfance abandonnée et délaissée ; il se divise en trois parties distinctes :

Études historiques, s'appliquant à l'antiquité, au moyen âge et aux nations modernes ;

Examen critique du projet de loi soumis au Parlement français sur la protection de l'enfance ;

Conclusions théoriques et pratiques dans lesquelles se trouvent exposées les modifications que nous voudrions voir apporter à la législation existante.

L'ensemble du mémoire devant former un volume de plus de 700 pages, il a paru utile, en vue de la discussion possible du projet voté déjà par le Sénat, de réunir en brochure les chapitres qui traitent de la situation des enfants trouvés, abandonnés et orphelins au XIXe siècle et contiennent nos vues personnelles sur les améliorations à réaliser.

Ce n'est donc qu'un extrait que nous publions aujourd'hui, et cette explication était nécessaire pour motiver la rédaction du chapitre premier débutant brusquement, sans aucun préambule, par une loi de l'an VIII.

Nous nous proposons, lors de la session d'août 1885, de soumettre ce modeste travail aux membres des Conseils Généraux, car ce sont eux, associés avec les Commissions hospitalières, qui doivent être les véritables maîtres du service des enfants assistés, et il importe que l'on renonce au système actuel dans lequel les pouvoirs et les attributions de chacun sont si mal délimités.

Notre prétention n'est pas de fournir la solution définitive de ces graves problèmes, nous voulons seulement appeler la discussion, tout en étant justement fier de la haute sanction que l'Académie des sciences morales et politiques a bien voulu donner aux principes que nous avons défendus.

29 *juin* 1885.

Léon Lallemand.

Paris, 5, rue des Beaux-Arts.

I

PARTIE HISTORIQUE

LA QUESTION

DES ENFANTS ABANDONNÉS ET DÉLAISSÉS

AU XIXe SIÈCLE

CHAPITRE PREMIER

LES ENFANTS ASSISTÉS AU XIXe SIÈCLE. — LA LÉGISLATION

En l'an VIII, après une série d'essais infructeux, le service des enfants assistés n'avait pas encore de base solide, le décret du 30 ventôse an V offrant seul un système d'organisation praticable. Le 25 floréal an VIII un arrêté affecta au paiement des mois de nourrice les portions d'amendes et confiscations attribuées antérieurement « aux hopitaux, aux maisons de secours et aux pauvres », mais ces mesures étaient insuffisantes, et il faut arriver au 15 pluviôse an XIII pour rencontrer une réglementation capable de produire des effets durables.

Les commissions hospitalières sont alors chargées de la tutelle des enfants admis dans les hospices et choisissent un de leurs membres pour exercer les fonctions de tuteur, les autres membres formant le conseil de famille. Cette disposition est confirmée par le décret-loi du 19 janvier 1811. Le titre Ier détermine les pupilles dont l'éducation est confiée à la charité publique, ce sont les *trouvés*, les *abandonnés*, les *orphelins pauvres*.

Les hospices désignés pour recevoir ces élèves ont la charge de la fourniture des layettes et de toutes les dépenses intérieures (titre V, art. 11). Une somme annuelle de 4 millions est inscrite au budget de l'État pour contribuer au paiement des mois de nourrice et des pensions (art. 12). Il doit y avoir (art. 3 et 4) au plus un tour dans chaque arrondissement.

En raison des circonstances particulières dans lesquelles se trouvait le pays, ces enfants sont déclarés être entièrement à la charge de l'État et mis dès l'âge de 12 ans à la disposition du Ministre de la marine. Cette partie du décret ne paraît avoir jamais reçu d'exécution.

L'art. 12 est abrogé à son tour par les lois de finances des 25 mars 1817, 15 mai 1818 et 19 juillet 1819 mettant les dépenses dites *extérieures* à la charge des départements avec le concours éventuel des communes. Plus tard, le 28 juin 1833, une ordonnance royale charge (art. 6) les percepteurs du paiement des mois de nourrice et pensions des enfants trouvés dans les communes autres que celle où est situé l'hospice dépositaire.

Malgré les termes si précis du décret de 1811, des doutes s'étaient élevés sur le point de savoir si les dépenses extérieures des *orphelins pauvres* devaient être à la charge des départements comme celles des enfants *trouvés* et *abandonnés*. Un avis du conseil d'État (20 juillet 1842) confirme pleinement l'affirmative. Quant aux mois de nourrice et pensions, ils sont déclarés insaisissables en vertu de l'art. 581 du Code de procédure (arrêt de cassation du 28 janvier 1850).

A la même époque la loi du 10 janvier 1849, relative à l'organisation de l'Assistance publique à Paris, avait constitué le directeur de cette administration tuteur des enfants trouvés, abandonnés et orphelins (art. 3).

Aucun des projets de lois soumis aux Chambres en 1849 et 1853 n'ayant abouti, il faut arriver au 18 juillet 1866 pour trouver une disposition législative nouvelle sur la matière qui nous occupe ; la loi sur les attributions des conseils généraux décide en effet *qu'ils statueront définitivement sur le service des Enfants assistés* (art. 1er, § 16)[1]. Le 5 mai 1869 une autre loi, s'occupant uniquement de créer des ressour-

1. Cette disposition est confirmée par la loi du 10 avril 1871 (art 46, § 18).

ces au service, divise les dépenses en *intérieures*, *extérieures*, d'*inspection* et de *surveillance* (art. 1er).

Les dépenses intérieures comprennent les frais occasionnés par le séjour des enfants à l'hospice, les dépenses de nourrices sédentaires, les layettes.

Les dépenses extérieures comprennent les secours temporaires ; les mois de nourrice et pensions, primes, vêtures, frais d'école, de transport, de maladie, d'inhumation, etc.

Les dépenses d'inspection comprennent les traitements et frais de tournées des inspecteurs et sous-inspecteurs, et généralement les frais occasionnés par la surveillance des pupilles.

Les dépenses intérieures et extérieures sont payées dans chaque département sur :

1° Le produit des fondations, dons et legs spéciaux faits à tous les hospices du département au profit des enfants assistés;

2° Le produit des amendes de police correctionnelle ;

3° Le budget départemental;

4° Le contingent des communes ;

5° La subvention de l'État égale au cinquième des dépenses intérieures.

Les frais d'inspection et de surveillance sont à la charge de l'État.

Cette dernière disposition mérite une attention spéciale.

Depuis longtemps déjà les Ministres de l'intérieur désiraient centraliser entre leurs mains les inspecteurs départementaux; aussi un décret rédigé dans ce sens et présenté comme une conséquence de la loi du 5 mai 1869 fut-il soumis à la signature de l'Impératrice régente le 31 juillet 1870.

Ce décret complète l'ensemble des dispositions réglementaires existant en France et concernant les enfants assistés ; tout le reste, en dehors des articles 58 du code civil et 348 à 352 du code pénal (abandons, suppressions d'état, etc.), relève de la jurisprudence changeante du Ministère.

En résumé, dans chaque département la tutelle des enfants trouvés, abandonnés et orphelins appartient aux Commissions hospitalières des hospices déclarés dépositaires ; le Conseil Général règle le service et l'inspecteur nommé par l'État tend à tout accaparer à son profit.

Cette diversité de droits, de pouvoirs et d'attributions entraîne souvent des conflits nuisibles au service et appelle évidemment des modifications, malheureusement celles proposées actuellement à la sanction du Parlement ne paraissent pas devoir remédier à la situation, ainsi qu'il est expliqué plus loin.

Nous allons maintenant suivre l'enfant assisté depuis son admission jusqu'à sa majorité et examiner en détail de quelle manière il est pourvu en France à son éducation et à la défense de ses intérêts.

CHAPITRE DEUXIÈME

LES ENFANTS ASSISTÉS AU XIXe SIÈCLE. — SITUATION ET ORGANISATION DU SERVICE

§ Ier. — *Admissions des enfants.*

Durant toute la période révolutionnaire les admissions eurent lieu à bureau ouvert, l'acte de naissance étant généralement exigé; mais des abus nombreux ne tardèrent pas à élever rapidement le chiffre des assistés. « Depuis dix ans, écrit le Ministre de l'intérieur Chaptal (circulaire du 23 ventôse an IX, 14 mars 1800 [1]), le nombre des enfants abandonnés a fait plus que doubler dans nos hospices; il s'élève en ce moment à 63,000. Cette progression effrayante a sans doute pour cause principale la dépravation des mœurs, suite nécessaire du trop long interrègne des lois, de l'ordre et de la morale publique. Mais ce serait étrangement s'abuser que de l'imputer à cette seule cause : il en est d'autres dont l'expérience garantit la réalité; il est urgent de les rechercher et de les détruire :

« 1° Dans plusieurs départements et à diverses époques on a reçu des enfants dont les parents étaient connus et mariés.

« 2° Depuis dix ans on admet généralement les enfants de tous ceux qui présentent des certificats d'indigence ou d'infirmités.

« 3° Les administrations ont ouvert des hospices aux enfants des artisans que l'ambition ou le besoin éloignait du lieu de leur domicile.

« 4° Ici les administrateurs ont cru devoir se charger des enfants des défenseurs de la patrie, pour indemniser les mères des secours que la nation leur avait promis.

1. Circ. et instr. du ministre de l'intér. tome Ier, p. 130.

« 5° Ailleurs on a délivré des certificats d'existence pour des enfants morts, afin de continuer un salaire qui n'était plus dû.

« 6° On a vu plusieurs fois des mères obtenir l'inscription de leurs enfants sur la liste des enfants abandonnés et s'en charger ensuite en qualité de nourrice pour usurper la rétribution.

« Pour détruire ces abus, conclut le ministre, les préfets prescriront aux administrateurs de ne conserver à la charge de la nation que les enfants de parents inconnus : seuls ils ont des droits aux secours du gouvernement; la bienfaisance des administrations locales doit prendre soin de tous les autres. »

La loi du 15 pluviôse an XIII, en régularisant la situation des abandonnés, ne modifia pas les inconvénients résultant de la facilité exagérée des admissions[1] que le décret du 19 janvier 1811 vint encore favoriser en décidant l'ouverture des tours dont la présence sur le territoire français ne peut être signalée avant cette époque qu'à titre de réelle exception.

Ce décret disait :

Art. 1er. — Les enfants dont l'éducation est confiée à la charité publique sont : 1° les enfants trouvés, 2° les enfants abandonnés, 3° les orphelins pauvres.

Art. 2. — Les enfants trouvés sont ceux qui, nés de pères et de mères inconnus, ont été trouvés exposés dans un lieu quelconque, ou portés dans les hospices destinés à les recevoir.

Art. 3. — Dans chaque hospice destiné à recevoir des enfants trouvés il y aura un tour où ils devront être déposés.

Art. 4. — Il y aura au plus dans chaque arrondissement un hospice où les enfants trouvés pourront être reçus[2], des re-

1. La circulaire du 27 mars 1810 signale les abus sans nombre continuant à exister. « Il est assez constant qu'en plusieurs lieux on a compris au rang des enfants illégitimes ou nés de parents inconnus, des enfants qui n'étaient ni dans l'un ni l'autre cas ; qu'un grand nombre d'enfants vivant au sein de leur famille ont été mis au rang des enfants à la charge du Gouvernement ; qu'on a souvent acquitté des mois de nourrice et pensions pour des enfants décédés depuis plusieurs années ; qu'on a porté l'immoralité jusqu'à substituer des enfants légitimes à des enfants trouvés dont on dissimulait le décès ; et qu'enfin ces différents abus se sont multipliés avec d'autant plus d'activité que la surveillance des maires des communes rurales *était entièrement nulle*, et que plusieurs d'entre eux délivraient sans examen tous les certificats d'existence qui leur étaient demandés. »

2. L'instruction du 15 juillet 1811 tome II, p. 269) s'exprime ainsi

gistres constateront, jour par jour, leur arrivée, leur sexe, leur âge apparent et décriront les marques naturelles et les langes qui peuvent servir à les faire connaître.

Art. 5. — Les enfants abandonnés sont ceux qui, nés de pères et de mères connus et d'abord élevés par eux ou par d'autres personnes à leur décharge, en sont délaissés sans qu'on sache ce que les père et mère sont devenus ou sans qu'on puisse recourir à eux.

Art. 6. — Les orphelins sont ceux qui, n'ayant ni père ni mère, n'ont aucun moyen d'existence.

Suivant les documents recueillis par la Commission d'enquête de 1860 (tableau F).

17	départ. donnèrent le titre de dépositaire		à 1	hospice.
8	—	—	à 2	—
22	—	—	à 3	—
20	—	—	à 4	—
11	—	—	à 5	—

8 départements constituèrent de 6 à 11 hospices dépositaires; 10 autres dépôts furent ouverts de 1829 à 1845, ce qui donne un total de 301 hospices, ayant fonctionné dans les conditions prévues par le décret.

Ce serait du reste une erreur de croire que partout on ouvrit des tours[1] (voir le tableau G, même enquête).

à ce sujet : « Dans les désignations à faire les Préfets indiqueront de préférence les hospices qui offriront le plus de ressources par leurs revenus ou par les allocations qu'ils pourraient obtenir des villes où ils sont situés. Dans les villes où il y a plusieurs hôpitaux, les établissements destinés à recevoir et traiter les malades, seront écartés de la désignation. Les dépôts pour ces villes seront placés, par préférence, dans les hôpitaux destinés aux vieillards. Cette mesure de prévoyance est commandée par l'intérêt qu'inspire la faiblesse des nouveau-nés et par le besoin de les éloigner de tout ce qui peut nuire à leur santé. »

1. Départements n'ayant pas eu de tours : Doubs, Gers, Bas-Rhin, Haut-Rhin, Haute-Saône, Vosges. On trouve dans l'instruction ministérielle du 15 juillet 1811 le passage suivant (t. II, p. 269) : « Cette dernière expression du décret, (un dépôt au plus par arrondissement), indique suffisamment qu'il faut réduire autant que possible le nombre des dépôts ; il faut se borner aux besoins des localités et tendre à rompre, sans nuire à la conservation des enfants, toutes les habitudes funestes qui sembleraient légitimer l'exposition des enfants, que l'ordre social a destinés à être élevés par leurs parents. »

6 départements n'en eurent jamais.			
16	—	en possédèrent	1
16	—	—	2
16	—	—	3
18	—	—	4
8	—	—	5
6	—	—	de 6 à 11.

Le département des Basses-Alpes se fait remarquer dans cette dernière catégorie par ses 11 hospices dépositaires et ses 10 tours.

Une réaction ne tarda pas à se produire contre la mesure prescrite par l'autorité impériale, en opposition avec les usages de presque toutes les provinces, et neuf tours furent fermés de 1813 à 1823.

Le Gouvernement était effrayé, du reste, de l'augmentation des abandons; le 27 mars 1817 le sous-secrétaire d'État de l'intérieur appelle la sollicitude des Préfets sur l'énorme accroissement qu'éprouve successivement le nombre de ces enfants... « Des abus nombreux, dit-il, se commettent dans l'admission des enfants au rang des enfants trouvés et enfants abandonnés. Dans plusieurs départements, où l'on a vérifié avec quelque sévérité les titres d'admission des enfants, on en a découvert un grand nombre qui n'avaient pas de droits à la charité publique, et qui, rendus à leur famille, ont considérablement diminué le nombre des enfants à la charge du département. »

Mais ces circulaires restant sans effet, le Ministère, se substituant en quelque sorte au législateur, fait paraître le règlement du 8 février 1823.

Aux termes de cette instruction (IVe partie, chap. 1er [1]) « on ne

A Paris, les anciennes maisons de Port-Royal et de l'Oratoire avaient été affectées aux sections d'accouchement et d'allaitement; alors les accouchements avaient lieu dans la maison de l'Oratoire, rue d'Enfer et les enfants étaient reçus à Port-Royal, rue de la Bourbe. C'est seulement à partir de 1814 qu'une délibération du conseil général en date du 24 juin donna à ces deux établissements la destination qu'ils ont actuellement en fixant la Maternité à Port-Royal, et l'hospice dépositaire dans les bâtiments de l'Oratoire, rue d'Enfer. (Cette rue a reçu, après la guerre de 1871, le nom de rue Denfert-Rochereau.)

1. Cir. tome V, p. 133.

doit comprendre au rang des enfants *abandonnés*, assimilés, pour leur régime et le mode de paiement de leur dépense, aux enfants *trouvés*, que les enfants délaissés, dont les pères et mères sont disparus, détenus ou condamnés pour faits criminels ou de police correctionnelle. L'indigence ou la mort naturelle des pères et mères ne sont pas des circonstances qui puissent faire admettre leurs enfants au rang des enfants abandonnés ; ils ne peuvent être classés que parmi des orphelins pauvres et les enfants de familles indigentes à la charge exclusive[1] des hospices ou secourus à domicile.

« Ces distinctions sont essentielles et comme elles sont souvent violées, leur stricte observation réduira beaucoup, dans plusieurs départements, la dépense des enfants trouvés. »

(Chap. II.) « L'admission des trouvés ne doit avoir lieu que dans les circonstances suivantes : 1° par leur exposition au tour ; 2° au moyen de leur apport à l'hospice, immédiatement après leur naissance, par l'officier de santé ou la sage-femme qui a fait l'accouchement ; 3° sur l'abandon de l'enfant, de la part de la mère, si, admise dans l'hospice pour y faire ses couches, elle est reconnue dans l'impossibilité de s'en charger ; 4° sur la remise du procès-verbal dressé par l'officier de l'état civil, pour les enfants exposés dans tout autre lieu que dans l'hospice.

« Les enfants *abandonnés* ne doivent être admis que 1° d'après l'acte de notoriété du juge de paix ou du maire constatant l'absence de leurs pères et mères ; 2° sur l'expédition des jugements correctionnels ou criminels qui les privent de l'assistance de leurs parents.

« Aucun enfant abandonné ne peut être admis s'*il a atteint sa douzième année*.

« Les causes du prodigieux accroissement qu'éprouve depuis quelques années le nombre des enfants trouvés et abandonnés, consistent certainement, en partie, dans les abus qui ont eu lieu dans les admissions. Les divers ministres qui se sont

1. Ces distinctions avaient été empruntées mot pour mot aux instructions du directeur de la comptabilité des communes et des hospices relatives aux dépenses des enfants trouvés et abandonnés. 15 juillet 1811. (Cir. tome II, p. 261.)

succédé au département de l'Intérieur ont souvent appelé l'attention des préfets sur ces abus ; mais il ne paraît pas qu'on ait en général apporté à les réprimer tous les soins désirables. »

Enfin l'instruction rappelle les art. 348 à 353 du code pénal, sur les abandons dans les lieux solitaires ou non solitaires, et le chap. II se termine par ces mots : « Il est du devoir des commissions administratives des hospices, des maires et sous-préfets de signaler au procureur du roi, pour être punis conformément à la loi, les délits prévus par les articles précédents qui viendraient à leur connaissance ; en mettant toutefois à la recherche de ces délits la réserve nécessaire pour ne pas s'exposer à amener des infanticides en voulant prévenir les expositions. »

Bien que fidèles à notre principe, de réserver pour la IIe partie de ces études, les discussions théoriques pour nous renfermer ici dans le domaine des faits, nous ne pouvons cependant passer sous silence les diverses observations qu'appelle cette circulaire de 1823.

On y voit d'abord une nouvelle manifestation de cette prétention des Ministres de l'intérieur de se substituer constamment aux législateurs dès qu'il s'agit du service des enfants assistés. Comment concilier en effet avec les termes des lois et décrets cette exclusion systématique des orphelins pauvres, et cette limite de 12 ans posée pour les entrées ? Les pensions devaient cesser à la 12e année, soit, mais un enfant de cet âge ne pouvait-il pas se trouver abandonné par ses parents, sans soutien, et ayant besoin de trouver un refuge dans la tutelle hospitalière.

Quant aux articles du Code pénal, il était évident qu'on ne pouvait les appliquer aux parents qui portaient leur enfant au tour ; sans cela le tour n'aurait eu aucune raison d'être. La jurisprudence ne tarda pas du reste à être unanime sur ce point[1].

Malgré son illégalité cette circulaire n'eut point pour résultat de diminuer le chiffre des abandonnés ; on en comptait

7. Locré, *Lég. civ.* tome VII ; Dalloz, 1834, I., 388. 1835, I., 296 ; Cassat. 16 décembre 1843 ; Dalloz 1844. I. 87 ; etc., etc. Nombreuses autres décisions dans le même sens.

en 1815, 84,000; en 1821, 105,000; en 1825, 117,305; en 1833, 127,507.

La suppression des tours continuait cependant; 35 furent fermés de 1823 à 1834; 25 en 1835, 32 en 1836, 16 en 1837. Lorsqu'on ne les supprimait pas, on les faisait surveiller. L'administration parisienne recourut une des premières à ce mode de procéder, en 1837[1] et plus tard en 1845. Cette même administration décidait également (arrêté du 25 janvier 1837) que tout enfant serait reçu « sur le vu d'un procès-verbal d'un commissaire de police, visé par le Préfet de police, constatant que l'enfant avait été exposé ou délaissé ainsi qu'il est dit aux articles 2, 3 et 5 du décret du 19 janvier 1811. » Toutefois les commissaires de police pouvaient, pour la conservation des enfants, les faire recevoir provisoirement à l'hospice en attendant le visa du préfet. La question de la fermeture du tour, ouvert seulement en 1827, avait été agitée, mais comme l'indique un des administrateurs « on reconnût qu'il y aurait eu imprudence et danger à le supprimer brusquement dans une ville telle que Paris[2]. »

C'est à cette époque que le Gouvernement eut recours pour diminuer les abandons, à cette mesure odieuse, consistant à transporter les enfants d'un département dans un autre; mesure sur laquelle nous aurons l'occasion de revenir.

Il est inutile de signaler toutes les dispositions prises par divers départements pour éviter l'augmentation des dépenses occasionnées par les trouvés; il suffira de mentionner un nouvel arrêté du Conseil général des hospices civils de Paris en date du 6 août 1845, approuvé par le ministre de l'Intérieur le 5 mars 1852, et reproduisant en général la circulaire de 1823.

1. Le même fait eut lieu à Lyon; le tour était surveillé par quatre agents assermentés. (*Observations présentées au Conseil général des hospices civils de Paris*, in-8, Paris, 1845, p. 62). Voir le *procès-verbal de la séance du Conseil général des hospices* du 25 janvier 1837, in-12 21, p.; les *Dispositions* relatives à l'admission des femmes enceintes dans les hôpitaux et à la réception des enfants à l'hospice des enfants trouvés, in-8, 14 p., 1845.

2. Valdruche. Rapport au conseil général des hospices sur le service des enfants trouvés, in-8, 52 p. et tableaux. Paris, 1838, p. 26.

La fermeture des tours continuait du reste sans interruption, et en 1860 les Inspecteurs généraux résument ainsi la situation (Enquête, p. 29) : « Si les vingt-cinq tours subsistant lors de l'enquête avaient tous été *libres*, la commission n'aurait point ici à s'occuper d'eux. Le mot *libre* indique assez qu'avec un tel système l'apport de l'enfant et sa remise au tour est la seule formalité, disons mieux, le seul acte qui précède l'abandon. Mais en regard des douze tours exempts de toute surveillance, on en comptait treize soumis à certaines conditions et à une surveillance équivalant à une suppression réelle... Pour les enfants abandonnés et les orphelins pauvres, les préfets se sont en général réservé de statuer personnellement et sans intermédiaire. Une instruction administrative confiée aux soins de l'Inspecteur départemental, des maires et des officiers de police, précède dans tous les cas la décision du préfet... »

Depuis 1860, les quelques tours existants ont été fermés, et voici de quelle manière il est procédé aux admissions dans toute la France.

A Paris, le Conseil Général prend pour base le respect du secret des familles et la nécessité d'assurer avant tout la vie de l'enfant. La question budgétaire vient en seconde ligne. Les enfants abandonnés ou orphelins sont donc admis, soit directement à l'hospice, soit par l'intermédiaire des commissaires de police. Faisant revivre les anciennes dispositions adoptées en 1845, par le Conseil des hospices, l'administration exige de nouveau depuis dix ans et d'une manière absolue cet intermédiaire toutes les fois que l'abandon est fait par une sage-femme[1].

Dans tous les cas, la seule pièce exigée est le *Bulletin de naissance de l'enfant;* si le déposant déclare que des raisons graves s'opposent à ce que le nom de la mère soit connu, aucune investigation n'a lieu et l'enfant est admis. Les sages-femmes conseillent du reste maintenant aux femmes désirant

1. De tout temps les sages-femmes ont été les grandes pourvoyeuses des hospices dépositaires, en extorquant de l'argent aux mères pour placer les enfants et ces faits sont signalés dans toutes les enquêtes.

assurer le secret le plus absolu de leur faute, de faire inscrire à l'état civil le nouveau né comme issu de père et mère non dénommés; le nombre des enfants reçus dans ces conditions augmente chaque année[1]. Quand aux expositions sur la voie publique, dans des églises, les maisons, etc., elles ne dépassent pas une trentaine.

En province on suit d'habitude un système absolument différent de celui adopté à Paris. Les Inspecteurs du ministère, placés en présence de Conseils généraux dont les ressources sont restreintes et absorbées en partie par les routes et chemins à entretenir, ont une préoccupation constante, celle de diminuer les dépenses. En conséquence ils restreignent autant que possible les admissions, exagèrent les secours aux filles mères, et, peu soucieux parfois des secrets des familles, accumulent les enquêtes et les contre-enquêtes. Aussi beaucoup de mères, ne pouvant réussir à faire admettre leur enfant, viennent-elles dans la Capitale en faire l'abandon.

A l'heure actuelle 22 départements seulement reçoivent, en moyenne, plus de cent enfants appartenant aux catégories du décret de 1811, c'est-à-dire : trouvés, abandonnés et orphelins.

En 1881 le département de l'Eure n'eut qu'une seule admission. Les Inspecteurs ne reculent devant aucune mesure tendant à forcer les mères à reprendre leurs enfants. M. Thulié, rapporteur du Conseil Général de la Seine, cite (Rapport de 1879) l'exemple d'un individu ayant épousé une femme qui avait déposé un petit garçon à l'hospice d'Alger et se voyant actionné au bout de huit ans en remboursement de frais occasionnés par un enfant dont il ignorait absolument l'existence. Des faits de cette nature, se reproduisant trop fréquemment, amènent naturellement une réaction dans les esprits et suscitent ces réclamations de la presse et de l'opinion en faveur du rétablissement des tours. Il est inutile d'ajouter que, saudans le département de la Seine, les Inspecteurs départementaux sont, sous le couvert des Préfets, seuls juges des admis

1. 1878, 24; — 1879, 32; — 1880, 38; — 1881, 68; — 1882, 74; — 1883, 101 — 1884, 130. — (Rapport annuel sur le service, exercice 1884).

sions ou des refus, et que c'est à eux que doit remonter la responsabilité de la situation; les Commissions hospitalières ne sont même pas consultées.

Malgré ces mesures, le chiffre des immatriculations reste à peu près stationnaire; il y a en effet des orphelins, des enfants de parents condamnés ou disparus qu'il n'est pas possible de refuser. Le Ministère a reconnu également que la limite de 12 ans posée par l'instruction de 1823 ne reposait sur aucun texte légal, et toutes les fois qu'il a été consulté par les Préfets il a donné, depuis plusieurs années, des instructions pour l'admission des enfants encore mineurs quel que soit leur âge. Mais ces enfants sont habituellement admis au moment même de leur naissance; à Paris, la proportion des élèves reçus de 1 jour à 1 mois est de 50 pour cent au minimum.

Les enfants légitimes forment également l'exception et encore ici faut-il faire une distinction importante. Dans des grands centres, beaucoup de femmes abandonnées par leur mari et ayant formé de nouvelles liaisons, continuent à faire inscrire leurs enfants sous le nom de l'époux absent, si bien qu'un certain nombre des pupilles légitimes, aux termes de l'acte de l'état civil, sont en réalité adultérins.

Le Directeur de l'Assistance publique s'exprime ainsi à ce sujet, dans le rapport présenté par lui sur l'exercice 1883 (Rap. p. 21).

« Les enfants légitimes admis en 1883, se décomposent de la manière suivante :

« Orphelins	de *père* et de *mère*	64
—	de *père*, abandonnés par la *mère*. .	98
—	de *mère*, abandonnés par le *père*. .	147
« Abandonnés	par le *père* et la *mère*, existant tous deux	88
—	par le *père* (la *mère* étant disparue). .	22
—	par la *mère* (le *père* étant disparu). .	141
	Total égal. .	560

« En outre, parmi toutes ces catégories, 98 enfants ont été reconnus adultérins à l'examen du dossier, alors que leur acte de naissance les indiquait comme légitimes. Ceci n'est pas une chose nouvelle : dans le rapport de 1878, page 26, l'un de mes prédécesseurs s'exprimait ainsi :

« La proportion des enfants abandonnés, *réellement légitimes*, est loin d'être aussi considérable que paraît l'indiquer le tableau ci-dessus. Nous sommes obligés, en effet, de nous en rapporter à l'acte de naissance, et, dans un grand nombre de cas, ces actes contiennent de fausses déclarations, car il s'agit très souvent d'enfants adultérins. En 1878, 54 mères ont déclaré spontanément que leurs enfants, inscrits comme légitimes, ne l'étaient pas en réalité. Si donc, des 473 abandonnés légitimes, on déduit ces 54 enfants, ainsi que les orphelins de père et de mère au nombre de 69, on arrive à 352 élèves seulement présumés légitimes et entrés en 1878. »

Les chiffres relevés plus haut montrent que ce sont généralement des pères veufs ou séparés de leurs femmes qui délaissent leurs enfants. Le nombre des abandonnés légitimes ayant leurs parents habitant ensemble est fort restreint : 88 sur 3,151 admissions, soit 2.80 0/0.

§ II. — *Les immatriculations.*

Une fois que l'admission d'un enfant a été prononcée il est immatriculé. Aux termes de l'instruction ministérielle du 31 octobre 1861 un registre n° 1 « intitulé *journal* ou *main courante*, comprend tous les enfants sans distinction de sexe d'âge ou de catégories, admis à l'assistance publique » ; les registres 2, 2 *bis*, 2 *ter* sont applicables aux enfants trouvés, abandonnés ou orphelins. « Ces trois registres, portant chacun la dénomination de *livres matricules*, devront contenir tous les détails possibles sur la vie de l'enfant, depuis son admission jusqu'à l'accomplissement de sa douzième année. L'état de sa santé, sa situation chez ses nourrices, sa conduite, son intelligence, le degré de son instruction morale et religieuse, tous les faits en un mot qui l'intéresseront, toutes les dépenses auxquelles il donnera lieu, devront y faire l'objet d'une mention spéciale. »

Antérieurement à cette circulaire, certains départements, notamment celui de la Seine, recommençaient chaque année la série des numéros d'immatriculation, si bien que sur toutes les pièces il fallait inscrire le chiffre correspondant à l'immatriculation de chaque enfant et l'année de l'admission ; maintenant la série est continue à dater du 1er janvier 1862.

Au moment même où il est procédé à l'inscription du pupille sur les livres matricules on lui passe au cou un collier rivé supportant une médaille qui reproduit le numéro du registre. Ce collier, qui ne doit pas être enlevé avant la septième année, a pour but d'assurer l'identité de l'enfant et d'empêcher toute tentative de substitution. Déjà au siècle dernier on attachait à la maison de la Couche une bulle au nouveau-né et l'on retrouve cette mesure usitée dans tous les États ayant un service d'assistés.

En France, depuis le commencement du siècle, l'administration a varié plusieurs fois sur le système à adopter ; on a expérimenté des boucles d'oreilles, mais le collier rivé au moyen d'une petite presse spéciale a prévalu[1]. En cas de rupture fortuite, le procès-verbal et le signalement de l'élève sont portés au livret. Les Administrateurs des hospices dépositaires sont tenus de faire porter les enfants trouvés au bureau de l'état civil et de les y faire enregistrer[2] ; à Paris, les commissaires de police se chargent de ce soin.

On doit donner à ces pauvres petits un nom « emprunté soit à l'histoire des temps passés, soit aux circonstances particulières à l'enfant, comme sa conformation, ses traits, son teint, le pays, le lieu, l'heure où il a été trouvé. Il faut éviter toute dénomination indécente, ridicule ou propre à rappeler en toute occasion que celui à qui on le donne est un enfant trouvé[3]. »

Nous ne pouvons quitter cette question des immatriculations sans parler des rapatriements sur les départements et l'étranger.

1. Voir circulaires ministérielles (27 juillet 1818 (colliers); 20 mai 1826 (colliers); 12 janvier 1842, (boucles d'oreilles); 12 mars 1843 (boucles d'oreilles). Enquête de 1860 et projet d'instruction (colliers).

2. Décision du ministre de la justice (12 janvier 1820).

3. Cir. 30 juin 1812. Instruction 8 février 1823.

Aux termes du décret du 24 vendémiaire an II (titre V, art. 1 à 3). « Le domicile de secours est le lieu où l'homme nécessiteux a droit aux secours publics. Le lieu de la naissance est le lieu naturel du domicile de secours. Le lieu de naissance pour les enfants est le domicile habituel de la mère au moment où ils sont nés. »

Or, comme en vue de cacher leur faute un grand nombre de femmes quittent leur résidence habituelle au moment des couches, il y a un intérêt évident pour les départements à rechercher l'origine des enfants admis pour en imposer la charge aux départements où ils ont droit aux secours publics. Ces recherches, déjà difficiles par elles-mêmes à cause des déclarations généralement inexactes des intéressées ou des sages-femmes, se trouvent encore compliquées par une jurisprudence ministérielle absolument préjudiciable aux grands centres de population et notamment à Paris. Suivant cette jurisprudence constatée par un rapport inséré aux annexes de l'enquête de 1850 (tome II, p. 713), du moment qu'une femme enceinte est venue dans une localité avant son accouchement en témoignant l'intention de s'y fixer, qu'elle s'est livrée au travail et qu'elle continue effectivement à y séjourner après la naissance de son enfant, elle acquiert pour lui le domicile de secours et le rapatriement sur le département d'origine de la mère n'est pas admis.

D'un autre côté les recherches, les investigations nécessitées par ces rapatriements sont absolument contraires au secret que les femmes ont quelquefois intérêt à sauvegarder. Aussi le Conseil Général de la Seine (session de 1879, Rapport de M. Thulié) a-t-il demandé que ces renvois fussent supprimés ; les départements étant indemnisés au moyen d'un fonds commun d'abonnement centralisé et réparti par le Ministère de l'Intérieur. L'affaire est à l'étude et n'a reçu encore aucune solution ; la difficulté consiste à trouver une base équitable pour la répartition.

Quant aux enfants étrangers, la plupart des Gouvernements admettent leur rapatriement à la suite de demandes introduites par voie diplomatique, mais certains États, comme la Belgique et l'Italie, ne considèrent plus, depuis 2 ou 3 ans, comme leurs nationaux, que les enfants légitimes ou reconnus; ce principe, absolument vrai au point de vue des effets civils, ne devrait pas être admis dans une question d'ordre purement administratif.

§ III. — *Séjour des élèves à l'hospice dépositaire.*

Tout nouveau-né admis dans un hospice dépositaire est immédiatement confié à une nourrice sédentaire, ou élevé au biberon si le peu d'importance de l'établissement ne comporte pas un service de nourrices.

On ne peut évidemment organiser ce service que pour les villes importantes où les abandons sont fréquents [1]. En règle générale, afin d'éviter les agglomérations funestes à la population infantile, les élèves ne doivent séjourner à l'hospice que le temps strictement nécessaire et être confiés de suite à des femmes de la campagne.

Malgré les efforts de l'autorité supérieure [2] quelques administrations hospitalières ont une tendance à immobiliser au dépôt des pupilles admis ou ramenés de nourrice. Aussi les dépenses occasionnées de ce chef varient-elles avec les départements.

A Paris, antérieurement à 1860, on vaccinait les enfants à l'hospice, ce qui entraînait un séjour prolongé; maintenant cette opération a toujours lieu à la campagne et, hors les cas de maladies, les pupilles ne séjournent pas plus de vingt-quatre à trente-six heures au dépôt. Le volume de la statistique du Ministère de l'agriculture et du commerce, année 1869, tome IX, p. LIX, constate que le département de la Seine est celui où la durée du séjour est la plus réduite.

Aux termes de la loi du 5 mai 1869 (articles 2 et 4) les dépenses dites intérieures comprenant ces frais de séjour, « sont

1. A Paris il y a une moyenne de 30 à 35 nourrices payées 50 francs par mois, servant pour les enfants abandonnés et pour les enfants, dits du dépôt, dont les parents sont malades dans les hôpitaux de la capitale.

2. Instruction, 1er avril 1861 et 3 août 1869.

prélevées sur le produit des fondations, dons et legs spéciaux faits à tous les hospices du département, au profit des enfants assistés » et, en cas d'insuffisance, sur le budget départemental.

Le prix de la journée à rembourser aux hospices dépositaires est arrêté tous les cinq ans par le préfet, après avoir pris l'avis du Conseil général (même loi article 4 *in fine*).

§ IV. — *Mise en nourrice.*

Au commencement du siècle on continuait généralement à utiliser pour le recrutement des nourrices et le placement des enfants à la campagne, des agents appelés *meneurs*.

En 1821 il fut reconnu à Paris que ces meneurs se livraient depuis de nombreuses années à des fraudes de tout nature ; faisant figurer sur les contrôles des enfants décédés ; payant irrégulièrement les nourrices ; ils furent donc tous révoqués et remplacés par des préposés, domiciliés en province, chargés d'une circonscription déterminée ; ce système est encore suivi actuellement. Les départements ayant une population d'enfants assistés suffisamment nombreuse ont également des employés résidant sur place ; pour les départements à faible population, l'inspecteur et les sous-inspecteurs suffisent aux besoins du service.

Les instructions réglementaires exigent, qu'à moins d'ordre contraire des médecins, les enfants soient tous élevés au sein, que la nourrice ait un berceau et une habitation saine. Les départements font chaque année des dépenses de plus en plus considérables pour assurer un bon recrutement en accordant des pensions élevées de manière à pouvoir lutter contre la concurrence des bureaux particuliers. Le département de la Seine vient, à dater du 1er janvier 1884, de porter de 18 à 25 francs les sommes mensuelles allouées pour les enfants de la naissance à 1 an ; indépendamment des 18 francs prévus au décret du 30 ventôse an V.

Cette question du choix de la nourrice a, en effet, une influence très grande sur l'avenir des enfants. Le pupille hospitalier n'est pas un nourrisson que l'on doit rendre aux parents une fois le sevrage terminé.

Il faut trouver non seulement une femme ayant un lait suffisant et pouvant lui assurer le bien-être indispensable, mais encore donner la préférence à des nourriciers en mesure de le conserver dans la maison où il aurait été élevé. C'est à cette condition seule que l'on peut constituer au pauvre abandonné une seconde famille, et en faire un jour un honnête et laborieux cultivateur.

Si l'élève placé de prime-abord chez des personnes misérables a survécu et que plus tard il passe de mains en mains sans s'attacher à aucun des nourriciers qui l'auront recueilli, il deviendra un mauvais sujet et, indépendamment du tort fait à ce pupille, la société supportera peut-être, pour le punir de fautes dont l'origine ne lui sera pas imputable, des dépenses plus élevées que celles qu'il aurait fallu pour lui assurer dans son enfance la protection tutélaire d'un foyer.

Cette considération est de la plus haute importance, et elle avait été absolument méconnue par l'Administration supérieure lorsqu'elle ordonna la mutation en masse des enfants assistés. Cette mesure est ainsi résumée dans la circulaire ministérielle du 21 juillet 1827. « Le déplacement de tous les enfants est devenu indispensable pour détruire les nombreux abus qui se sont introduits dans cette partie du service ; il a déjà eu lieu avec beaucoup de succès dans quelques départements et je ne doute pas qu'en le faisant opérer dans toute la France on n'obtienne une réduction considérable dans le nombre et dans la dépense des enfants trouvés. Ce déplacement peut être fait de deux manières. La première serait de vous concerter avec vos collègues des départements limitrophes du vôtre pour placer en nourrice ou pension, dans leurs départements, les enfants trouvés que vous administrez... La seconde serait d'opérer un échange de vos enfants trouvés avec ceux des départements voisins. Afin de ne point enlever aux enfants les avantages qu'ils peuvent retirer de l'attachement de leurs nourriciers, vous devrez aussi faire annoncer que si des nourriciers, ou d'autres personnes bien famées, voulaient se charger *gratuitement* des enfants qui auraient été jusqu'alors confiés à leurs soins, l'administration s'engagerait à les leur laisser jusqu'à l'âge de 21 ans... sans que ces enfants puissent les quitter ni exiger d'eux aucun salaire jusqu'à leur majorité. »

Placer, lors de l'admission, les pupilles dans un autre département afin que les parents ne puissent retrouver leurs traces, rien de plus légitime; la force des choses amène du reste ce résultat lorsque les abandons sont nombreux et que les localités environnant l'hospice dépositaire n'offrent point de ressources suffisantes en nourrices.

Mais les séparer violemment des femmes qui les ont élevés, quelle cruauté! de même qu'il était inique de spéculer sur l'affection des nourriciers pour les obliger à conserver gratuitement des enfants qui ne leur appartenaient pas, en forçant ceux-ci à servir sans rétribution jusqu'à vingt-un ans.

« Nous avons vu cependant, dit M. Remacle[1], des personnes bien intentionnées tenir la mesure des déplacements comme bonne et utile en elle-même, et comme n'excédant pas les droits de l'État sur les enfants. Ces personnes n'auraient besoin, pour changer d'avis, que de suivre de près l'exécution de la mesure qu'elles vantent. Si les enfants sont encore dans le premier âge, on les enlève à des nourrices éprouvées pour les donner à d'autres dont le lait leur conviendra moins ou ne leur conviendra pas du tout. S'ils sont entrés dans la seconde, dans la troisième période de l'enfance, on brise des liens d'affection, des habitudes prises, une éducation commencée. On soumet indistinctement au hasard d'un voyage des êtres faibles, pour qui toute fatigue est mortelle. Les uns vivaient sains et forts dans l'atmosphère attiédie de la plaine; ils sont envoyés dans les montagnes où un air plus raréfié, plus vif les surprend et les tue. Les autres habitaient un pays abondant en ressources, ils sont forcés de le quitter pour un autre où la nourriture est grossière et rare : les plus faibles y succombent encore. On a fait le calcul de la diminution de dépenses amenée par l'emploi de cette mesure. Si l'on supputait les décès qu'elle a entraînés, on verrait ce que coûtent en hommes, ces économies d'argent. »

1. *Des hospices d'enfants trouvés en Europe*, 1838, p. 268.

L'opinion publique s'émut de ces déplacements administratifs; Lamartine fit entendre sa voix, il montra les nourrices allant chez le maire, de chez le maire à la préfecture pour faire révoquer l'ordre inflexible, prenant l'engagement de conserver l'enfant gratuitement, ou après l'avoir livré au conducteur des convois, courant à pied pour le redemander et le rapportant dans leurs bras. Le Gouvernement dut renoncer à un système aussi odieux; on peut être surpris toutefois de voir M. l'inspecteur général de Watteville écrire dans un rapport officiel « qu'il est à remarquer que le chiffre des enfants décédés durant le mois qui a suivi leur déplacement est moins considérable que celui qui a lieu ordinairement. Dans l'état normal des choses, la mortalité est plus forte sur les enfants en nourrice. *Le déplacement a eu une influence salutaire sur leur santé.* »

Au lieu de supprimer ces mutations, il fallait donc alors les ériger en coutume permanente afin de combattre efficacement la mortalité[1].

Les enfants assistés sont confiés presque universellement à des cultivateurs; les mises en apprentissage forment l'exception, il a été reconnu, en effet, que la condition agricole est celle qui convient le mieux aux pupilles, tout en assurant leur avenir. Avant la création d'inspecteurs départementaux vers 1835[2], il faut reconnaître qu'en général les Commissions hospitalières, privées des moyens d'exécution, composées d'hommes absorbés par leurs affaires personnelles, surveillaient assez mal les enfants. On ne trouvait de remède à la situation, qu'en les entassant dans les hospices dépositaires au grand détriment de leur santé et du budget. A l'heure actuelle au contraire, il est fait partout, comme nous l'avons vu, les efforts les plus louables pour assurer aux pupilles de

1. Rapport à M. le ministre de l'intérieur sur le service des enfants trouvés et abandonnés en France. Paris, imp. nationale, 1849, p. 22 et 23.

Ces déplacements effectués de 1830 à 1838 dans 60 départements ont porté sur 32,608 enfants : de 1 jour à 2 ans, 8,879; de 2 à 6 ans, 12,110; de 6 à 9 ans, 7,661; de 9 à 12 ans, 3,958. Total : 32,608.

47 conseils généraux avaient donné leur approbation à la mesure, 14 l'avaient blâmée, et 25 ne s'étaient point prononcés.

2. Circulaire ministérielle du 12 mars 1839.

bons placements, en accordant une subvention dont le niveau s'élève chaque jour. L'Inspecteur départemental d'Indre-et-Loire indique parfaitement dans son rapport de 1882, le but qu'il faut atteindre [1].

« Dès qu'il a accompli sa troisième année, dit-il, l'enfant assisté d'Indre-et-Loire ne reçoit plus qu'une pension mensuelle de 8 francs 50; ce maigre subside est même réduit à sept francs par mois, à partir de la septième année, et jusqu'à douze ans accomplis. Je n'ignore pas, monsieur le Préfet, que certains départements, en fort petit nombre d'ailleurs, donnent des prix de pension moins élevés encore : l'un d'eux en arrive à ne payer que trois francs par mois (dix centimes par jour pour nourrir, coucher, blanchir un enfant de sept à douze ans !)

« Si économique que soit cette situation pour le budget départemental, de tels résultats ne me paraissent pas enviables : le Conseil général ne m'invitera certainement pas à en rechercher le secret pour l'appliquer à nos pupilles. Pas plus en Indre-et-Loire qu'ailleurs, on ne saurait trouver en nombre suffisant des nourices charitables, disposées à élever à leurs frais les pupilles de l'assistance : les conditions du milieu social dans lequel elles sont recrutées ne leur permet pas un tel désintéressement. Les nourriciers qui recherchent des enfants assistés pour un salaire aussi dérisoire ne peuvent avoir qu'un but, à mon avis : exploiter le petit malheureux, soit en le faisant mendier, soit en l'appliquant, dès son plus jeune âge et à leur profit personnel, à des travaux assidus d'industrie. Dès lors, plus de bien-être pour l'enfant, plus d'école, plus d'éducation; qu'espérer même au point de vue de son développement physique ?

« Telle n'est pas, heureusement, la situation des enfants assistés d'Indre-et-Loire : le Conseil général aura à cœur de la maintenir en l'améliorant encore.

« Que nos enfants de six à douze ans soient associés chez leurs nourriciers aux petits travaux d'intérieur, de garde des troupeaux, de culture, etc., avant ou après les heures de

1. Session du conseil général ; août 1880. Rapports, p. 396.

classe, les jours de vacances ou congés scolaires, rien de mieux; je vois même des avantages sérieux à ce qu'ils soient de bonne heure initiés aux divers travaux de la campagne; l'agriculture sera, pour la plupart, la carrière de leur vie. Mais le Conseil général et votre administration tiendront évidemment à ce que nos enfants de six à douze ans ne soient exercés qu'à des travaux modérés, en rapport avec la légèreté de leur âge et leur débilité physique, et seulement en dehors des heures d'ouverture de l'école.

« Non seulement ces conditions sont essentielles à la santé de nos pupilles, à leur développement physique, moral et intellectuel mais elles constituent, en outre, un exemple salutaire, utile à donner dans certaines communes à un trop grand nombre de familles, qui n'ont point les mêmes préoccupations vis-à-vis de leurs enfants légitimes.

« Si le Conseil général veut assurer ce résultat, déjà acquis en partie, il me paraît nécessaire d'élever les tarifs actuels à douze francs par mois, par enfant de quatre à douze ans, à dix francs tout au moins. Si l'on ajoute à ce nouveau tarif l'indemnité réglementaire annuellement accordée pour fréquentation régulière de l'école, et une gratification variable accordée en fin d'année aux meilleures nourrices, la dépense annuelle s'élèvera à cent quatre-vingt francs environ par enfant, soit cinquante centimes par jour, non compris la vêture, délivrée en nature.

« Bien que très modeste, ce salaire sera convenablement rémunérateur pour les nourrices : en échange, l'administration aura le droit de se montrer très exigeante, ce qu'elle ne peut pas toujours faire avec le système actuel. »

Il est donc à désirer que les Conseils Généraux n'hésitent pas à faire quelques sacrifices pour donner à la patrie des soutiens robustes, courageux, voulant gagner honnêtement leur vie et devant rendre au décuple les frais qu'ils auront occasionnés.

Ce n'est pas, en effet, une simple question d'humanité.

Il s'agit, dit l'inspecteur du Loir-et-Cher[1], de sauvegarder les

1. Session du Conseil général, août 1882. Rapport de l'inspecteur, p. 28.

intérêts de la société en lui rattachant par les liens du devoir et de la reconnaissance des enfants qui, plus tard, peuvent ou la servir utilement ou devenir un danger pour elle. »

« Il faut, en un mot, créer à l'enfant une famille et le rendre l'égal de ceux qui vivent au milieu des leurs[1]. »

Sous ce rapport, la loi du 28 mars 1882 a produit d'heureux effets, en forçant la plupart des Conseils Généraux à élever le tarif des pensions et à les continuer jusqu'à la 13e année accomplie. Antérieurement le décret de 1811 et les instructions de 1823 avaient été scrupuleusement suivis. La pension, sauf en ces dernières années, pour trois départements, cessait à 12 ans. Dans peu de temps elle sera allouée uniformément une année de plus, au grand avantage de l'instruction et du développement physique de l'enfant[2]. Il ne faudrait pas croire toutefois qu'antérieurement à cette loi on ne s'était pas préoccupé d'envoyer les pupilles aux écoles. Un des premiers actes administratifs que l'on rencontre à ce sujet est le décret du 30 ventôse an V décidant (art. 4) que les nourrices seront tenues d'envoyer les enfants aux écoles pour y participer aux instructions données aux autres enfants de la commune ou du canton.

Plus tard, en vertu de la décision ministérielle du 17 mars 1843, les enfants assistés eurent droit gratuitement[3] à l'instruction primaire. La circulaire du 12 février 1856 autorisa

1. Conseil général du Rhône, session d'avril 1882 Rapport de l'inspecteur, p. 46.

2. Indépendamment du prix des pensions insuffisant encore, il faut ajouter que l'on accorde habituellement des recompenses ou indemnités pour la fréquentation des classes et des instructions religieuses et des vêtures dont la composition s'améliore d'année en année ; celles du département de la Seine notamment sont aussi complètes que possible et coûtent au budget départemental plus de 600,000 fr. par an.

3. « Le conseil royal de l'instruction publique, estime qu'aux termes de la loi du 22 juin 1833, qui veut que l'instruction primaire soit donnée à tous les enfants et gratuitement aux enfants indigents ; cette instruction doit être, à plus forte raison, donnée gratuitement aux enfants trouvés ; que tout enfant, habitant de fait dans une commune, a droit à l'instruction primaire donnée dans l'école communale; que si les revenus ordinaires et les trois centimes additionnels ne suffisent pas pour couvrir toute la dépense, le Département ou l'État, ou enfin l'Administration des hospices doit y suppléer. » (Watteville, *Législation charitable*, tome II, p. 12.)

ensuite l'imputation sur les budgets départementaux : 1° des frais d'acquisition de fournitures d'écoles ; 2° de ceux qui résulteraient de l'admission, dans des écoles privées, des jeunes filles habitant des localités dépourvues d'école publique. « Je ne terminerai pas, dit le ministre, sans vous recommander de veiller à ce que les nourriciers envoient exactement aux écoles primaires les enfants qui leur sont confiés. Si les négligences qui m'ont été signalées se manifestaient de nouveau, vous ne devriez pas hésiter à prendre contre ceux qui s'en rendraient coupables telles mesures que vous paraîtrait commander l'intérêt des enfants. »

Il ne faudrait pas s'exagérer cependant les résultats obtenus. L'expérience démontre que les assistés, ainsi que la plupart des enfants de nos campagnes, une fois arrivés à l'âge de 15 à 16 ans, ayant peu d'occasion de s'exercer à la lecture ou à l'écriture, oublient rapidement ce qu'ils ont appris.

Il faut aussi éviter un autre écueil : actuellement les élèves qui arrivent à obtenir le certificat d'études primaires se croient les plus savants du monde, et ont une propension marquée à vouloir abandonner les campagnes pour venir dans les villes ; il appartient aux Administrations hospitalières de réagir contre de pareilles tendances, en n'encourageant pas par une faiblesse coupable des prétentions que rien ne justifie le plus souvent, et qui ne pourraient qu'augmenter le nombre des déclassés, c'est-à-dire des êtres les plus malheureux et les plus nuisibles à la société.

§ V. — *Placement des enfants arrivés à leur douzième ou treizième année.*

Ainsi que nous venons de le dire, les pensions devant finir à 12 ans accomplis (actuellement 13 ans), il fallait pourvoir à l'avenir des pupilles. Le décret du 30 ventôse an V, avait décidé que deux indemnités de 50 francs seraient accordées, l'une (art. 8) servant de récompense aux nourriciers ayant conservé les enfants depuis leur première année « en les préservant d'accidents », la seconde destinée à favoriser le placement des élèves « chez des cultivateurs, artistes, ou manufacturiers », où ils devaient rester jusqu'à leur majorité pour y apprendre un métier ou profession conforme à leurs goûts et à leurs facultés (art. 13). « Les nourrices et autres habitants qui auront élevé les enfants pourront, ajoutait l'article 14, les conserver préférablement à tous autres. »

Ces prescriptions fort sages furent modifiées profondément par le décret du 9 janvier 1811, mettant les enfants à la disposition de l'État et spécifiant (art. 17 et 18) « que les contrats d'apprentissage ne stipuleront aucune somme en faveur ni du maître, ni de l'apprenti, mais garantiront au maître *les services gratuits* de l'apprenti jusqu'à un âge ne pouvant excéder 25 *ans* et à l'apprenti, la nourriture, l'entretien et le logement. »

Il est possible que l'état du pays à cette époque ait paru légitimer de pareilles mesures, mais elles lésaient complètement les intérêts des pupilles, aussi fallut-il bientôt en revenir aux deux principes suivants :

1° A la cessation de la pension les élèves seront maintenus autant que possible à la campagne, et ils ne pourront être ramenés dans les hospices qu'en cas de maladie ou d'infirmité. (30 vent. an V, art. 3-5, 19 janv. 1811, art. 17 et 20.)

2° Les commissions hospitalières feront des transactions particulières avec ceux qui se chargeront de ces enfants. (30 vent. an V, art. 13.)

Remarquons que toutefois, dans ce système suivi par tous les départements, le pupille doit se suffire lui-même à douze ans et travailler assez pour gagner au moins son entretien. Disposition draconienne à l'égard de ces pauvres êtres, atténuée un peu, il est vrai, par la continuation de la pension jusqu'à 13 ans, mais que la pénurie du budget ne parvient pas à justifier suffisamment, car exiger trop de l'enfant, encore en bas âge, c'est compromettre l'avenir d'un membre de la nation et sacrifier ainsi un double intérêt.

§ VI. — *Tutelle des commissions hospitalières.*

Que l'enfant soit en nourrice ou placé en apprentissage, les Commissions hospitalières ont de nombreuses occasions d'exercer leur tutelle ; il faut examiner quelles sont les bases et l'étendue de cette tutelle légale que leur attribue l'art. 1er de la loi du 15 pluviôse an XIII, dont il est bon de rappeler les termes :

« Les enfants admis dans les hospices à quelque titre, et sous quelque dénomination que ce soit, seront sous la tutelle des commissions hospitalières de ces maisons, lesquelles désigneront un de leurs membres pour exercer, le cas advenant, les fonctions de tuteur, et les autres formeront le conseil de tutelle[1]. » (Art. 3.) « Cette tutelle durera jusqu'à la majorité des enfants ou à leur émancipation par le mariage ou autrement[2]. »

Le rapporteur de la loi au corps législatif, Regnaud de Saint-Jean-d'Angély, précise la portée de ces dispositions en disant : « Le gouvernement a dû s'occuper d'assurer le sort des enfants abandonnés, de créer pour eux à la place des parents qu'ils ne connurent jamais ou qu'ils ont perdus, une *paternité sociale qui exercât tous les droits, toute la puissance de la paternité naturelle* et qui en suppléât les soins, la vigilance et la protection. »

La situation est donc bien claire ; l'enfant, *une fois immatriculé n'a plus de famille*, la Commission administrative possède à son égard les droits attribués aux pères et mères par le code civil[3], et il n'y a pas à distinguer s'il s'agit d'un enfant naturel ou d'un enfant légitime. Le droit de succession réciproque, sous les conditions que nous examinerons ultérieurement, forme le seul lien subsistant dans ce vaste nau-

1. A Paris, la loi du 10 janvier 1849 a confié au Directeur de l'administration générale de l'Assistance publique la tutelle des enfants assistés, mais le conseil de surveillance de cette administration, dont les attributions sont limitativement déterminées par la loi et qui d'ailleurs n'administre pas puisqu'il donne simplement des avis, ne saurait être assimilé au conseil de tutelle formé des membres des Commissions hospitalières des départements. Il en résulte que le Directeur de l'Assistance, *tuteur légal sans conseil de famille,* a par la force même des choses les pouvoirs *du père pendant le mariage.*

2. Ces dispositions sont confirmées par le décret de 1811 (art. 19).

3. Cette formule se rencontre dans la loi de pluviôse à l'occasion de l'émancipation (art. 4). « Les commissions jouiront, relativement à l'émancipation des mineurs qui sont sous leur tutelle, des droits attribués aux pères et mères par le code civil. »

frage des attributs de la puissance paternelle que crée l'abandon [1]. Il en résulte que les Commissions hospitalières ont les droits de garde et de correction, d'émancipation, de consentement au mariage et aux engagements militaires, et d'administration des biens.

I. — Droit de garde et de correction.

Les commissions hospitalières doivent placer de préférence leurs pupilles dans les campagnes, mais elles peuvent parfaitement les confier à des industriels ou à des personnes charitables se chargeant de leur entretien en vue d'adoption ultérieure, le code civil prévoit même le cas où la tutelle officieuse serait déléguée à des bienfaiteurs [2]. Ces placements sont quelquefois très avantageux. Ainsi le Directeur de l'Assistance publique dans ses rapports de 1882 et 1883, cite deux pupilles ayant hérité l'une de 60,000 francs de rentes, l'autre de 500,000 francs. Une troisième, ajoute-t-il (p. 38) a été mariée récemment d'une manière brillante, elle ignore complètement le secret de sa naissance. En effet, les enfants ainsi placés se croient en général les descendants des personnes qui les ont recueillis. La tendresse est réciproque, et c'est seulement au moment du mariage ou de la majorité qu'ils connaissent souvent la vérité, mais alors l'affection et la reconnaissance remplacent dans leur cœur les sentiments filiaux qui y ont régné pendant tant d'années.

Comme ombre à ce tableau, il faut dire quelques mots des mises en préservation. Toutes les fois qu'un élève se conduit

1. Voir un jugement du tribunal du Puy. 29 juillet 1861. Dalloz, 62 3. 14.

2. On a agité la question de savoir si après le décès du tuteur officieux, survenu pendant la minorité du pupille, celui-ci retombait sous la tutelle de l'Administration hospitalière La jurisprudence admet la négative. Angers, 26 juin 1844. « Cette doctrine nous semble erronée, dit M. Léon Béquet (*Régime et Législation de l'Assistance en France*, 1885, p. 117), en ce sens qu'il ne paraît pas possible de soutenir que la tutelle des enfants abandonnés n'ait pas été réglée dans un intérêt d'ordre public. » Nous sommes absolument de cette opinion, en effet, comme le dit encore M Béquet : « La tutelle de l'Administration dérive d'une sorte de paternité fictive, elle a le même objet et doit avoir aussi la même durée que la tutelle légitime des parents véritables, la tutelle officieuse a pu l'exonérer mais non l'anéantir. »

mal, d'une façon persistante, rendant par son inconduite, tout placement impossible, la Commission hospitalière (à Paris le Directeur de l'Assistance publique) requiert du Président du tribunal l'envoi dans un établissement pénitentiaire à titre de correction paternelle (art. 376 et 377 du code civil). On choisit généralement les Colonies agricoles et les Bons-Pasteurs. Ces mises en préservation sont rares et s'appliquent le plus souvent à des enfants abandonnés âgés et ayant contracté avant leur admission des habitudes de paresse et de vice ; ce peuvent être de malheureuses filles souillées au domicile paternel ; ce fait se rencontre malheureusement.

II. — Émancipation ; consentement à l'engagement militaire, ou à l'engagement décennal dans l'instruction ; mariage.

Les deux premiers de ces droits ne donnent lieu à aucune observation, on peut dire seulement que si l'émancipation existe, elle est d'une application extrêmement rare ; nous n'en avons jamais trouvé trace dans les rapports des inspecteurs départementaux.

Quant au mariage, on a contesté le pouvoir des commissions hospitalières en raison du silence de la loi. Il est vrai que la loi du 15 pluviôse an XIII et le décret du 19 janvier 1811, ne prononcent pas le nom de cet acte, mais c'est un oubli que l'ensemble de la législation permet de combler.

En premier lieu il a été déclaré dans l'exposé des motifs que les Commissions devaient exercer « tous les droits, toute la puissance de la paternité ». En second lieu comme le remarque M. Léon Béquet (p. 115) « des droits de tutelle impartis par la loi, il résulte que l'enfant ne peut ni contracter ni s'engager sans l'autorisation de la commission ; à plus forte raison ne saurait-il se marier. »

Enfin qui autoriserait le mariage dans l'immense majorité des cas où il s'agit d'un enfant naturel non reconnu, ou d'un enfant légitime dont les parents sont morts ou disparus depuis vingt ans ? Si l'on exigeait un jugement déclarant l'absence et la constitution d'un conseil de famille avec nomination d'un tuteur *ad hoc*, autant déclarer que les enfants assistés mineurs ne se marieraient jamais; ce serait encourager le concubinage. Du reste un fait prime tout; c'est la pratique journalière; depuis le commencement du siècle des milliers d'enfants ont été mariés avec le consentement de leurs tuteurs légaux, la jurisprudence est donc constante[1].

On admet généralement que toute tutelle cessant à la mojorité, le pupille devenu majeur peut librement se marier sans aucun consentement, la restriction édictée par le code civil ne l'atteignant pas; cette lacune nous paraît regrettable, car personne plus que ces infortunés, privés des conseil des parents, n'a besoin d'être préservé de ses propres entraînements.

III. — Gestion des biens.

Il arrive quelquefois que les abandonnés ou les orphelins ont des biens provenant de successions, donation, etc.; ils possèdent aussi fréquemment un pécule fruit de leurs économies[2].

Qui va gérer cette petite fortune?

La loi du 15 pluviôve an XIII y a pourvu par son article 5. « Si les enfants admis dans les hospices ont des biens, le receveur de l'hospice remplira, à cet égard, les mêmes fonctions que pour les biens des hospices. Toutefois les biens des administrateurs tuteurs ne pourront, à raison de leurs fonctions, être passibles d'aucune hypothèque. La garantie de la tutelle résidera dans le cautionnement du receveur chargé de la manutention des deniers et de la gestion des biens[3]. »

(Art. 7.) « Les revenus des biens et capitaux appartenant aux enfants seront perçus jusqu'à leur sortie des dits hospices à titre d'indemnités des frais de nourriture et entretien. » (art. 8) « Si l'enfant décède avant sa sortie de l'hospice, son émancipa-

1. La doctrine est favorable à ces principes. Voir Demolombe (tome VIII)

2 A Paris, au 31 décembre 1884, le montant de ce pécule, versé à la caisse d'épargne, formait une somme de plus de 1,400,000 fr.

3. L'art 6 dit que les intérêts, etc., seront placés dans les Monts-de-Piété. Ce mode de procéder a été modifié par les circonstances au milieu desquelles nous nous trouvons actuellement; les placements sont faits à la caisse d'épargne, ou en rentes sur l'Etat.

tion ou sa majorité, et qu'aucun héritier ne se présente, ses biens appartiendront en propriété à l'hospice ; s'il se présente ensuite des héritiers, ils ne pourront répéter les fruits que du jour de la demande. »

(Art. 9.) « Les héritiers qui se présenteront pour recueillir la succession d'un enfant décédé avant sa sortie de l'hospice, son émancipation ou sa majorité, seront tenus d'indemniser l'hospice des aliments fournis et des dépenses faites pour l'enfant décédé, pendant le temps qu'il sera resté à la charge de l'administration, sauf à faire entrer en compensation jusqu'à due concurrence les revenus perçus par l'hospice. »

Ces dispositions nécessitent quelques observations.

D'abord que doit-on décider des revenus excédant les dépenses occasionnées par le pupille ?

On a soutenu qu'ils doivent alors profiter aux autres enfants et aux hospices chargés de l'entretien du service. (Cour de Bordeaux, 11 mars 1840.) Mais l'arrêt de cassation du 21 mai 1849, qui décide le contraire, paraît se rapprocher beaucoup plus de l'esprit de la loi qui a eu surtout en vue l'intérêt des pupilles.

En outre, le mot *à titre d'indemnité* exclut toute idée de gain, et ce gain serait odieux.

Il faut conclure également que les intérêts des économies amassées par les élèves ne sauraient être perçues par les Commissions ou les Départements. Que veut la loi ? C'est favoriser le goût de l'épargne et ce serait un étrange abus que de s'emparer de cet argent à titre de remboursement.

En ce qui concerne les successions, la loi du 15 pluviôse, modifiant l'art. 768 du code civil, place l'hospice avant l'État, et c'est de toute justice. Si l'ancien élève décède sans laisser d'héritier majeur, l'administration forme également, dans la pratique, un recours contre l'État, à titre de créance alimentaire.

L'ancien droit allait beaucoup plus loin en attribuant les successions en déshérence à ceux qui avaient la charge des trouvés.

Ajoutons que depuis la loi du 5 mai 1869, qui exonère complètement les hospices de l'entretien des abandonnés, les successions ainsi recueillies sont encaissées par les budgets départementaux.

IV. — Réclamation des enfants par les parents.

Le décret du 19 janvier 1811 (art. 21) s'exprime ainsi : « Il n'est rien changé aux règles relatives à la reconnaissance et à la réclamation des enfants trouvés et des enfants abandonnés (*ajoutons et des orphelins*). Mais, avant d'exercer aucun droit, les parents devront, s'ils en ont les moyens, rembourser toutes les dépenses faites par l'administration publique ou par les hospices... »

Quels sont alors les droits des parents? peuvent-ils, en remboursant intégralement les dépenses, mettre fin *de plano* à la tutelle hospitalière? nous ne le pensons pas. Les tuteurs légaux ont d'abord le droit évident, lorsqu'il s'agit d'enfants naturels, de contester la reconnaissance; mais en dehors même de cet expédient qui ne peut qu'être assez rare, cette tutelle *sui generis*, si puissante et si opposée à la législation générale, a été constituée dans l'intérêt des enfants et de la société. Les parents qui n'ont pas pu ou voulu faire les sacrifices nécessaires pour élever leurs descendants, sont déchus de leurs droits par l'abandon. Comment admettre qu'il suffirait, en dehors de toute autre considération, du versement d'une somme souvent minime pour faire revivre la puissance paternelle avec tous ses attributs? Le décret de 1811, dans le dernier paragraphe de l'art. 21, avait spécifié que si l'enfant était marin ou soldat, au moment de la demande de retrait, les droits de l'État ne pourraient être lésés; le souci de la morale n'est-il pas autrement important que le maintien d'un mousse sur un navire ?

Voici une mère légitime qui vit de débauches, elle rejette son enfant dont la présence gênait ses débordements ; plus tard, alors que sa fille est devenue grande, cette femme veut la reprendre auprès d'elle, peut-être pour lui faire prendre sa place, et elle n'aurait qu'à verser quelques pièces d'or pour avoir le pouvoir de ravir cette pauvre créature à la famille qui l'a élevée, à l'administration qui l'a protégée; énoncer la question est la résoudre. Il n'existe pas de tribunal qui puisse sanctionner une pareille énormité.

Il faut donc dire : ou les parents seront honorables, animés de bons sentiments et alors le tuteur légal n'élèvera aucune difficulté au sujet de la remise ; il pourra même les exonérer de tout remboursement[1]. Si au contraire, il y a dans la demande quelque indigne exploitation, si la moralité est absente du foyer paternel, le tuteur refusera de se dessaisir de ses pouvoirs et les tribunaux prononceront après un débat contradictoire. Dans la pratique, ce débat n'aura même pas lieu, les parents n'insistant pas.

V. — Exercice de la tutelle.

Nous venons de résumer rapidement les divers points se rattachant à la tutelle constituée par la loi de pluviôse et le décret de 1811, examinons la manière dont elle s'exerçait. Soit défaut d'organisation, soit manque de vigilance, les Commissions hospitalières s'occupaient fort peu, au commencement du siècle, des enfants de 12 à 21 ans. M. de Watteville écrivait en 1849 (rapport *ut supra*, p. 26) : « La tutelle des enfants trouvés confiés aux commissions administratives des hospices dépositaires est généralement très négligée, cette tutelle est bien exercée dans 20 départements, elle est à moitié exercée dans 5 départements, complètement abandonnée dans 61 départements. On ignore en général ce que deviennent les trois quarts des enfants trouvés une fois qu'ils ont atteint leur 13e année, c'est-à-dire au moment où les départements cessent de payer la faible allocation allouée aux patrons qui les ont élevés jusqu'à cet âge.

1. A l'origine, le Ministre se réservait à lui seul de statuer sur les remises gratuites ; mais, en présence de la multiplicité des écritures et des retards, on renonça vite à cette paperasserie inutile (circulaire du 17 novembre 1813, (Cir. tome II, p. 289). D'après le texte du décret de 1811, ce serait la commission hospitalière tutrice qui devrait statuer sur la remise, et le préfet sur la question de remboursement ou non-remboursement des frais. Cette question présente actuellement peu d'intérêt ; les inspecteurs départementaux ont tout absorbé en province, et à Paris le directeur de l'Assistance publique centralise le service soit comme *tuteur légal* soit comme *délégué du préfet de la Seine*.

« Voici ce que deviennent les enfants sur lesquels on peut recueillir quelques renseignements :

« 6/10 restent chez des cultivateurs qui les ont élevés ;

« 2/10 sont placés chez les artisans pour apprendre un métier ;

« 1/10 entre comme domestiques chez des particuliers ;

« 1/10 rentre dans les hospices sans pouvoir jamais être placé.

« Très peu d'enfants trouvés savent lire, encore moins savent écrire.....

« Les filles sont plus difficiles à placer que les garçons, la grande majorité d'entre elles se livrent à la prostitution..... et cependant, chose remarquable, toutes les filles, enfants trouvés, qui se comportent bien, se marient très avantageusement à la campagne. »

Ce tableau aux couleurs peut-être un peu assombries, se retrouve chez les divers auteurs qui écrivaient alors sur cette question.

Dix ans plus tard, l'enquête de 1860 (p. 114) s'exprimait ainsi : « Sauf dans onze départements, les commissions administratives ne remplissaient que d'une manière fort incomplète leurs devoirs de tutrices. Négligeant ses attributions les plus importantes, la tutelle hospitalière se réduit ordinairement aux cas spéciaux où le consentement et l'assistance du tuteur légal sont absolument nécessaires; quelquefois même cette intervention s'exerce-t-elle tardivement. L'ajournement des décisions, les retards dans les signatures des pièces, ont compromis, en plus d'une occasion, les intérêts des pupilles. —Il faut du reste reconnaître, ajoute le rapport, que les commissions administratives ne peuvent réellement suffire aux devoirs que nous venons d'esquisser. Animés du meilleur esprit, désireux de faire le bien et de le bien faire, les membres de ces commissions n'ont, comme honorabilité et bon vouloir, aucune comparaison à redouter, mais ils doivent plus particulièrement leurs soins à l'établissement hospitalier qu'ils administrent. Choisis d'ailleurs parmi la population active du pays, ils ont à remplir des fonctions importantes, à satisfaire aux exigences de leur profession, à surveiller la gestion de leurs intérêts privés. Peut-être serviraient-ils efficacement de tuteurs aux enfants conservés à l'hospice, mais, quant aux pupilles placés à l'extérieur (et c'est le plus grand nombre), ils ne peuvent personnellement les surveiller, se rendre compte des avis qu'ils reçoivent et de l'observation des conditions du placement. Pour tous ces détails, cependant si essentiels, et lorsqu'il s'agit surtout d'adolescents ayant dépassé leur 12e année, on ne saurait raisonnablement leur demander d'exercer la tutelle avec toute la vigilance que commande l'intérêt des enfants et celui de la société. »

Le mal signalé par M. de Watteville et la Commission de 1860 était réel ; on ne peut demander évidemment aux membres de ces Commissions hospitalières de se transporter journellement sur les divers points du territoire pour surveiller les pupilles. Mais ce fait se reproduit pour tous les actes de la vie. Est-ce que ce sont les membres des Commissions qui soignent les malades, qui tiennent la comptabilité? etc. Il y a, pour ces divers emplois, des infirmières, des économes. Les membres de la commission font les règlements, en exigent l'exécution, en un mot dirigent le service sans en remplir par eux-mêmes tous les détails[1]. Il fallait agir de même pour les enfants trouvés ; les Commissions devaient s'adjoindre un agent d'exécution, pourvoyant aux placements, adressant des rapports, soumettant les questions à trancher, accomplissant vis-à-vis des élèves le rôle que les infirmiers jouent à l'égard des malades.

Le décret de 1811 avait indiqué cette manière de procéder, et il y avait eu un commencement d'exécution. Mais l'Etat ayant toujours tendu depuis plus de quarante ans à remplacer les Commissions par des agents relevant de lui seul, faussa tout l'esprit de la législation.

Il était certain que les Commissions hospitalières obligées déjà de pourvoir à une partie des dépenses, ne pouvaient

1. A Paris le Directeur de l'Assistance publique ne peut évidemment surveiller par lui-même 12.000 pupilles de 13 à 21 ans; il a, pour remplir ces fonctions sous sa direction et sa responsabilité, 2 contrôleurs, 46 agents résidant en province, assistés de 250 médecins. Les décisions restent prises bien entendu par le tuteur.

encore solder des inspecteurs, ce rôle appartenait aux départements qui depuis la loi de finances de 1817, restaient obligés de pourvoir au paiement des mois de nourrices et pensions. Ils n'auraient pas dû hésiter à faire les légers sacrifices nécessaires pour assurer aux Commissions hospitalières des auxiliaires indispensables, et cependant l'instruction de 1823 ne parle que de visites confiées à des époques indéterminées, à des médecins ; de véritables inspecteurs ne furent seulement nommés que plus tard, et encore dans quelques parties de la France.

« Pour que cette création, qu'il conviendrait d'étendre à tous les départements, dit la circulaire du 12 mars 1839, fît tout le bien qu'elle me paraît appelée à réaliser, il faudrait que l'inspection du service des enfants trouvés et abandonnés ne fût pas eule confiée à des inspecteurs ; mais qu'il fussent également chargés, sous le rapport de l'administration et de la comptabilité, de l'inspection des hospices, des bureaux de bienfaisance, des maisons de secours et de tous les établissements charitables du département. Je vous invite donc, monsieur le Préfet, ajoute le Ministre, à procéder sans retard au choix et à la nomination d'un inspecteur dans votre département, ou, si déjà vous en avez établi un pour le service des enfants trouvés, à comprendre dans ses attributions les hospices, les bureaux de bienfaisance et les divers établissements analogues.

« Ce n'est là, au surplus, qu'une extension d'attributions qui ne doit cependant, en aucune manière, changer le caractère de ces employés qui, avant tout, sont institués pour accomplir l'obligation que le décret du 19 janvier 1811 (art. 14) impose à l'administration de faire inspecter plusieurs fois par an les enfants trouvés et abandonnés placés en nourrice ou en pension... Les inspecteurs départementaux des établissements de bienfaisance auront toujours, j'en suis certain, pour les membres des Commissions administratives les égards et la confiance que j'aime à croire qu'ils trouveront eux-mêmes auprès des administrateurs... L'inspecteur se rendra souvent dans les lieux où les enfants trouvés ou abandonnés ont été placés, il s'assurera de leur existence et de leur identité, il vérifiera si les nourrices ne remettent pas à d'autres femmes les nourissons qu'elles ont obtenus... Il veillera à ce que les enfants reçoivent toujours les soins convenables, à ce qu'ils soient vaccinés, à ce qu'ils soient élevés, autant que possible, dans des principes de religion et de morale, et à ce qu'ils n'aient que de bons exemples sous les yeux. Lorsque les enfants seront plus grands, l'inspecteur devra encore continuer d'exercer sur eux une exacte surveillance *et s'assurer que les commissions administratives remplissent à leur égard et jusqu'à leur majorité*, les devoirs que leur imposent les lois, et particulièrement celle du 15 pluviôse an XIII[1]. »

Cette citation est un peu longue, mais elle était nécessaire pour montrer les hésitations du ministère; tantôt l'inspecteur n'est nommé qu'en exécution du décret de 1811 et alors il devrait être l'agent direct des Commissions hospitalières, tantôt, au contraire, associé à l'inspection générale, il est chargé pour le compte de l'État de la surveillance de ces mêmes commissions.

En 1856, la pensée officielle se dessine plus nettement. « Vous avez entre les mains, dit aux préfets la circulaire du 30 avril, tous les pouvoirs nécessaires pour assurer, même dans l'état actuel de la législation, l'exercice de cette tutelle que réclament à un égal degré l'intérêt de la société et celui de l'État.

« La nomination des Commissions administratives vous appartient et le décret du 25 mars 1852 vous donne le droit de proposer, soit la dissolution du corps tout entier, soit la révocation individuelle des membres qui le composent.

« *En dehors des commissions hospitalières et sous votre autorité*, l'administration supérieure a pris soin de placer un agent responsable..... *L'inspecteur départemental est, auprès des commissions administratives, le représentant de votre autorité.*

1. On lit dans le rapport de M. de Watteville, 1849, p. 22. « L'inspection départementale du service des enfants trouvés, créée par la circulaire du 12 mars 1839, a produit les meilleurs effets, soit sous le rapport du bien-être des enfants, car depuis cette époque la mortalité a considérablement diminué parmi ces infortunés, soit sous le rapport financier, de notables économies ayant été obtenues. Tous les départements, sauf le Cher, la Haute-Saône et les Vosges ont un inspecteur. Dans le Cher, l'inspection est exercée par les maires et les médecins vaccinateurs. La Haute-Saône et les Vosges n'ont que quelques enfants (50 à 60). »

Non seulement il doit vous éclairer sur l'ensemble et les détails du service, mais il doit aussi veiller à ce que ces commissions remplissent, dans toute leur étendue, les obligations que la loi leur impose. Dans le cas où malgré vos recommandations, la tutelle laisserait encore à désirer, vous DEVRIEZ PRENDRE DES MESURES POUR LUI EN DÉLÉGUER PERSONNELLEMENT L'EXERCICE. »

Ainsi, contrairement au décret de 1811, on refusait aux commissions l'agent d'exécution qui leur était indispensable, mais, ce qui est plus étrange, on autorisait les Préfets à déléguer, le cas échéant, des droits qu'ils ne possédaient nullement. Ces principes s'affirmèrent de nouveau dans l'enquête de 1860 (p. 112 et 115) et la circulaire ministérielle du 3 août 1869 s'exprimait ainsi. « En décidant que les inspecteurs départementaux seraient rétribués sur les fonds de l'État, la loi a réalisé un progrès considérable. Peu à peu la situation de ce personnel tendra à s'améliorer... *Ainsi réorganisé, le personnel de l'inspection devra, sous votre autorité, prendre plus activement encore la direction du service.* Ses tournées seront plus fréquentes. C'est l'inspecteur départemental qui vous proposera l'admission aux secours temporaires ; c'est à lui que seront confiés la recherche et l'engagement des nourrices, la préparation et la signature des contrats d'apprentissage, la réalisation des placements de fonds à la caisse d'épargne ; *il devra enfin ne demeurer étranger à aucun des détails de la tutelle administrative, et vous l'y associerez étroitement dans les termes et aux conditions prévus par l'instruction du* 30 *avril* 1856. »

Enfin le rapport précédant le décret du 31 juillet 1870, réglant les classes et les appointements des inspecteurs, contient le passage suivant consacrant l'exclusion, pour ainsi dire complète, des commissions hospitalières de la tutelle des enfants assistés. « L'inspecteur départemental doit, d'après les règlements, préparer le travail des admissions, tenir les registres d'inscription et de tutelle, rédiger les comptes rendus annuels, diriger ou du moins contrôler la comptabilité du service ; et ces occupations secondaires ne sont qu'une faible partie de ses attributions. Des tournées presque continuelles doivent le mettre en rapport avec les enfants, les nourriciers, les patrons. Sa mission ne cesse *qu'à la majorité de ses pupilles*, car c'est à lui qu'il appartient de préparer les contrats d'apprentissage ou de domesticité, d'en assurer l'exécution et de suivre toutes les questions litigieuses qui exigent l'intervention du tuteur légal... »

Le rôle des Commissions se borne donc à autoriser quelques mariages ou à défendre aux rares instances judiciaires que nécessite la gestion de la fortune des enfants assistés. En France, à l'heure actuelle, l'Inspecteur départemental nommé par le Ministre, réunit en sa personne les doubles fonctions d'*administrateur et de surveillant;* il est tout; les Commissions hospitalières ne sont plus rien. Quant aux Conseils Généraux, ils règlent le service, mais ne peuvent statuer que sur les rapports des inspecteurs, se contrôlant eux-mêmes et véritables juges et parties dans les mémoires annuels qu'ils adressent aux Conseils par l'intermédiaire des Préfets [1].

Quand nous disons en France, nous commettons une légère erreur. Dans le département de la Seine, l'Inspection départementale, constituée en 1875 seulement, aurait voulu là aussi prendre la direction effective du service, malgré la loi du 10 janvier 1849; mais le Conseil Général n'a pas admis ces prétentions, et le rapport présenté par la 3e commission en novembre 1878 renferme cette phrase significative : « *que l'administration administre et que l'inspection inspecte.* » Le

1. Quelques départements ont cependant blâmé cette mainmise de l'État sur le service. On lit dans le volume des procès-verbaux du Conseil général de la Côte-d'Or (session de 1876, p. 526 et 530) les remarques suivantes du rapporteur, M. Muteau : « Votre commission insiste sur la nécessité de déterminer d'une façon très nette et très précise les attributions de l'Inspecteur; ses prétentions nous ont paru en effet singulièrement exagérées même au point de vue des instructions et circulaires ministérielles qu'il invoque... Il est notamment dans la lettre de M. l'inspecteur une prétention que le Conseil ne saurait jamais admettre. C'est cette prétention de n'agir plus concurremment avec la Commission des hospices et de *contrôler sans être contrôlé lui-même.* Votre commission connaît la circulaire qu'invoque à l'appui de sa thèse M. l'inspecteur, mais je le répète, elle n'admet en aucune façon, et ceci en général, que des circulaires ministérielles puissent nous lier; elle l'admet encore moins pour des circulaires antérieures à la loi de 1871 qui vous a rendus seuls maîtres du service. »

rapport de décembre 1880 revient sur cette question. « Si l'inspection donnait un avis dans les différentes affaires de l'administration de nos services, elle irait inspecter en province les avis qu'elle aurait donnés à Paris et trouverait naturellement tout pour le mieux dans les actes inspirés par elle ; ce serait l'ingérence de l'inspection dans l'administration ; c'est ce que le Conseil Général ne veut pas. Déjà nous l'avions dit d'une façon nette et précise et nous croyions que nous avions été compris. C'est au nom de la loi que M. l'inspecteur fait ses revendications qui ne sont en réalité, et sans qu'il s'en rende compte peut-être, que la mainmise dans les actes de l'administration. C'est au nom de la loi! mais de quelle loi? Que n'en cite-t-on une ? ... Les attributions de l'inspection n'ont été fixées par aucune loi. »

A Paris, l'Assistance publique reste donc véritablement tutrice des enfants assistés et les *huit* inspecteurs départementaux se bornent à inspecter chaque année les services de province. Il devrait en être de même dans les départements.

VII. — De la mortalité des enfants.

Il est évident, comme nous l'avons dit plus haut, que les commissions hospitalières, privées des moyens d'exécution, surveillaient mal les enfants et que la centralisation du service entre les mains de l'inspecteur, tout en dénaturant la loi, a produit des résultats heureux au point vue des placements et de la diminution de la mortalité.

Il fallait pouvoir visiter fréquemment les pupilles, les inspecteurs le font quelquefois d'une manière incomplète, il est vrai, mais enfin auparavant on ne le faisait pas du tout, et en 1860, ainsi que le constate la circulaire du 1er avril 1861, sur 148,754 élèves répartis ainsi : de la naissance à 12 ans 90,473 ; de 12 à 21 ans 58,281, on en comptait 10,333 dans les hospices dépositaires (4,026 appartenaient à la première série, 6,307 à la seconde). Cette agglomération d'enfants ne pouvait être que défavorable à leur santé, les efforts de l'Administration supérieure ont donc toujours tendu, avec juste raison, à faire considérer les hospices comme de simples lieux de passage, tout au plus peut-on admettre le maintien des infirmes incurables.

D'un autre côté, il faut pour les nourrissons une surveillance constante, les nourrices étant trop fréquemment portées à négliger leurs devoirs vis-à-vis de petits êtres sans défense et puis, ainsi que nous le disons plus loin à l'occasion de cette mortalité de l'enfance, la mort d'un *petit parisien* passant presque toujours inaperçue dans nos campagnes. Or actuellement, alors même que les administrations départementales n'ont pas, comme cela a lieu dans la Seine, institué un service médical spécial, les enfants bénéficient de la surveillance établie par la loi du 24 décembre 1874. La mortalité excessive du commencement du siècle a donc diminué d'une manière consolante. Il est cependant assez difficile de se rendre compte de la mortalité, la statistique ne donnant pas de rapport proportionnel par âge et toute la question résidant là.

En effet, les enfants sont admis habituellement dans la première année de leur existence, souvent dans les premiers jours ; ils arrivent ayant souffert durant la gestation soit que la mère ait eu intérêt à cacher sa faute, soit qu'elle ait continué, malgré sa grossesse, à se livrer au travail ou à la débauche. Beaucoup portent en eux le germe de maladies héréditaires, scrofules, syphilis, et la mortalité de ces êtres si chétifs ne saurait évidemment être rapprochée de la mortalité normale de l'enfance ; elle est excessive pour les deux premières années, passé ce terme, une réaction se produit, les faibles ont été emportés, les forts subsistent seuls et, à dater de la troisième année, les assistés meurent moins, certainement, que le reste de la population infantile du même âge.

Toutes les fois donc qu'on ne peut se procurer que les décès pour l'ensemble des enfants, il n'est pas possible d'établir des chiffres certains.

Le total des pupilles immatriculés dans la première année ne suffit pas encore, il faut la décomposition par mois et même par semaines. Sans cela les points de comparaison sont absolument faux.

Cette année même, le département du Calvados faisait beaucoup parler de sa mortalité minime ; il s'agissait, disait-on, de 5 à 6 0/0 seulement ; dans ce pays privilégié les enfants assistés mouraient moins que les enfants légitimes conservés par leurs familles. Auprès de ces résultats, le département de la Seine faisait assez triste figure avec sa moyenne de 33 à 36 0/0 pour la première année. La raison de ces différences provenait de ce que, pendant les années 1879-1883, le Calvados n'avait reçu que dix enfants de moins de trente jours alors que dans la Seine sur 8,029 élèves admis, 5,502 étaient dans le premier mois de leur naissance. La proportion des décès devait naturellement être de beaucoup supérieure.

Voici les chiffres : Années 1879-1883

SEINE

	Total des enfants admis		Proportions par âge
De 0 à 8 jours . .	1,992	24,81	68,52
8 à 15 — . .	2,459	31, »	
15 à 30 — . .	1,021	12,71	
De 1 à 3 mois . .	790	9,84	31,48
3 à 6 — . .	740	9,22	
6 à 12 — . .	997	12,42	
	8,029	100	

CALVADOS

De 0 à 8 jours . .	»	»	13,89
8 à 15 — . .	2	2,78	
15 à 30 — . .	8	11,11	
De 1 à 3 mois . .	20	27,78	86,10
3 à 6 — . .	23	31,94	
6 à 12 — . .	19	26,39	
	72	100	

De plus dans certains départements on opère sur 10, 15, 20 pupilles ; quelle statistique sérieuse établir avec de pareils chiffres ?

Le département de la Seine nous offre seul une base suffisante pour porter un jugement sur la mortalité des enfants assistés admis dans le cours de leur première année. 1874, 34,91 ; 1875, 40,34 ; 1876, 34,52 ; 1877, 36,17 ; 1878, 34,43 ; 1879, 33,17 ; 1880, 34 ; 1881, 33,85 ; 1882, 33,60.

Voici les meilleurs résultats que l'on peut obtenir avec l'organisation admirable du service des enfants assistés de la Seine : courte durée du séjour à l'hospice dépositaire ; abondance de nourrices sédentaires ; surveillance sur place par des agents administratifs et des médecins. Il faut espérer, comme nous venons de le dire, que l'exécution de la loi du 23 décembre 1874, se propageant de plus en plus en province amènera une réduction de la mortalité qui est considérée comme étant déjà en diminution par l'enquête de 1860, mais il faudra toujours, eu égard aux antécédents des pupilles, compter sur des décès plus nombreux que dans la population infantile des villes ou des campagnes.

§ VIII. — *Ressources du service.*

Le décret du 17 janvier 1811 décidait, par son art. 11, que les hospices désignés comme *dépositaires* étaient chargés des dépenses intérieures et de la fourniture des layettes, un crédit de quatre millions, étant ouvert au budget de l'Etat pour parfaire les dépenses nécessitées par l'entretien des enfants trouvés, abandonnés et orphelins.

L'art. 12 ajoutait « que s'il arrivait après la répartition de cette somme qu'il y eut insuffisance, il y serait pourvu par les hospices au moyen de leurs revenus ou d'allocations sur les fonds des communes. »

A dater de 1817 les sommes allouées par l'Etat retombèrent à la charge des départements sans qu'il fut rien changé à la situation des hospices. Ce mode de procéder créait entre les divers établissements hospitaliers une inégalité choquante. En effet, dans le même département, les hospices qui n'étaient pas chargés de la réception des enfants ne contribuaient en rien aux dépenses [1].

1. En 1811, le ministère avait essayé de faire prévaloir une jurisprudence différente. « La faculté, dit l'instruction du 15 juillet (cir. tome II, p. 261), accordée au préfet de faire contribuer, en cas de nécessité, à la dépense des mois de nourrice et pensions les hospices qui ne seront points chargés de recevoir les enfants, dérive du principe qui avait fait décider que les enfants

Un arrêt du conseil d'Etat (7 avril 1859)[1], confirma cette jurisprudence qui dura jusqu'à la loi du 5 mai 1869.

Aux termes de cette loi, reproduite plus haut, les hospices étant exemptés de toute contribution, les ressources du service consistent dans :

1° Le produit des fondations ;

2° Le produit des amendes de police correctionnelle ;

3° Le contingent des communes ;

4° Les subventions de l'Etat. Le surplus des dépenses est porté aux budgets départementaux.

I. — Produit des fondations.

On pourrait croire à première vue que les revenus du service des enfants assistés sont considérables. Cette dotation s'élève, au contraire en prévision, pour l'année 1884, à des chiffres dérisoires, 406,988 fr. ainsi répartis[2] :

DÉPARTEMENTS	REVENU ANNUEL	DÉPARTEMENTS	REVENU ANNUEL
Aisne	805 fr.	*Report*	90,990 fr.
Alpes-Maritimes	9,800	Maine-et-Loire	36
Bouches-du-Rhône	690	Manche	600
Calvados	180	Marne	43
Charente-Inférieure	221	Meurthe-et-Moselle	3,795
Doubs	53,842	Pas-de-Calais	66
Tarn	419	Rhône	4,038
Eure-et-Loir	21	Saône (Haute-)	5,400
Haute-Garonne	551	Sarthe	433
Gironde	17,500	Savoie	11,200
Hérault	311	Savoie (Haute-)	211
Ille-et-Vilaine	303	Seine	290,000
Jura	264	Seine-et-Oise	24
Loire-Inférieure	6,042	Somme	52
Loiret	41	Vaucluse	50
A reporter	90.990 fr.	TOTAL	406.938 fr.

exposés devaient être reçus dans l'hospice le plus voisin du lieu de leur exposition. »

1. Watteville, tome II, p. 330.

2. M. Gerville Réache, dans son rapport, p. 244, donne un tableau dont le total est de 398,173 fr. et qui diffère sur plusieurs points de notre relevé

Il faut remarquer que la plus grande partie de ces fondations remonte aux anciens établissements de la Couche parisienne et du Saint-Esprit de Besançon et, qu'en réalité, la part de notre siècle est absolument insignifiante.

D'où provient cette différence avec les hôpitaux, hospices et bureaux de bienfaisance largement dotés par la charité privée ? La réponse est facile; les subventions minimes que fournissent dans certaines circonstances, l'État, les départements et les communes aux hôpitaux et bureaux de bienfaisance, ne constituent qu'une faible part des ressources de ces œuvres, et ces subventions n'ont jamais le caractère obligatoire.

Le contraire a lieu pour les enfants assistés. Aussi malgré l'attraction si puissante qui devrait naturellement porter les cœurs généreux à doter ce service, comme on voit la main de l'État accomplissant *obligatoirement* le strict nécessaire, on a porté ses dons aux autres maisons hospitalières, en laissant la charité légale accomplir seule sa mission.

Le même fait peut être constaté pour les aliénés dont la dépense est une charge départementale, ce qui donne une nouvelle confirmation des fâcheux effets de l'obligation en matière de bienfaisance.

II. — Produit des amendes de police correctionnelle.

Le 25 floréal an VIII (14 mai 1800)[1], un arrêté consulaire affecta au paiement des mois de nourrice des enfants trouvés les portions d'amendes et de confiscations attribuées antérieure-

fait à l'aide des budgets départementaux pour 1884. En premier lieu, le tableau dont il s'agit prend pour base les *revenus constatés* et non le montant des fondations, si bien que pour la Seine il y a 290,000 fr. en prévision et 243,600 fr. en recettes effectuées. De plus, une erreur assez grave s'est glissée dans le document officiel. Les Pyrénées-Orientales sont indiquées comme possédant une somme de 32,459 fr. 09 qui est justement l'ensemble des dépenses du service ainsi qu'il est facile de le constater en se reportant au tableau de statistique générale n° 12, p. 276 du rapport Gerville-Réache, où on lit : Pyrénées-Orientales : fondations, néant, si bien que le compte de 1883 donnerait en réalité 365,714 fr. 05 pour l'ensemble de la France.

1. *Bulletin des Lois*, 3e série. B. 25, n° 172.

ment « aux hôpitaux, aux maisons de secours et aux pauvres ». Une circulaire du 15 messidor[1], commentant cet arrêté, recommande aux préfets « de veiller à ce que tout projet d'établissement d'octroi de bienfaisance renferme une disposition formelle pour l'application de la moitié des amendes et confiscations à la dépense des enfants abandonnés[2] ».

Le produit de ces amendes est fort peu considérable, ainsi il figure aux budgets de 1884 pour une somme totale de 297,706 fr.[3].

III. — Contingent des communes.

La loi de finances du 25 mars 1817, en décidant que sur les centimes additionnels à la contribution foncière, il serait prélevé quatorze centimes pour les dépenses départementales notamment celles des enfants trouvés et abandonnés, parle expressement *du concours des communes* (art. 52-53)[4].

L'instruction du 8 février 1823 précisa cette disposition en invitant les Conseils Généraux à émettre chaque année leur avis sur la somme pouvant être mise à la charge des communes et sur les bases de la répartition. Les circulaires des 21 août 1839 et 3 août 1840 réglementant cette question, indiquent comme limite extrême du concours des budgets communaux le cinquième des dépenses extérieures.

1. *Bulletin du ministère de l'Intérieur*, tome Ier, p. 102.
2. Voir aussi ordonnance du 19 février 1820.
3. Au compte de 1883, M. Gerville-Réache donne le chiffre de 316, 811.
4. Les circulaires et instructions du 17 mars 1817, 1er juin 1818 et 20 juillet 1819 s'expriment ainsi : « Il est dans l'esprit des dispositions des lois de finances de 1817 à 1818 de ne regarder le concours des communes que comme accessoire et destiné seulement à remédier à l'insuffisance que pourraient présenter les revenus des hospices, appelés à recueillir les enfants et les fonds départementaux, après avoir réuni à l'allocation que permettent ces fonds, la portion du produit des amendes et confiscations attribuée au même service.

Aux termes d'un avis du conseil d'État en date du 31 mars 1880. « Le contingent communal à fournir pour les dépenses des enfants assistés doit être prélevé en principe sur toutes les communes du département; le Conseil général chargé de la fixation et de la répartition du contingent ne peut valablement dispenser de la contribution que les communes qui n'ont pas les moyens de supporter la dépense. »

« Quant à la répartition à opérer, ajoute le ministre, les bases n'en ont guère été arrêtées d'après des principes uniformes dans tous les départements. Les uns ont fixé les sommes à demander à chaque commune proportionnellement à la population; d'autres proportionnellement aux revenus bruts; d'autres proportionnellement aux revenus fonciers ou affouagers ; d'autres enfin proportionnellement aux revenus restant libres après les dépenses obligatoires acquittées. Sans proscrire précisément ces divers modes de fixation, je n'hésite pas à penser que, sauf des circonstances toujours particulières, la meilleure base à prendre est celle du revenu ordinaire de chaque commune, combiné avec le chiffre de la population. Cette base me paraît réunir les deux éléments naturels de l'opération, puisque par le chiffre de la population on fait contribuer la commune à raison du nombre probable des enfants trouvés qu'elle produit, et, par le chiffre du revenu ordinaire on ne lui impose qu'un sacrifice proportionné aux moyens qu'elle a de le supporter. C'est donc cette base que je vous invite, monsieur le Préfet, à proposer au Conseil général d'adopter pour la généralité des communes. »

Malgré ces circulaires ministérielles, il n'existe pas uniformité complète dans la répartition de ce contingent; la loi du 5 mai est venue seulement confirmer qu'il ne peut dépasser le cinquième des dépenses extérieures[1].

IV. — Contingent de l'État.

Le contingent de l'État découle de cette pensée indiquée dans les projets de loi de 1849, et de nouveau par le rapporteur en 1869[2], que « les hospices ayant des destinations spéciales et des circonscriptions territoriales restreintes, toute dépense qu'on leur impose avec une affectation générale, contrevient au but de leur fondation et aux intentions de ceux

1. Les sommes prévues de ce chef aux budgets départementaux de 1884, sont de 2,980,807.

2. *Journal officiel*, 12 avril et 5 mai 1869. Exposé des motifs par le baron Buquet.

qui les ont dotés. » « Votre commission croit, ajoute le rapporteur, qu'il est juste de décharger les hospices de la dépense du service des enfants assistés pour la faire supporter par les communes, les départements et l'État. »

L'État prit donc à sa charge les frais d'inspection et le cinquième des dépenses intérieures. Il est ouvert de ce chef au budget de 1885 un crédit d'un million.

Le mode de contribution établi par la loi paraît au premier coup d'œil facile à appliquer, et il est cependant dans cette matière peu de questions qui aient donné lieu à plus de discussions et d'interprétations différentes.

Ces discussions sont nées de ce fait que l'État désire payer le moins possible tout en conservant la plus grande somme d'autorité et que, comme il est le plus fort, il veut imposer sa volonté.

L'interprétation la plus naturelle, paraissait être que le contingent du cinquième étant fixé par la loi pour créer des ressources au service, il n'y avait qu'à déterminer le montant exact des dépenses intérieures de l'exercice clos.

Mais au sein de la commission législative, il avait été entendu, paraît-il, que le concours du département, des communes et de l'État, n'aurait lieu que dans le cas où les revenus indiqués au § Ier de l'art 4 (fondations, legs et dons spéciaux) seraient insuffisants pour couvrir intégralement les dépenses intérieures. Aussi la circulaire ministérielle du 3 août 1869, s'empressa-t-elle de faire la déclaration suivante : « Les hospices dépositaires sont désormais exonérés des charges que leur imposait le décret de 1811. L'État supportera les frais d'inspection et un cinquième des dépenses intérieures. En principe, un cinquième des dépenses extérieures incombera aux communes *sauf déduction* du produit des legs spéciaux et des amendes de police correctionnelle, les quatre cinquièmes restant dans ces deux ordres de dépenses seront mis à la charge du budget départemental. »

La question ne présentait pas d'intérêt pour l'immense majorité des départements dont les hospices n'avaient pas de fondations particulières; quelques-uns cependant résistèrent et, à la suite d'un recours formé devant lui par le département du Doubs[1], le Conseil d'État rendit le 24 février un arrêt lu en séance publique le 3 mars 1882 et déclarant « qu'en fixant la subvention de l'État au cinquième des dépenses intérieures, le législateur a entendu *déterminer la quotité de cette subvention*, mais non mettre seulement à la charge de l'État le cinquième des dépenses intérieures dans le cas où le montant de ces dépenses ne serait pas couvert par le produit des legs spéciaux et des amendes de police correctionnelle; que, par suite, le département du Doubs est fondé à réclamer à l'État le remboursement du cinquième des dépenses intérieures pour l'année 1879. »

Cet arrêt était la condamnation formelle de la circulaire du 3 août 1869, aussi le Ministère pria-t-il, en 1883, le Conseil d'État d'étudier à nouveau, et d'une manière générale, la question du contingent, et les 21 juin et 5 juillet, le Conseil, foulant aux pieds son arrêt de 1882, émit l'avis « que les contingents dus par l'État et les communes, ne doivent être calculés qu'après déduction faite sur la dépense des deux services auxquels ils s'appliquent, du produit des fondations, dons, legs et amendes de police correctionnelle[2]. »

1. On peut voir au tableau statistique reproduit ci-dessus, p. 53, que ce département possède des revenus provenant de l'ancien hospice des enfants trouvés et montant à plus de 53,000, alors que la moyenne des dépenses intérieures n'est que de 12,000 francs. L'État prétendait donc n'avoir rien à rembourser.

2. Les considérants sont intéressants à reproduire. « Considérant que l'art 5 de cette loi (5 mai 1869) met les dépenses intérieures et extérieures du service des enfants assistés à la charge du budget départemental; qu'il en résulte que le département est tenu, après que les produits des fondations et legs et des amendes correctionnelles ont été répartis proportionnellement entre les dépenses extérieures et les dépenses intérieures, et en cas d'insuffisance de ces deux produits, de fournir le surplus, tant sur les ressources propres qu'au moyen du contingent des communes et la subvention de l'État.

En ce qui concerne l'Etat, considérant que l'État n'est appelé à subvenir que pour une partie égale au 5e de la dépense intérieure au payement de la dette départementale; mais que si cette subvention était calculée sur le montant total des dépenses intérieures, il en résulterait une exonération complète du département dans le cas où la part de l'État, jointe au produit des fondations, dons, legs et amendes de police correctionnelle, affectés à cette dépense la couvrirait tout entière, et que, contrairement au texte et à l'esprit de la loi, l'État deviendrait alors débiteur principal et direct, qu'il suit de là que la subvention de l'État doit être calculée non sur le montant

La circulaire de 1869 reparaissait plus triomphante que jamais et dès le 6 août 1883 le Ministre de l'Intérieur portait à la connaissance des Préfets le texte de l'arrêt précité qui marque le *plus récent,* mais peut-être pas le *dernier état* de la jurisprudence administrative.

Le contingent de l'État, évalué, lors de l'établissement du budget de 1884, à 262,000 fr., suivant les bases de l'arrêt de 1882, s'est trouvé forcément diminué en conformité de l'avis précité ; il faut y ajouter 800,000 fr. environ pour frais d'inspection et de surveillance, ce qui porte à la somme d'un million le crédit prévu de ce chef, depuis plusieurs années, au budget du Ministère de l'Intérieur[1].

V. — Part contributive des départements.

La différence existant entre les dépenses du service des enfants assistés, et les recettes que nous venons d'énumérer est supportée par les budgets départementaux ; mais pour calculer la part incombant en réalité aux contribuables, on ne peut considérer isolément les sommes portées à ces budgets, il faut y ajouter les crédits ouverts aux budgets communaux.

Comme complément de ces indications générales, il nous reste à nous occuper des secours destinés à prévenir l'abandon des enfants ; c'est ce que nous allons faire dans le chapitre suivant.

total des dépenses intérieures, mais seulement sur la partie de cette dépense restant à la charge du département. »

1. L'État paye directement les inspecteurs et sous-inspecteurs afin de pouvoir les nommer. Toutefois, dans la Seine et le Rhône, en raison du nombre des agents auxiliaires résidant dans les lieux de placement des enfants, l'État alloue, à ces deux départements, une somme fixe supplémentaire de 73,000 fr., soit 55,000 pour la Seine et 18,000 fr. pour le Rhône.

CHAPITRE TROISIÈME

SECOURS AUX FILLES-MÈRES

§ Ier. — *Historique de la question.*

L'idée première des secours aux filles-mères pour prévenir l'abandon des enfants, émise en 1793 par la Convention, fut recommandée aux administrations publiques en 1837 par M. de Gasparin qui s'exprime ainsi dans son rapport au roi (p. 73) :

« La débauche peuple sans doute les hospices d'enfants trouvés ; mais la misère est aussi l'une des causes les plus fréquentes des abandons.

« Si la mère pouvait nourrir son enfant, si, au moment de sa naissance, elle n'était pas souvent dépourvue du plus strict nécessaire, elle se déterminerait difficilement à l'abandonner ; si la femme véritablement indigente avait l'espoir d'obtenir un secours alimentaire qui lui permettrait d'élever son enfant pendant les premiers temps, elle le garderait et ne s'en séparerait plus.

« Il s'agirait donc de remplacer, par un bon système de secours à domicile pour la mère, les secours que l'on donne aujourd'hui à l'enfant dans l'hospice ; il s'agirait de payer à la mère les mois de nourrice qu'on paye actuellement à une nourrice étrangère. »

Le nombre des enfants ainsi secourus s'accrut cependant avec lenteur, en 1849 les livres matricules n'en accusaient que 8072 pour toute la France ; une certaine défaveur les faisait repousser par bon nombre de départements ; dans l'espoir de réagir contre ces préventions, le Ministre de l'intérieur adressait le 27 mai 1856 la circulaire suivante aux préfets : « Parmi les moyens qu'elle emploie avec le plus de succès pour prévenir les abandons volontaires, l'administration doit placer en première ligne les secours destinés à conserver sa mère à l'enfant indigent. Morale dans son but, efficace dans ses résultats, source d'économie pour le département, dont elle diminue les charges en rendant les expositions moins fréquentes, de bien-être pour l'enfant à qui elle assure une affection et des soins que rien ne saurait remplacer, cette mesure a pourtant rencontré des contradicteurs. Cela tient surtout à une erreur qu'a fait naître et que laisse s'accréditer l'expression généralement employée dans la langue administrative : *secours aux filles-mères* [1].

« Ce n'est point à la mère, c'est à l'enfant qu'est accordé le secours; l'expression actuelle est donc impropre et il convient de lui substituer celle de *secours aux enfants nouveau-nés.* »

Cette dénomination n'a point prévalu, la logique voulant que ces subventions prissent le titre de *secours pour prévenir les abandons,* titre qui exprime leur nature et leur raison d'être.

Malgré les efforts ministériels, lors de la grande enquête sur le service, en 1859, 14,614 enfants seulement étaient assistés de cette manière, et 10 départements n'avaient pas encore adopté ces secours, leur organisation avait du reste coïncidé presque partout avec la fermeture des tours [2].

Mais à dater de cette époque le mouvement s'accentua rapi-

1. La circulaire se trompe, l'expression habituelle de secours aux *filles-mères* ne veut pas dire *secours pour assister les filles-mères* dans le sens de la loi de 1793, mais bien secours *réservés aux filles-mères,* et refusés aux *mères légitimes.* En effet la raison d'être de ces subventions est d'éviter les abandons et ce sont habituellement les filles qui apportent dans les hospices le fruit de leurs fautes. Les mères légitimes, au contraire, répugnent à l'abandon de leurs enfants et, comme les sommes prévues aux budgets départementaux, ne sont pas des *secours d'assistance,* on ne peut logiquement que renvoyer ces mères aux bureaux de bienfaisance.

2. *Enquête,* p. 167. Ces dix départements étaient : le Calvados, la Meurthe, le Bas-Rhin, le Haut-Rhin, la Haute-Saône, les Deux-Sèvres, les Vosges, les Côtes-du-Nord et la Sarthe ; dans plusieurs autres l'institution était toute récente.

dement. Les inspecteurs généraux terminaient ainsi leur rapport (p. 192) :

« A quelque point de vue qu'on les envisage, les secours temporaires ont largement répondu aux espérances de l'autorité supérieure. Ils sont un moyen de réparation pour la mère, une sécurité immense pour l'enfant, et sans ajouter aux charges publiques, loin de là, ils réagissent sur la situation des pauvres abandonnés qui ne connaissent pas leur mère. L'enquête l'établit ; elle rassurera des scrupules honorables, elle fortifiera des convictions qui sont les nôtres et servira, nous l'espérons, à asseoir définitivement une institution qui peut être mise au rang des progrès les plus considérables de l'Administration moderne [1]. »

La circulaire du 3 août 1869 est venue à son tour confirmer cette manière de voir : « Dans la nouvelle classification des dépenses extérieures, les secours temporaires occupent le premier rang [2]. Appliquée dans la plupart des départements, réglementée par des instructions ministérielles, cette institution n'avait pas reçu encore la consécration de la loi ; elle vient de l'obtenir et désormais, j'en ai la confiance, aucune entrave n'en ralentira les progrès. Les sympathies des Conseils généraux lui sont acquises et l'on peut prévoir le moment où grâce à leur concours, le secours temporaire créé selon l'expression même de la loi, pour prévenir ou faire cesser l'abandon, deviendra la règle ordinaire du service. »

Ces instructions furent fidèlement exécutées par les inspecteurs départementaux, de 1860 à 1882 les enfants admis aux secours temporaires ont augmenté dans une proportion considérable ; cet accroissement est tellement rapide que la dépense de ces secours atteindra bientôt les frais des mois de nourrice et pensions des enfants immatriculés.

Telle est la situation actuelle ; nous l'indiquons seulement,

1. Voir dans le même sens la circulaire du 15 octobre 1862.

2. La loi se bornait à dire (art. 5) : « Les dépenses extérieures comprennent 1° Les secours temporaires destinés à prévenir ou à faire cesser l'abandon... » Il n'y a là évidemment aucune idée de supériorité ou d'infériorité pour ce mode d'assistance, ces secours, devant prévenir les abandons, sont simplement énoncés avant les dépenses résultant des abandons effectués.

réservant pour la deuxième partie de ces études la discussion des avantages ou des inconvénients des secours temporaires.

§ II. — *Mode de répartition des secours.*

Les inspecteurs départementaux, dont les rapports se trouvent presque unanimement favorables aux secours temporaires [1] en sont les grands dispensateurs sous le couvert des Préfets. Il a, en effet, été spécifié de tout temps, par des circulaires ministérielles, que ces enfants ne relevaient en rien des commissions hospitalières. Le mode d'assistance continue à varier du reste de département à département, quant au tarif [2] et à la durée des secours; le ministère recommande seulement de les accorder pour une durée de trois ans. On peut signaler néanmoins une double tendance à l'élévation du taux des secours et à l'admission des enfants légitimes au bénéfice de ces allocations.

Le renchérissement des choses nécessaires à la vie motive l'augmentation des tarifs. Quant aux enfants légitimes, les inspecteurs devaient fatalement se laisser entraîner à convertir le secours destiné à prévenir l'abandon en un secours d'assistance. Ainsi l'inspecteur de la Loire-Inférieure (1882, rapp., p. 39) propose d'admettre au bénéfice de ce service les enfants légitimes indigents dans la proportion de 20 0/0.

1. Dans un rapport de 1881, l'inspecteur du département de l'Orne s'exprime avec ce lyrisme. « Le sein d'une mère est supérieur au biberon, le cœur d'une mère est plus affectueux que celui d'une nourrice, d'une nourrice qui a du cœur. »

2. Départ. du Doubs, session de 1881. Rapport de l'Inspecteur, p. 6. « Un principe de haute moralité veut que le secours ne dépasse pas une certaine limite et n'arrive pas à décharger complètement la mère de toutes les conséquences de sa faute.

« Si l'on compte autant sur la présence de l'enfant que sur les peines et les sacrifices qu'il coûte pour maintenir la fille-mère dans une bonne voie et la préserver d'une nouvelle chute, il est, d'un autre côté, incontestable que pour être efficace, sérieusement utile à l'enfant, le secours doit être fixé à un taux assez élevé. »

Dans Seine-et-Marne (rapports de l'inspecteur, sessions de 1881 et 1882), les parents contribuent quelquefois à l'entretien des enfants placés en nourrice, moyennant une somme versée par mois.

D'autres, au contraire, se plaignent des demandes constantes des maires pour tous les enfants pauvres qui naissent dans leur commune « et ont pour ainsi dire un cliché pour ces requêtes, alors que la mère n'est nullement indigente ou vit avec le père au su et au vu du village[1] ». « En présence de l'extension prise par les secours, ajoute l'inspecteur de l'Allier (rapport sur l'exercice 1881, p. 220 du procès verbal du Conseil général) des demandes nombreuses, *invariablement dignes d'intérêt*, nous sont adressées par MM. les maires et des personnes notables pour obtenir l'assistance départementale non seulement pour des enfants naturels mais pour des enfants légitimes ; les prévisions budgétaires seront dépassées[2]. »

Cette extension des allocations départementales était dans la nature des choses et elle ne pourra que s'accentuer.

Indépendamment des subsides destinés à la première enfance, on accorde aussi et souvent à des parents et amis voulant conserver un orphelin, tout ou partie de la pension qui serait payée aux nourrices si l'abandon était effectué. Enfin beaucoup de départements allouent en cas de légitimation d'un enfant naturel une prime variant de 50 à 60 fr.[3].

A l'origine il avait été décidé que les secours seraient donnés seulement aux mères ayant fait une première faute ; mais là encore la logique des choses a entraîné les inspecteurs départementaux ; du moment que l'allocation est faite

1. Indre-et-Loire, session de 1881, rapport de l'Inspecteur.

2. Côte-d'Or, session de 1883, p. 39. « Les demandes de secours augmentent tous les ans, dit l'Inspecteur, elles sont vivement appuyées la plupart du temps par les municipalités et assez souvent apostillées par le membre du Conseil général du canton... Il semble aux yeux de bien des gens et de beaucoup de maires, que tout fille pauvre qui a fait un enfant a droit au secours temporaire; c'est une erreur qui doit être vivement combattue et contre laquelle il importe de réagir; l'institution des secours temporaires ne doit et ne peut être complémentaire ni annexe des bureaux de bienfaisance... Malgré l'augmentation notable du secours temporaire, les abandons n'ont pas de tendance à diminuer. »

3. Somme, session de 1881, rapport de l'Inspecteur, volume des procès-verbaux, p. 368. « Une indemnité de 60 francs destinée à favoriser la légitimation des enfants reconnus, est allouée aux filles-mères qui se marient et font légitimer leur enfant. Le paiement de cette indemnité met fin à l'allocation du secours mensuel. »

peut éviter le dépôt à l'hospice, ce dépôt est d'autant plus à craindre que la mère a des charges plus lourdes ; on se trouve donc amené, notamment dans les villes, à accorder le subside à des femmes ayant des enfants de pères différents, ce qui n'empêche pas d'écrire gravement, dans les rapports officiels, que la présence de l'enfant moralise la mère.

CHAPITRE QUATRIÈME

LES ENFANTS MORALEMENT ABANDONNÉS

§ I. — *Origine et but du service*[1].

A côté des enfants abandonnés dès leur jeune âge ou devenus orphelins, et des enfants secourus, il existe dans les grandes villes un nombre relativement considérable de pauvres êtres surveillés d'une façon absolument incomplète par leurs parents, se livrant au vagabondage, arrêtés par la police pour des méfaits sans gravité, rendus à leurs familles, puis arrêtés de nouveau et finalement envoyés en correction en vertu de l'article 66 du code pénal.

Dans son rapport à l'Assemblée nationale, sur le projet de loi concernant les jeunes détenus (p. 123), M. Voisin, l'éminent Conseiller à la Cour de Cassation, résume ainsi les inconvénients de cette manière de procéder : « Est-il donc indispensable, est-il seulement utile que cet enfant soit conduit dans un établissement de jeunes détenus? Oui, si nous consultons les termes et l'esprit de la loi de 1850 ; oui, si nous consultons les circulaires du Ministre de l'intérieur ; mais assurément non, si nous ne consultons que l'intérêt du jeune délinquant et l'intérêt social lui-même.

« Quelle faute, en effet, a réellement commise cet enfant? De quel vice doit-on chercher à le corriger? Nous cherche-

1. Ces renseignements sont extraits des documents suivants : Rapports de M. le Dr Thulié au Conseil général, sessions de 1879, 1880, 1881, 1882. Rapport M. Curé, session de 1883. Rapports du directeur de l'Assistance publique au Préfet de la Seine, août 1880, octobre 1881, juillet 1882, septembre 1883 ; Société générale des prisons, années 1879-1880. Dossier des pièces d'origine du service conservé aux Archives de l'Assistance publique.

rions en vain et la faute et le vice. Abandonné par ses parents, arrêté parce qu'il se trouvait sans asile, sans travail et sans pain, c'est dans une véritable pensée de charité, et pour obéir aux prescriptions de l'article 66 que son renvoi dans une colonie pénitentiaire a été prescrit ; mais il n'est nullement nécessaire qu'il en franchisse le seuil et qu'on lui fasse courir les dangers toujours plus ou moins grands de la promiscuité avec d'autres enfants atteints aussi par des décisions judiciaires. »

Il y avait donc quelque chose à organiser. Les Anglais et les Américains, n'ayant pas les services d'enfants trouvés et les milliers d'orphelinats que nous possédons, ont à pourvoir à l'éducation d'une immense population de petits vagabonds, et ils ont créé, en vue de remédier à cette situation, les écoles de réforme et les écoles industrielles. C'est un système correctionnel qui rappelle Mettray et les colonies pénitentiaires.

Il fallait trouver un autre programme véritablement préventif. La Société générale des prisons s'occupa en 1879 de cette grave question et on peut dire que c'est du sein de ces discussions que sont nés le projet de loi déposé par M. Roussel, déjà voté par le Sénat, et le service des enfants moralement abandonnés de la Seine .

Le but que se propose l'Assistance publique est bien simple : obtenir de la Préfecture de police et du Parquet, ou volontairement des parents, la remise d'enfants de 10 à 16 ans ; vagabonds, insoumis, que leur famille ne peut ou ne veut surveiller et qui deviendraient fatalement de petits voleurs destinés à être enfermés dans une maison correctionnelle ; prendre ces enfants chez lesquels le naturel n'est pas encore complètement perverti et les placer comme apprentis, par groupes ou isolément, chez des industriels, pour les appliquer à un métier en rapport avec leurs goûts et leurs aptitudes, en un mot les régénerer par le travail en liberté. Telle est l'économie générale de ce service organisé le 1er janvier 1881.

1. Ce mot de *moralement abandonnés* a été emprunté à une œuvre polonaise tentee il y a 50 ans et dont le compte rendu avait été fait à la société génerale des prisons, par un philanthrope éclairé, M. de Moldenhave, juge à Varsovie.

§ II. — *Mode d'admission et de placement.*

Les enfants une fois admis sont maintenus quelques jours en observation à l'hospice dépositaire, puis dirigés sur la province et placés dans les industries les plus diverses.

Il n'y a pas de règle déterminée pour les placements, tantôt ce sont des groupes importants de 50, 60 pupilles avec surveillants, instituteurs; ailleurs l'apprenti est chez un boulanger, un charron, un menuisier, etc. L'important est de deviner les aptitudes du jeune vagabond de la veille, de prévenir le retour de ses anciens penchants en le maintenant par une discipline ferme, lui représentant qu'il peut se créer un avenir honorable, tout en sachant développer chez lui l'amour de l'ordre et de l'économie par la constitution d'un petit pécule qui formera plus tard une réserve précieuse.

Le service des moralement abandonnés a fondé aussi à titre d'essai deux écoles professionnelles d'horticulture et d'ébénisterie; mais ce sont des exceptions, la règle est le placement chez les patrons.

Il a été ainsi admis :

en 1881	515 garçons	181 filles
1882	657 —	291 —
1883	602 —	281 —
1884	518 —	272 —

Au 1er janvier 1884 il restait 2,549 élèves sous le patronage tutélaire de l'assistance parisienne. On remarquera la disproportion existant entre les admissions de garçons et de filles; ce fait tient à ce que de nombreux orphelinats entretenus par la charité privée reçoivent presque exclusivement les filles; d'un autre côté l'orpheline est plus facilement recueillie par des parents ou amis que l'orphelin, surtout lorsqu'il est déjà un indiscipliné d'humeur difficile et dont la direction nécessiterait une surveillance toute particulière.

§ III. — *Résultats moraux du service.*

Les Directeurs de l'Assistance se louent, dans leurs rapports annuels, des résultats qu'ils obtiennent et qui, disent-ils, dépassent leurs espérances : peu d'évasions, des enfants insoumis, vicieux, ramenés au bien, tel est le tableau qu'ils tracent de ce service encore nouveau.

En faisant la part naturelle de l'enthousiasme officiel, il est certain que ce patronage produira les plus heureux fruits surtout si on sait se souvenir que la Religion est la grande éducatrice et la plus sûre réformatrice des mœurs.

Ce service constitué, comme l'indiquent les rapports du Conseil Général de la Seine, par le Chef de la division des enfants assistés, M. Brueyre, débarrassera peu à peu Paris de nombre d'enfants destinés à devenir le fléau de la société ; avec des ressources relativement minimes (500,000 à 600,000 fr.) on transformera ces êtres dangereux en laborieux ouvriers.

Il est à souhaiter que les grands centres, suivant l'exemple de la capitale, développent la pensée si heureusement mise en pratique par le Conseil général et la grande Administration hospitalière parisienne.

CHAPITRE CINQUIÈME

ÉTUDE DES PROJETS DE LOI PRÉSENTÉS DE 1848 A 1869 SUR LA QUESTION DES ENFANTS ABANDONNÉS ET DÉLAISSÉS

Nous venons de constater la manière dont il est pourvu en France, à l'heure actuelle, à l'assistance des enfants abandonnés; en dehors des lois de finances, mettant à la charge des départements la plus grande partie des dépenses de ces enfants; aucune disposition législative ne fut adoptée de 1811 à 1869. Le Ministère de l'intérieur réglementa le service pendant cette longue période au gré de ses opinions successives. Il y eut cependant de nombreux projets, mais ils n'obtinrent même pas les honneurs d'une discussion publique. Ce sont ces projets dont nous nous proposons de faire connaître l'esprit général, et notamment les dispositions relatives au mode de réception des pupilles.

I. — Commission de 1849. Projet de loi. (Tome Ier. p. 533 et suivantes.)

Ce projet en 163 articles comprenant trois livres subdivisés en titres et chapitres, a d'abord contre lui sa longueur même; après avoir posé les principes, la loi doit laisser aux règlements d'administration publique le soin de prévoir tous les détails.

Suivant ce projet, le *tour* est supprimé, et la commission propose pour l'admission des nouveau-nés, la création d'un bureau attaché à chaque hospice dépositaire.

Ce bureau aurait été composé de cinq membres :

1° La sœur supérieure ou la sœur déléguée par elle ; 2° un

membre de la commission administrative; 3° un membre du bureau de bienfaisance; 4° un membre désigné par le préfet; 5° l'inspecteur départemental. (Titre Ier, chapitre 1er, art. 3 et 6.)

La difficulté d'application de ces dispositions ressort à la simple lecture. Il avait été reconnu d'abord que le bureau ne pouvait être permanent. On peut constater qu'actuellement 67 départements reçoivent, par an, moins de 100 enfants immatriculés; or il devait, d'après la commission, y avoir un hospice dépositaire par arrondissement; les membres du bureau n'auraient donc, dans l'immense majorité des cas, eu à statuer qu'une ou deux fois par mois, et cela aux heures les plus irrégulières, le jour ou la nuit. En effet, une personne qui trouve un enfant exposé ou qui veut en abandonner un, ne se préoccupe pas des jours de séance d'une commission.

Aux termes des articles 7 et suivants, tout individu se présentant à un hospice pour y déposer un enfant, devait être mis en présence du secrétaire de la commission, prêter serment qu'il ne connaissait pas les parents du pauvre petit être, ou faire « dans la forme du témoignage en justice, et sous la foi du serment, une déclaration contenant les noms, prénoms, etc., de l'abandonné. »

Le bureau pouvait être *convoqué d'urgence* pour recevoir les confidences du déposant[1].

Le procès-verbal était adressé au Procureur de la République (art. 13) afin qu'il puisse procéder, conformément aux lois, contre les auteurs ou complices de la suppression d'état et d'abandon, et contre les auteurs de fausses déclarations.

L'enfant était toujours provisoirement reçu, il est vrai, mais le bureau pouvait refuser de prononcer l'admission définitive « s'il estimait que la mère avait des ressources suffisantes pour l'élever ou que les motifs allégués pour demander que le secret de sa maternité soit gardé, n'étaient pas suffisamment justifiés... Si la situation des parents changeait, on pouvait

1. Cette disposition avait paru si peu pratique aux auteurs du projet qu'ils n'exigeaient alors que la présence de deux membres.

les forcer à reprendre leur enfant ou à contribuer à sa dépense. »

Par une réaction exagérée contre le système du tour, et faute aussi de compter parmi eux des administrateurs au courant des détails de la question, les hommes de talent qui composaient la commission édictaient des principes aussi impraticables que dangereux.

L'admission définitive, sauf en ce qui concerne les orphelins pauvres, se fait habituellement au moment où l'enfant est présenté; si les exhortations, les offres de services ont échoué; si les parents sont décidés à l'abandon, par quels moyens peut-on les contraindre à reprendre l'élève une fois qu'il a été reçu?

Employer la force publique? Mais alors qui paiera les frais de cette résistance? L'enfant que l'on exposera ou qui périra par manque de soins.

Maintenant faire intervenir à tout instant le Procureur, c'est détruire l'idée du secret, c'est pousser fatalement à l'infanticide et à l'exposition si dangereuse pour la vie du nouveau-né. Les administrateurs d'un hospice dépositaire ne doivent pas être les auxiliaires du parquet; leur mission est absolument différente [1].

L'article 24 prononce également qu'en dehors des orphelins admis jusqu'à 15 ans, aucun enfant de plus de 7 ans ne pouvait être reçu; on a peine à s'expliquer une pareille restriction; que seraient alors devenus ceux au-dessus de 7 ans? Pour justifier cet ostracisme il aurait fallu constituer trente ans plus tôt le service des délaissés ou moralement abandonnés.

1. Voici un exemple pris entre mille : Une fille mineure apporte son fils qu'elle déclare issu de ses relations avec son père. Les administrateurs sont tenus évidemment de chercher tous les moyens en leur pouvoir pour faire cesser officieusement une pareille situation, mais ils ne doivent pas déposer une plainte au Parquet. Toute différente serait leur conduite s'ils avaient la preuve qu'un enfant volé a été déposé à l'hospice. Ils auraient alors pour devoir de faire poursuivre les auteurs de cet acte criminel, car l'intérêt du secret des familles n'est plus en jeu.

Secours temporaire.

Dans le projet, un bureau spécial prononçait les admissions comme on vient de le voir, et c'était (art. 30 et suivants) le Préfet qui accordait les secours. « Si la mère a retiré son enfant sur la promesse d'un secours et que le secours soit définitivement refusé par le préfet, le bureau d'admission délibérera de nouveau. » (Art. 33, dernier alinéa.)

Singulière anomalie, le bureau, en recevant un enfant, avait le pouvoir d'engager les finances départementales pendant douze années et ne pouvait accorder un secours temporaire ! Il promettait une allocation déterminée pour éviter un abandon, cette manière de voir n'était pas adoptée et il n'avait qu'à s'incliner.

Ce mode de procéder aurait enlevé tout l'effet du secours et suscité des conflits, à moins que le Préfet, par l'intermédiaire de l'inspecteur, n'ait confisqué en fait la commission.

Tutelle.

Les articles 35 et 36, relatifs à la tutelle, sont encore plus étranges, il y est dit que les enfants admis ou délaissés ont pour *tuteur* l'inspecteur du département, pour subrogé-tuteur le membre du comité du patronage désigné par le conseil de famille, et pour conseil de famille la commission administrative de l'hospice dans la circonscription duquel ils résident. La tutelle pourra être déférée par le conseil à l'un des membres de la famille à laquelle l'enfant aura été confié s'il consent à l'accepter. Dans ce cas, l'inspecteur sera subrogé-tuteur.

Les soins donnés à ce titre pourront être invoqués plus tard comme cause d'adoption, alors même qu'il y aurait eû salaire ou secours.

Art. 36. L'enfant réclamé a pour tuteur sa mère, si c'est elle qui l'a retiré spontanément ou sur une décision du bureau d'admission et si elle a fait agréer les raisons pour lesquelles elle ne le reconnaît pas.

Il a pour subrogé-tuteur l'inspecteur du département où il réside et pour conseil de famille la commission administrative de l'hospice de la circonscription [1]. Il en est de même des enfants secourus.

Examinons brièvement ces différentes hypothèses.

1° L'inspecteur est tuteur et cela est déjà mauvais, puisque sa mission est de surveiller et non d'administrer ; de plus, comme on instituait (art. 3) dans chaque département autant de conseils de famille que d'arrondissements, de quelle manière le malheureux inspecteur aurait-il pu réunir ces conseils, y assister et appliquer leurs opinions, souvent contradictoires, sur l'exercice de la tutelle ?

2° La tutelle est déférée à un étranger. Il faut distinguer ; on avait toujours admis qu'un enfant assisté pouvait être confié à une personne bienfaisante en vue d'une adoption ultérieure, mais, hors les cas fort rares de tutelle officieuse prévus par les art. 361-370 du code civil, la commission hospitalière conservait la tutelle de son pupille ; quelle nécessité d'ériger en règle ce qui ne peut être qu'une exception ?

Le projet de loi avait-il en vue la tutelle officieuse avec toutes ses conséquences successorales (art. 367)? nous ne le pensons pas. Alors c'était la confusion en permanence.

On comprend encore moins que la commission reste tutrice d'un enfant rendu à sa mère et d'un enfant secouru.

L'allocation d'un secours ne peut faire sortir un enfant du droit commun ; et quelle nécessité il y avait-il d'étendre la tutelle légale à de petits êtres de moins de trois ans [2], pour les neuf dixièmes illégitimes, et sans possibilité d'avoir des intérêts pécunaires.

Suivait une longue et beaucoup trop minutieuse énumération des règles applicables à la mise en nourrice, aux colliers, aux contrats d'apprentissage, etc.

La loi encore ne doit pas entrer dans tous ces détails se-

1. Ainsi le bureau qui a prononcé l'admission voit son rôle cesser une fois l'enfant immatriculé, et la commission hospitalière apparaît seulement pour prendre la tutelle.

2. Art. 30. La durée de ces secours ne pourra dépasser l'époque où les enfants seront admissibles aux salles d'asile.

condaires, il lui appartient seulement de tracer les lignes d'ensemble.

Signalons une dernière anomalie relative aux retraits.

Art. 71 « Le retrait ne pourra être prononcé que par décision spéciale du Préfet, sur l'avis du tuteur, du subrogé-tuteur, du conseil de famille ou du comité cantonal de patronage. »

La rédaction est vague; fallait-il l'avis du tuteur, du subrogé-tuteur et du conseil de famille, ou bien l'avis de l'une de ces trois autorités pouvait-elle suffire, à l'exclusion des autres?

Quant au comité de patronage (art. 87, 102 à 104), chargé de visiter les enfants, on ne comprend pas comment il pouvait se substituer au tuteur légal et au conseil de famille.

En résumé, faute d'avoir étudié, si nous pouvons nous exprimer ainsi, sur le chair vive, cette question des enfants assistés[1], des hommes savants, animés des meilleures intentions, ont consacré trente et une séances laborieuses pour dresser un plan d'organisation absolument inpraticable, source de mille conflits, et très inférieur dans son ensemble à la loi du 15 pluviô se an XIII et au décret du 19 janvier 1811[2].

II. — Assemblée nationale législative. Rapport et projet de loi sur les enfants trouvés, abandonnés et orphelins, présentés au nom de la commission d'assistance publique, par Armand de Melun. Séance du 22 mars 1850.

Le 26 novembre 1849, la commission extraparlementaire nommée par M. Dufaure terminait ses travaux, et le 22 mars 1850, la commission de l'Assemblée nationale déposait son rapport, conçu dans un esprit absolument opposé.

« Art. 2. Les conseils généraux de chaque département désigneront les établissements publics ou privés où seront reçus les enfants confiés à l'assistance publique, et détermine-

1. Les deux Inspecteurs généraux, membres de la commission, ne prirent presque aucune part à ses délibérations. L'un d'eux n'assista même à aucune des séances.

2. Les dépenses, d'après le projet étaient *hospitalières* : séjour à l'hospice, colliers, etc., ou *départementales* : mois de nourrice, voyages, etc., se répartissant ainsi : 1/5 à la charge des communes, 3/5 à la charge du département, 1/5 à la charge de l'État.

ront le mode de leur admission. Toutefois, chaque département aura au moins *un tour*. »

« Art. 32. Toute personne convaincue de s'être fait l'intermédiaire habituel des expositions sera punie d'un emprisonnement d'un mois à trois ans et d'une amende de cinquante à mille francs, sans préjudice des peines portées contre toute atteinte à la vie et à la santé des enfants. L'art. 463 du Code pénal pourra être appliqué. »

Ce rétablissement du *tour* n'avait pas été admis au sein de la commission, sans une vive opposition; une forte majorité se prononça néanmoins en sa faveur. Mais ce que l'on peut reprocher surtout à la réforme proposée, c'est le manque d'unité.

On se plaignait que les circulaires et instructions ministérielles, dénaturaient les lois et décrets préexistants, en amenant par leur diversité même une confusion réelle dans le service, et cette confusion, la Commission l'érigeait en principe.

« Elle a, dit le rapporteur (p. 24), reconnu la convenance de donner aux autorités locales, une grande part dans la solution du problème. En rendant *un tour* obligatoire par département, elle charge les Conseils généraux de fixer le nombre, le lieu des établissements dépositaires. Elle n'exclut aucun mode d'admission, elle ne repousse aucun essai, elle n'exige même pas que le tour soit placé dans un hospice. Le service des enfants trouvés n'appartient pas nécessairement aux maisons de secours publics. Le Conseil général pourra se servir de la charité privée et établir un tour, une crèche, dans des maisons de sœurs, en confier la direction à une association charitable. La société, quand elle fait le bien, gagne beaucoup à s'adresser à la liberté. »

Nous sommes partisan d'une décentralisation réelle, indispensable dans un pays véritablement libre; cependant faut-il encore que la loi détermine dans un service aussi important que celui des enfants trouvés, les lignes générales. C'est ce que ne fait point le projet de la commission, ainsi que le remarquait M. Boicervoise, administrateur honoraire des hospices de Paris[1].

1. *Revue municipale*. Quelques réflexions au sujet du projet de loi pré-

« Satisfaite d'avoir rendu partout les tours obligatoires, et d'avoir remporté cette victoire, la commission consent à ce que chaque département établisse tout autre mode d'admission, en harmonie avec ses mœurs, ses croyances et ses habitudes. Elle n'en exclut aucun, elle ne repouse aucun essai, » etc.

N'est-ce pas rompre l'uniformité de jurisprudence que l'on vient d'établir ; entretenir les récriminations de département à département ? N'est-ce pas perpétuer l'anarchie qui règne dans ce service, que de tolérer dans certaines régions des admissions qui pourront être interdites dans les autres ?

Au point de vue de la tutelle, il était formé par département (art. 10), une commission centrale composée « de dix membres : du préfet, président, de l'évêque ou de son délégué ; du procureur de la République, ou de son substitut; d'un officier supérieur de terre ou de mer désigné par le général commandant le département, ou par le Préfet maritime ; d'un membre du conseil général ; d'un membre de la commission des hospices, d'un membre du bureau de bienfaisance désignés chacun par leur corps respectif ; les deux autres membres étaient nommés par la commission elle-même. »

Conformément à l'art. 11, cette commission devait « prononcer l'admission des enfants abandonnés et orphelins, être chargée de la tutelle, de la direction et du patronage de tous les enfants confiés à l'assistance publique jusqu'à leur majorité. »

Cette commission, formée d'éléments aussi nombreux et aussi divers, aurait fonctionné certainement avec difficulté ; quant aux autres dispositions du projet, elles reproduisaient avec des modifications peu importantes les règlements en vigueur ; on peut seulement signaler une sorte de prédilection pour des colonies agricoles françaises et algériennes alors en pleine faveur, et le silence complet gardé sur les secours aux filles-mères.

Il faut en terminant mentionner l'art. 31 emprunté au projet

senté à l'Assemblée législative dans sa séance du 22 mars 1850, in-8, 60 p. 1850.

de la commission de 1849 et ainsi conçu : « Si la mère qui réclame son enfant n'est pas mariée, ou si l'enfant n'est pas reconnu par le mari, la tutelle et le patronage continuent à s'exercer conformément à la présente loi. »

Nous persistons à ne pas comprendre comment un enfant peut être rendu à sa mère, mariée ou non, et rester cependant sous la tutelle administrative.

III. — Corps législatif. Session de 1853, annexe au procès-verbal de la séance du 30 avril. Projet de loi concernant les enfants trouvés, abandonnés et les orphelins pauvres confiés à l'administration publique. Rapport fait au nom de la commission par M. Remacle.

Le projet de loi présenté à l'assemblée législative fut, avant toute discussion, renvoyé au Conseil d'État qui élabora un troisième projet dont M. Cuvier, conseiller d'État, indique ainsi l'esprit[1].

« Le projet de la commission parlementaire a donné lieu à deux objections principales; d'une part, en imposant à tous les départements l'obligation d'établir au moins un tour, il condamne implicitement et surtout il annule tout ce qui s'est fait depuis plus de trente ans dans plus de la moitié des départements ; d'une autre part, en concentrant entre les mains du Conseil général et d'une commission spéciale, siégeant au chef-lieu du département, tous les pouvoirs pour l'ouverture de l'établissement dépositaire pour la réception, la tutelle et la surveillance des enfants, en supprimant presque en entier l'action de l'administration, il constitue un état de choses qui ne tarderait pas à avoir pour les départements, les plus onéreuses conséquences.

« La seule objection fondamentale contre ce projet est relative à la concentration, entre les mains d'une commission départementale, de tous les pouvoirs pour la réception, le placement et l'éducation des enfants trouvés. Ce serait le premier exemple en France d'un comité administratif ayant pouvoir d'engager sans contrôle et presque sans intervention du gou-

1. Cité par M. Frout de Fontpertuis, p. 327.

vernement les finances des départements, des communes et, par conséquent, les finances de l'État. »

Une commission unique par département nous paraît, au contraire, s'imposer et l'objection présentée n'est pas sérieuse; en effet, que ce soit l'État qui supporte une grande partie de la dépense ainsi que cela avait lieu avant 1817, ou que la plus grosse charge incombe aux départements, ni le Corps législatif, ni le Conseil général ne statuent sur les admissions ; il y a des agents d'exécution : Commissions hospitalières, Préfets ou Inspecteurs, et il est évident que, chaque fois que ces agents autorisent une immatriculation, ils engagent les finances départementales ; mais il appartient aux Conseils généraux de tracer, dans les limites prévues par la loi, les règles générales du service, et de rappeler à l'exécution de ces règles les autorités diverses qui s'en écarteraient.

Quoiqu'il en soit, en présence de ces difficultés imaginaires, le Conseil d'État proposait que l'emploi du tour ne pût être établi ou supprimé que suivant avis du Conseil général, la tutelle étant laissée aux Commissions hospitalières.

Renvoyé au bout de trois années devant le Corps législatif, ce projet donna lieu à une vive discussion au sein de la commission ; le rapporteur était M. Remacle, l'adversaire déterminé des tours et, cependant, il ne put triompher des résistances qui s'élevèrent autour de lui. Les articles 5 et 6 reproduisirent le terme moyen proposé par le Conseil d'État. A la suite des définitions données par le décret de 1811 le nouveau projet renferme les dispositions suivantes : « Art. 5. Dans chaque département, le Préfet désigne, après avoir pris l'avis du Conseil général et des Commissions administratives des hospices et sous l'approbation du Ministre de l'intérieur, un ou plusieurs hospices pour recevoir les enfants assistés.

« Les tours ne peuvent être établis ou supprimés dans ces hospices que par arrêté du Ministre de l'intérieur et après avis du Conseil général.

« Art. 6. Le Préfet détermine par un arrêté les pièces et justifications nécessaires pour constater la position des enfants désignés dans l'art. 1er.

« Il règle également par des arrêtés, après avis du Conseil

général et des Commissions administratives des hospices, les moyens à prendre pour prévenir, soit par l'allocation de secours temporaires, soit de toute autre manière, l'abandon des enfants nouveau-nés, et, lorsque le tour n'existe pas ou que le tour existant est surveillé, les moyens propres à assurer le secret convenable, soit la réception provisoire, en cas d'urgence, des enfants dans les hospices, soit leur réception définitive.

« Les arrêtés du Préfet sont soumis à l'approbation du Ministre de l'intérieur.

« Dans le cas où des secours temporaires sont accordés, ils sont distribués sous les conditions indiquées par l'arrêté préfectoral, par les soins du bureau de bienfaisance, et, à défaut de bureau de bienfaisance, pour les soins des maires. »

Cette solution ne pouvait être acceptée, il appartenait au législateur de se prononcer nettement; les partisans des tours n'étaient pas satisfaits puisqu'on ne les rétablissait pas ouvertement, et le Ministre de l'intérieur, qui poursuivait sans relâche leur fermeture, ne trouvait pas dans cette rédaction une sanction suffisante de ses actes. Et puis, quel résultat aurait-on obtenu? Il suffisait donc d'un changement de majorité dans les conseils généraux, pour remettre constamment en question l'ouverture ou la fermeture des tours; ce n'était pas rationnel. Le projet eut donc le sort de ses prédécesseurs, il fut enterré parlementairement[1].

Quelques années plus tard, en 1857, à l'occasion des pétitions du Père Brumauld, MM. Troplong, comte Siméon et Portalis, sénateurs, portaient le débat devant la haute assemblée dont ils faisaient partie. Rétablissement des tours, suppression des secours aux filles-mères, colonisation de l'Algérie par les enfants abandonnés, telles étaient les bases générales de l'argumentation des honorables sénateurs dont les propositions n'eurent aucune suite.

Il faut arriver maintenant à la loi financière du 15 mai 1869 qui favorise singulièrement l'omnipotence de l'État, en lui lais-

1. Ce projet n'innovait pas en ce qui concerne la tutelle, et la loi du 19 pluviôse an XIII se trouvait confirmée dans ses parties essentielles.

sant prendre à sa charge les minimes dépenses de personnel. L'État payant *un* million sur *quinze*, administre tout, puisqu'il nomme les inspecteurs, ainsi que nous l'avons fait remarquer dans le chapitre II, et cette situation nous paraît absolument inadmissible.

Malheureusement, on n'y a pas porté remède par les propositions faites depuis 1870.

CHAPITRE SIXIÈME

EXAMEN DES PROPOSITIONS DE LOI SOUMIS AUX CHAMBRES DE 1870 A 1885

Laissant de côté, pour le moment, le projet de loi voté par le Sénat, nous allons résumer les dispositions principales des divers projets soumis au Parlement de 1870 à 1885 et ayant pour objet l'amélioration du sort des enfants délaissés.

I. — Rapport et proposition de loi Bérenger concluant au rétablissement des tours. (Sénat, sessions ordinaires de 1877 et de 1878.)

L'Assemblée nationale qui avait voté, en 1874, les lois sur la protection des enfants placés en garde ou sevrage, employés dans les manufactures ou astreints aux professions ambulantes, aurait dû terminer sa mission en adoptant une législation définitive en ce qui concerne les enfants abandonnés ; c'est seulement le 23 février 1877, que M. Bérenger déposa sur le bureau du Sénat un rapport concluant à l'examen de cette grave question. Ainsi que le dit M. le Rapporteur, ce rapport n'est que le résumé du livre de M. le Dr Brochard sur les enfants trouvés. Au point de vue historique, il est regrettable que la commission sénatoriale ait suivi un guide aussi fantaisiste ; au point de vue doctrinal, les opinions et objections émises sont celles soutenues par les partisans et les adversaires des tours, aucun fait nouveau n'est allégué. Le rapport ne contient pas, du reste, de dispositions législatives, il se termine seulement par le vœu suivant (p. 66) : « La commission, sans vouloir entrer plus avant dans un examen qui l'eût entraînée au delà des limites de ses attributions, sans vouloir surtout donner une opinion arrêtée et définitive, a pensé :

« Qu'il était regrettable que la législation de 1811 eût été abrogée en fait sans le concours des pouvoirs publics;

« Que ses inconvénients semblent avoir été singulièrement exagérés;

« Que, d'un autre côté, il ne paraît pas démontré que le système nouveau ait été sans influence sur l'augmentation des attentats contre l'enfance ni sur l'accroissementde la mortalité du premier âge ;

« Qu'il ne semble même pas avoir réalisé, sous d'autres rapports, les espérances qu'on avait conçues;

« Qu'enfin s'il devait après nouvel examen être maintenu, il serait nécessaire de lui donner une base légale. »

L'année suivante (session de 1878, n° 71), séance du 11 février, MM. Bérenger, Taillefert, de Belcastel, Henri Martin et Schœlcher, déposaient une proposition relative au rétablissement des tours et comprenant 6 articles. L'art. 1er était ainsi conçu : « Il y aura dans chaque arrondissement un hospice destiné à recevoir les enfants trouvés, chacun de ces hospices sera muni d'un tour ouvert le jour et la nuit. Des avis placés aux abords et dans l'intérieur du tour feront connaître aux déposants : 1° qu'un secours mensuel peut être accordé par l'hospice aux mères qui veulent se faire connaître et conserver leur enfant; 2° qu'un employé, obligé par serment professionnel au secret, se tient dans une salle voisine à leur disposition, pour recevoir les renseignements que peut exiger l'intérêt de l'enfant. »

Si l'on admet le secret de l'admission par le tour, il n'y à rien à reprendre dans cet article, mais le suivant implique une contradiction évidente :

« Quiconque est convaincu de déposer habituellement des enfants au tour sera puni d'un emprisonnement de 6 mois à 2 ans. La peine sera du double contre les médecins, chirurgiens, officiers de santé, pharmaciens ou sages-femmes. »

Nous comprenons parfaitement la préoccupation des auteurs du projet de loi, qui ont voulu aller au-devant d'une des plus fortes objections contre le tour, mais alors ils détruisent leur système, car, ou le tour est libre ou il est surveillé; dans ce dernier cas, le secret n'est plus garanti. S'il est libre, comment constater que des personnes déterminées apportent fréquemment des enfants?

Le véritable tour qui, suivant ses partisans, a des bras pour recevoir et n'a pas de bouche pour révéler, manque également d'yeux pour voir les déposants ; si on les voit, c'est l'admission à bureau ouvert sans demander de renseignements.

Le reste du projet reproduit, en les affaiblissant, comme précision, les dispositions de la loi du 15 pluviôse an XIII. L'art. 6 et dernier conclut à la formation « d'une direction générale des enfants trouvés au Ministère de l'intérieur. »

Nous ne sommes pas partisans de cette innovation. Les Inspecteurs généraux répondent parfaitement à ce besoin, à condition qu'on choisira des hommes au courant de leurs fonctions.

II. — Conseil général de la Seine. Séance du 26 novembre 1878. Rapport présenté par M. Thulié au nom de la 3e commission sur le service des enfants assistés.

Bien que n'ayant pas été présenté au Parlement, le projet ci-dessus visé emprunte un intérêt tout particulier à la situation du Conseil Général de la Seine, qui a à s'occuper du tiers des enfants assistés de France, et il nous a paru mériter un examen spécial.

TITRE I. — Admissions.

Adversaire des tours, le rapporteur de la 3e commission propose les dispositions suivantes :

« Art. 1er. — Dans chaque chef-lieu d'arrondissement, il y aura un hospice dépositaire destiné à recevoir des enfants abandonnés.

« Art. 2. — Le bureau des abandons, communiquant directement avec la voie publique, sera ouvert de jour et de nuit.

« Art. 3. — L'employé chargé de recevoir les enfants sera astreint au secret par serment.

« Art. 4. — Si c'est la mère qui fait l'abandon, cet employé se bornera à énumérer les inconvénients de l'abandon et les avantages de l'allaitement maternel; si c'est une autre personne, il enregistrera l'enfant purement et simplement. Dans l'un et l'autre cas, il n'exercera aucune pression, sous peine de révocation.

« Art. 5. — Les enfants pourront être abandonnés, soit par les mères elles-mêmes, qui ne seront pas astreintes à se faire connaître ou à signer le procès-verbal, soit par toute autre personne, qui devra faire savoir si l'enfant a été inscrit sur les registres de l'état civil.

« Art. 6. — L'abandon se fera sans témoin d'aucune sorte, autre que l'employé assermenté; l'enfant, après avoir reçu son numéro d'immatriculation devant la personne qui abandonne, sera passé aux gens de service par le dit employé.

« Art. 7. — Toute personne qui aura induit la mère en erreur sur les conséquences de l'abandon, ou aura divulgué la naissance d'un enfant, sera condamnée à un emprisonnement de 1 jour à six mois, indépendamment des dommages-intérêts à réclamer par la partie civile. »

L'ensemble de ces dispositions nous paraît assez satisfaisant; il y a cependant contradiction entre l'art. 4 et l'art. 5. Aux termes de ce premier article : « Si c'est une autre personne que la mère on enregistrera l'enfant purement et simplement, » ce qui semble indiquer qu'on ne fera aucune question au déposant, cependant en vertu de l'art. 5 : « Ce déposant devra faire savoir si l'enfant a été inscrit sur les registres de l'état civil », pourquoi ne pas demander l'acte de naissance ainsi que cela se pratique à l'hospice de Paris?

Maintenant l'employé (il faudrait dire au moins les employés, car il s'agit d'un service de jour et de nuit) pourra être révoqué s'il a exercé une pression; qui sera juge de ce point délicat? il n'y a pas de témoins. Comment l'employé incriminé pourra-t-il prouver le mal-fondé des plaintes?

Que veulent dire aussi ces mots de l'art. 7 : « Toute personne qui aura induit la mère en erreur sur les conséquences de l'abandon et aura divulgué la naissance d'un enfant sera condamnée à un emprisonnement de 1 jour à 6 mois, indépendamment des dommages-intérêts à réclamer par les particuliers. » L'art. 378 du code pénal sur le secret professionnel suffit parfaitement à protéger les mères sans qu'il soit besoin d'une pénalité exceptionnelle.

Des secours, dit l'art. 8, seront accordés aux mères pour leur faciliter l'allaitement de leur enfant. Ils ne pourront être alloués qu'après enquête, mais l'employé assermenté aura le devoir d'annoncer cette enquête à la mère qui voudrait accepter le secours. Les abandons au contraire ne seront précédés ni suivis d'aucune investigation.

Les art. 9 et 10 suppriment les rapatriements; nous aurons occasion de revenir longuement sur cette question soulevant de graves difficultés budgétaires. Enfin par l'article 11, M. Thulié, appliquant les règles suivies dans les Maternités de Vienne et de Rome (hospice Saint-Roch) demande « que la femme à terme qui ne voudrait pas se faire connaître soit reçue, à la seule et unique condition de laisser entre les mains du directeur de l'hospice un pli cacheté contenant son nom, son adresse, le lieu et l'époque de sa naissance. Ce pli devant lui être rendu à sa sortie et ne pouvant être décacheté par le directeur de l'hospice qu'en cas de décès. »

Le projet maintient la tutelle aux Commissions hospitalières tout en confirmant l'autorité supérieure du Conseil général et (art. 14) partage les dépenses, dites extérieures, par fractions égales entre l'État, les départements et les communes.

III. — Chambre des députés. Session extraordinaire de 1880, n° 3189, annexe au procès-verbal de la séance du 17 décembre. — Proposition de loi ayant pour objet la création d'un orphelinat national, présenté par M. Caze.

MM. Bérenger et Thulié, divisés sur la question du tour restaient unis pour le maintien des enfants assistés dans la campagne. M. Caze tout en réclamant le tour veut changer, au contraire, ce mode d'éducation. Il propose de répartir les pupilles dans des orphelinats, de leur donner une éducation professionnelle, agricole ou industrielle, et de les expédier ensuite aux colonies en leur accordant ultérieurement des concessions. M. Caze étend, en un mot, les utopies rêvées en 1850 pour l'Algérie. En vertu des articles 22 et 23 du projet, il fait revivre les dispositions inventées, en 1811, par Napoléon pour se procurer des soldats : « Un décret déterminera ceux des enfants mâles qui seront mis chaque année à la disposition du Ministre de la guerre et du Ministre de la marine. »

« Art. 23. Dans aucun cas l'enfant réclamé ne pourra être soustrait aux obligations qui lui auraient été imposées par l'État. »

Ces mesures arbitraires ne sauraient se justifier et il n'y a point lieu de s'y arrêter.

En rédigeant son projet, M. Caze paraît avoir oublié trois choses :

1° Que les enfants assistés répandus actuellement dans les campagnes, forment un élément social important et comblent en partie les vides laissés par l'émigration vers les villes ;

2° Que ces essais de colonisation lointaine par ces enfants sont jugées par l'expérience ;

3° Enfin, qu'il faudrait indiquer qui supportera les dépenses écrasantes du vaste système d'orphelinats rêvé par l'auteur.

L'État assurément [1] ; mais n'est-il pas déjà assez obéré ?

Ce projet est donc absolument et de tout point impraticable ; néanmoins dans le rapport déposé à la séance du 22 février 1881 [2], la commission d'initiative conclut à la prise en considération, mais le rapporteur, M. Bénazet, paraît penser que ce projet s'applique aux vagabonds et à cette population d'indisciplinés que nous voyons toujours sur les bancs de la police correctionnelle. Alors pourquoi parler des tours et mêler des questions absolument distinctes? Cette confusion qui vicie si profondément, ainsi que nous le verrons plus loin, le projet de loi voté par le Sénat, a entraîné M. Caze dans la même erreur.

1. « J'estime, dit M. Caze, qu'en cette matière ce que l'État peut est la mesure de ce qu'il doit. »

2. N° 3354, rapport de M. Benazet.

IV. — Chambre des députés. Session extraordinaire de 1811, n° 187, annexe au procès-verbal de la séance du 3 décembre 1881. — Proposition de loi pour la création d'asiles d'enfants sauvés présentée par M. Henri de Lacretelle.

M. de Lacretelle, après avoir rappelé qu'il avait déposé plusieurs fois déjà des propositions relatives au rétablissement des tours indique quelques amendements à ses propres projets. « Il y a, dit-il, art 1er, dans chaque chef-lieu de canton à l'hospice, ou à défaut de l'hospice à la mairie, une salle désignée sous le nom d'asile pour les enfants sauvés. Cette salle est au rez-de-chaussée et a une fenêtre ouvrant sur la voie publique. — Art. 2. Elle est accessible de jour et de nuit. Un timbre placé dehors et sur la rue appelle immédiatement le gardien ou la gardienne de la salle. — Art. 3. La personne qui vient y déposer un enfant nouveau-né *doit indiquer le nom de l'enfant*, mais n'est pas obligé de donner le sien. »

Toutes les dépenses du service sont à la charge de l'État et, à 14 ans, les garçons sont dirigés sur une colonie agricole, en Algérie, et les filles sur une école industrielle.

Cette proposition, absolument incomplète, renfermait cependant toutes les idées condamnées par l'expérience des cinquante dernières années. Toutefois, la commission d'initiative, « sans adopter dans tous ses points le projet qui lui avait été présenté, » estima qu'il méritait d'être étudié et proposa la prise en considération Le rapport de la commission nommée à cet effet n'est pas encore déposé.

V. — Chambre des députés. Session de 1884, annexe au procès-verbal de la séance du 31 mars 1884. — Proposition de loi ayant pour objet : 1° la création d'une caisse de dotation pour les enfants abandonnés, délaissés ou maltraités; 2° une modification de l'art. 755 et l'abrogation de l'art. 768 du code civil; proposition signée par M. Couturier et 80 de ses collègues.

Jusqu'ici nous avons vu les auteurs de projets de lois préoccupés surtout du mode d'admision des enfants ; ici au contraire les rédacteurs de la proposition déposée le 31 mars 1884

1. Chambre des députés, n° 1298, session de 1882, annexe au procès-verbal de la séance du 10 août 1882.

ne s'inquiètent pas de l'administration du service et cherchent à créer une caisse de dotation alimentée par le produit de successions en déshérence. La pensée est juste ; nous avons toujours soutenu que l'État devait contribuer aux dépenses des enfants assistés dans la limite des sommes qu'il encaissait du chef des successions en déshérence ; mais pour rendre ces ressources plus abondantes on demande au Parlement d'abaisser de moitié le degré de successibilité, l'art. 755 se trouvant alors rédigé ainsi :

« Les parents au delà du sixième degré ne succèdent pas. »

Les enfants naturels et le conjoint survivant viendraient ensuite en rang utile.

Les raisons que font valoir les nombreux signataires du projet ne manquent pas de valeur; ils disent qu'au delà d'un certain degré les parents sont des étrangers que l'on connait à peine, et ils citent l'opinion de jurisconsultes de talent pour appuyer l'autorité de leur thèse. La solution indiquée nous paraît néanmoins modifier trop profondément l'ordre établi, il ne faudrait pas, à notre avis, descendre au-dessous du *huitième* degré[1].

Dans la séance du 28 octobre 1884, M. Rameau a déposé (n° 3160) un rapport concluant à l'adoption de cette proposition Couturier[2], en maintenant la limite des successions *ab intestat* au sixième degré et la commission spéciale pour administrer la caisse de dotation. Cette caisse paraît absolument inutile, l'État pouvant répartir entre les divers départements, suivant des règles déterminées, les sommes qu'il aurait recouvrées.

M. Rameau évalue à 10 ou 11 millions le bénéfice à obtenir par cette mesure; ce serait probablement s'exposer à de graves mécomptes que de se baser sur ce chiffre, car les parents du sixième au huitième degré sont encore assez proches pour que

1. Le 24 mai 1872, M. Journault et plusieurs de ses collègues déposaient une proposition de loi tendant à la modification de tarif des droits de succession et augmentant beaucoup les droits des héritiers au delà du 8e degré si l'on n'arrêtait pas à ce degré le droit successoral *ab intestat*.

2. Un rapport sommaire de la commission d'initiative concluait à la prise en considération; n° 2886, séance du 2 juin 1884.

le nombre des dispositions testamentaires en leur faveur s'accroisse dans une proportion beaucoup plus forte que ne le pensent les membres de la Commission.

Ce projet a, du reste, été fondu dans celui voté par le Sénat et dont nous nous occuperons avec le plus grand soin.

CHAPITRE SEPTIÈME

PROPOSITION DE LOI SUR LA PROTECTION DES ENFANTS ABANDONNÉS, DÉLAISSÉS OU MALTRAITÉS. — VOTÉE PAR LE SÉNAT

§ Ier. — *Historique de la question.*

Le 27 janvier 1881 MM. Th. Roussel, Bérenger, Dufaure, amiral Fourichon, V. Schœlcher et Jules Simon, sénateurs, déposèrent sur le bureau de la haute Assemblée une proposition de loi ayant pour objet la protection des enfants abandonnés, délaissés et maltraités (Sénat, session de 1881, n° 5). Il s'agissait de combler les lacunes existant dans notre système d'assistance de l'enfance.

« Personne, disait l'exposé des motifs (p. 49), n'est plus en droit de prétendre que notre pays se trouve en bonne situation lorsqu'il est presque de règle générale que les petits vagabonds de Paris, les petits mendiants de nos rues, dont les trois quarts sont façonnés et contraints à la mendicité par leurs parents, ne sont pas arrêtés par la police ou, en cas d'arrestation, ne sont pas retenus par la justice, à moins qu'un délit plus caractérisé ne s'ajoute au fait du vagabondage et de la mendicité. Lorsqu'une population de plusieurs milliers d'enfants flotte ainsi à l'abandon, rejetée par la police et par la justice, échappant également à la tutelle de l'assistance publique et au zèle de la charité, il est évident que quelque chose manque ou est dérangé dans nos lois et qu'une réforme est nécessaire dans nos institutions protectrices de l'enfance... La proposition de loi que nous présentons au Sénat vise directement ce vice de la situation légale des enfants abandonnés; elle se réduit en effet, en ce qu'elle a d'essentiel, à étendre à ceux de ces enfants qui seront recueillis pour recevoir une éducation préventive la garantie contre l'intervention abusive des parents que l'article 66 du Code pénal assure aux détenus, soumis à l'éducation correctionnelle. »

M. Roussel et les co-signataires de sa proposition avaient donc en vue les enfants âgés de plus de 12 ans non recueillis habituellement par les hospices dépositaires, vagabonds, déclassés, destinés à être envoyés un jour ou l'autre dans une colonie pénitentiaire en vertu de l'art. 66 du Code pénal; il s'agissait d'appliquer en France les principes admis en pareille matière, par les législations anglaise et américaine. La pensée de cette réforme, née au sein de la Société des prisons (exposé, p. 6.) dont les longues et savantes discussions avaient préparé le projet de loi, était excellente dans ses lignes générales[1].

En même temps, un arrêté ministériel du 5 décembre 1880, créait une commission, ayant à étudier les dispositions qui pourraient être proposées aux Chambres relativement aux cas de déchéance de la puissance paternelle ainsi que la situation légale des enfants indigents ou abandonnés[2].

La première séance eut lieu le 26 janvier 1881 et la Commission se partagea en trois sections chargées :

1° De délimiter les cas de déchéance des droits paternels;

2° D'étudier la situation légale de l'enfant une fois la déchéance prononcée;

3° De régler le sort des enfants que l'on appelait déjà les *moralement abandonnés.*

Le rapporteur de la 1re section, M. Pradines, avocat général

1. M. Roussel revient à plusieurs reprises sur ce point : « Soustraire l'enfant *abandonné* délaissé, maltraité aux défaillances, aux abus et aux excès de la puissance paternelle, en lui assurant avec l'éducation un abri et une protection jusqu'à sa majorité; voilà notre but. C'est sur ce terrain non de l'enfance déjà coupable, non de l'enfance malheureuse, non de l'éducation correctionnelle, mais de l'éducation préventive que réside, dans les questions qui nous occupent en ce moment, le plus grand intérêt, et nous pouvons ajouter le plus grand péril social. Voir Société générale des prisons, années 1879-1880; les principaux membres qui prirent part à ces discussions sont MM. Roussel, Bérenger, Lucas, pasteur Robin, Brueyre, etc.

2. Etaient membres de cette commission : MM. Schœlcher, Th. Roussel, Camille Sée, Camescasse, Courcelle-Seneuil, Hérisson, Beudant, Duvergier, Gonse, Ch. Quentin, Tanon, Pradines, Brueyre, Bournat, Bonjean, Guilbon; secrétaires, MM. Blondot, Amiaud et Reibaud.

près la Cour d'appel de Paris, indiqua dans un travail remarquable les bases adoptées et consistant notamment à étendre l'art. 335 du Code pénal aux divers cas présentant le triple caractère de faits délictueux, affectant la personne et la moralité de l'enfant, comportant enfin un ensemble d'agissements qui, dénotant l'habitude chez celui qui s'en rend coupable, n'en sont que plus à redouter dans leurs résultats. (Rapport, p. 10.)

La 2e section était fort divisée; les uns pensaient, avec le représentant de l'Assistance publique, que la seule solution pratique consistait à considérer les enfants dont les parents se trouveraient déchus de la puissance paternelle, comme des enfants abandonnés, et à les confier aux commissions hospitalières en vertu de la loi du 15 pluviôse an XIII. Une minorité de trois membres sur huit voulait au contraire créer des conseils de famille et de tutelle cantonaux. La première de ces deux solutions fut adoptée par la Commission, bien que la section eût choisi pour rapporteur M. Gonse, Directeur au ministère de la justice, membre de la minorité et favorable aux conseils cantonaux.

La 3e section prit pour rapporteur M. Roussel et confirma, par les dispositions qu'elle proposa, la nécessité de venir en aide aux enfants négligés par leurs parents, tout en laissant de côté la question de enfants trouvés et abandonnés, réglée par les lois existantes.

Le travail des trois sections, sanctionné en séance plénière par la Commission, fut réuni en un projet de loi *sur la protection de l'enfance* que le Gouvernement présenta au Sénat le 8 décembre 1881 (n° 67).

Dans l'intervalle, la 1re Commission d'initiative parlementaire avait conclu à la prise en considération de la proposition Roussel, Bérenger et Jules Simon[1], si bien que la Commission sénatoriale nommée définitivement était saisie de deux projets nettement définis concernant les enfants moralement abandonnés et l'extension des cas de déchéance paternelle[2]. Son rôle était tout tracé, mais, entraînée par son ardeur

1. Sénat, session de 1881 annexe au procès-verbal du 16 juin 1881, n° 325.
2. Cette commission était composée de MM. Schœlcher, président, Th.

même, la Commission ne sut pas s'y renfermer. Elle adopta toute une série d'articles ayant pour effet de comprendre dans sa réglementation les enfants abandonnés dont le sort était déterminé par le décret de 1811 et, ce qui n'est pas moins grave, soumettant, dans une certaine mesure, toutes les œuvres privées recueillant des enfants à un contrôle inquisitorial de l'État, représenté par les Préfets et des Comités départementaux composés des éléments les plus divers.

C'est ce que M. Bérenger a établi dans un contre-projet, déposé le 14 juillet 1883, après l'adoption en première lecture de l'ensemble du travail de la Commission [1].

« De tels changements, écrivait l'honorable sénateur (p. 4), constitueraient une véritable révolution dans les matières de l'Assistance. On se demande quelle en était la nécessité, où en seront les avantages, et on le cherche vainement. Parmi les nombreuses et anciennes demandes auxquelles ce projet a pour but de donner satisfaction, il n'en est aucune qui ait émis le vœu même le plus indirect, à cet égard. La Société générale des Prisons qui, recueillant l'héritage de la Commission d'enquête pénitentiaire de l'Assemblée Nationale, a pris l'initiative des premières propositions, n'en a jamais eu la pensée ; elle proteste même dans son dernier bulletin contre l'organisation inutile à laquelle on veut soumettre cette branche de la charité. On n'en trouve pas davantage trace dans le projet préparé par le Gouvernement, et ce n'est pas un des côtés les moins curieux de cette innovation, qu'elle soit spontanément sortie des études de la Commission. »

Le 23 juin, rapport de M. Th. Roussel repoussant le contre-projet Bérenger (n° 263). Le 26 juin, nouveau texte présenté au nom de la Commission en vue de la seconde délibération qui commence le 3 juillet. La prise en considération de la proposition Bérenger est repoussée par 155 voix contre 119 ; la discussion continue les 5 et 7 juillet, et le 10 le projet voté en première lecture est adopté par 165 voix contre 76 sur

Roussel, rapporteur, Xavier Blanc (en remplacement de M. Halgan, décédé), Parent, de Rozières, A. Huguet, Hébrard, Delacroix, Jules Simon.

1. Sénat, session de 1883, n° 232; cette première délibération occupa tout ou partie de onze séances, du 1er mai au 12 juin 1883.

241 votants. Dès le 27 juillet, le gouvernement déposait sur le bureau de la Chambre des députés le projet de loi dont il s'agit, et M. Gerville-Réache remettait :

1° Un rapport n° 2823 (séance du 26 mai 1884) ne comportant que quelques modifications de détail au texte arrêté par le Sénat[1] ;

2° Un second rapport n° 3481 (séance du 29 janvier 1885), fusionnant dans le texte primitif, plusieurs dispositions de la proposition Couturier, relative à la création d'une caisse de dotation du service des enfants délaissés ; c'est le texte de ce dernier rapport que nous allons étudier.

§ II. — *Examen critique du projet de loi sur la protection des enfants abandonnés, delaissés et maltraités.*

Avant de commencer la discussion des nombreux articles du projet, nous tenons à dire que quelque puisse être la vivacité de certaines de nos critiques, nous rendons pleine justice aux intentions élevées et généreuses des auteurs de la loi ; pour n'en citer que deux, M. Th. Roussel a déjà fait adopter, il y a douze ans, des dispositions précieuses pour la sauvegarde de la première enfance, et l'éminent Secrétaire perpétuel de l'Académie des sciences morales et politiques, M. Jules Simon, s'est montré en maintes circonstances, animé d'un ardent désir de soulager les classes pauvres et souffrantes[2].

Néanmoins, comme nous avons la conviction profonde que la loi actuellement soumise au Corps législatif contient des parties absolument inexécutables, compromettant même les intérêts qu'elle veut sauvegarder, nous dirons notre pensée nettement, avec une entière indépendance, voulant défendre jusqu'au dernier moment ce que nous croyons être le vrai.

1. La commission est composée de MM. Couturier, président, Pelisse, secrétaire, Bacquias, Donnet, Noël-Parfait, Dreyfus (Ferdinand), Duchassein, Escande, Gerville-Réache, rapporteur, Rameau, Bellot.

2. Il faut remarquer du reste que M. Jules Simon, éloigné du Sénat par la maladie lors de la discussion en première lecture, *a seul de la commission*, voté en seconde lecture l'amendement Bérenger sur l'article 7 et finalement s'est abstenu de prendre part au vote sur l'ensemble du projet.

Titre Ier. — Des mineurs abandonnés, délaissés ou maltraités. Des mesures concernant le placement, la garde, l'éducation et le patronage desdits mineurs.

Art. 1er *Tout mineur, de l'un ou l'autre sexe, abandonné, délaissé ou maltraité, est placé sous la protection de l'autorité publique.*

« Cet article, dit M. Th. Roussel (*Off.*, p. 484, séance du 18 mai 1883), marque sur le frontispice même de la loi, l'objet et la portée de cette loi. »

Nous le trouvons, au contraire, inutile et dangereux.

Inutile, s'il n'implique aucun fait nouveau, puisque tous les citoyens sont sous la protection de l'autorité publique et peuvent y recourir en cas de besoin.

Dangereux si on veut l'entendre comme conférant à l'État un droit absolu sur tous ces enfants, avec obligation corrélative d'en prendre charge, ce qui serait le développement sans limites de la charité légale. Et c'est justement ce sens que les auteurs de la proposition veulent lui donner, ainsi qu'il résulte du passage suivant, extrait du rapport de M. Th. Roussel (no 451, p. 105) :

« La rédaction préparée à la chancellerie, se borne comme on l'a vu, à légaliser les contrats habituels des orphelinats avec les familles indigentes, et à régler l'intervention de l'autorité publique dans ces transactions. Mais la loi nouvelle va créer des conditions, que la commission ministérielle n'avait pas assez clairement aperçues.

« Dans sa recherche des moyens de protection des mineurs, elle n'a été préoccupée que des conditions de la légalité actuelle, dans lesquelles les parents et la charité se rencontrent, en effet, à l'état de parties contractantes.

« Le vote de l'article 1er de la proposition de loi doit changer cette situation, et *le rôle prédominant*, qui va être attribué à l'autorité publique *dans tout acte de dessaisissement volontaire* des droits de garde et d'éducation, imprime un caractère nouveau à cet acte. Désormais, dès que la puissance paternelle sera reconnu impuissante, c'est à l'autorité publique seule qu'il appartiendra de plein droit, soit d'exercer, soit de déléguer les droits du père. »

Nous verrons quelles conséquences on tirera de ces principes.

Art. 2. *Le mineur abandonné est celui dont les père et mère sont morts, ou disparus, ou inconnus, et qui n'a ni tuteur, ni parents légalement tenus aux aliments, ni amis qui veuillent prendre soin de sa personne.*

Est assimilé au mineur abandonné celui qui, à raison de la maladie dûment constatée, de l'émigration, de la détention, ou de la condamnation de ses père et mère ou tuteur, se trouve sans asile ni moyen d'existence. »

Cet article est passé au Sénat sans soulever la moindre discussion, et cependant il engage les questions les plus graves ; c'est la modification complète du service des enfants assistés, faite par voie incidente.

A l'heure actuelle ce service recueille, aux termes de la loi du 15 pluviôse an XIII et du décret de 1811, les enfants trouvés, les enfants abandonnés, les enfants orphelins ; or il n'est aucune de ces catégories qui ne rentre dans l'article 2, il faut donc les y comprendre toutes. Les Commissions hospitalières sont tutrices *de droit* de ces enfants, les Conseils Généraux règlent l'ensemble du service au nom de lois parfaitement existantes (18 juillet 1866 et 10 août 1871) ; il y a des dispositions spéciales pour l'admission des enfants, leur placement, etc. Nous savons bien que dans la pratique l'Inspecteur départemental a à peu près absorbé la direction en province, mais est-ce remédier aux lacunes de la situation que de placer la tutelle sur la tête du Préfet, avec un comité spécial pour conseil de famille, sans arrêter aucun des points les plus élémentaires, alors que chaque année il y a 8,000 pupilles, la plupart nouveau-nés, immatriculés sur les contrôles?

Nous croyons que le service des enfants assistés est susceptible de perfectionnements, nous les indiquerons plus loin, mais il faut, à notre avis, séparer nettement les *assistés* des *moralement abandonnés* si on veut arriver à un état de choses réalisable.

Art. 3. — *Le mineur délaissé est celui que ses parents, tuteur ou ceux à qui il est confié, laissent dans un état habituel de mendicité, de vagabondage ou de prostitution.*

Est assimilé au mineur délaissé celui dont les parents ou le tuteur sont reconnus, conformément aux dispositions de la présente loi, dans l'impossibilité de pourvoir à sa garde et à son éducation.

L'expression de mineur est vague, il faudrait se borner à dire que l'action de l'autorité, des comités et des préfets s'exerce jusqu'à la majorité de l'enfant recueilli, mais on ne peut considérer, en général, comme moralement abandonné un mineur de 16 ans qui a alors la responsabilité de ses actes [1].

La limite de 16 ans nous paraît indiquée, car elle résulte implicitement de l'art. 5. Pourquoi alors ne pas rendre le texte suffisamment précis ?

Art. 4. — *Le mineur maltraité est celui dont les parents ou le tuteur, ou ceux à qui il est confié, mettent en péril la vie, la santé ou la moralité, par leur ivrognerie habituelle, leur inconduite notoire, par leurs sévices ou mauvais traitements, ou qui ont été condamnés pour un des crimes ou délits prévus aux articles* 19 *et* 20 *de la présente loi.*

Ceci n'est qu'une définition du mineur maltraité et, afin d'éviter les doubles emplois, il faut attendre les articles suivants pour engager une discussion utile à ce sujet.

Art. 5. — *Tout agent de l'autorité qui rencontre sur la voie publique un mineur de moins de* 16 *ans, de l'un ou de l'autre sexe, dans une des conditions énoncées aux articles précédents, le conduit ou le fait conduire, dans le plus bref délai, devant le juge de paix qui décide si ce mineur doit être placé sous la protection de la loi.*

Aussitôt après la décision du juge, l'enfant recueilli est, à la diligence du préfet, du sous-préfet ou du maire, confié provisoirement à la garde, soit de l'assistance publique, soit d'une association de bienfaisance, d'un orphelinat ou de tout autre établissement autorisé, soit d'une personne recommandable, jusqu'à ce qu'il ait été statué sur son sort.

1. Ce point a été parfaitement mis en lumière par M. Bérenger. (Séance du 18 mai 1883, *Off.* p. 486.)

Dans les trois jours, le juge transmet sa décision avec ses observations au Procureur de la République, afin qu'il puisse exercer, s'il y a lieu, les droits qui lui sont réservés par l'article 15.

Le Procureur de la République communique immédiatement la décision du juge au préfet.

Nous rencontrons encore ici les préoccupations constantes de la Commission, pensant toujours aux enfants vagabonds, errants dans les rues; mais s'il s'agit d'un enfant trouvé, âgé de quelques jours ou de quelques mois, en quoi le juge de paix a-t-il besoin d'être saisi pour déclarer que ce pauvre petit être se trouve sous la protection de la loi?

Art. 6. — *Les mesures concernant le placement définitif, la garde, l'éducation, le patronage et la tutelle, s'il y a lieu, sont prises par le Préfet sur l'avis conforme d'un comité départemental de protection composé comme il suit :*

Le Président du tribunal civil du chef-lieu du département, ou l'un des juges désigné par lui;

Le Procureur de la République ou le substitut désigné par lui;

L'Inspecteur d'académie;

Le chef de la division des enfants assistés dans le département de la Seine, et dans les autres départements, l'inspecteur des services de protection de l'enfance;

Quatre membres du Conseil général élus par ce conseil;

Un membre du conseil de surveillance de l'administration générale de l'assistance publique à Paris élu par ce conseil, pour le département de la Seine, et un membre de la commission administrative de l'hospice dépositaire du chef-lieu du département, élu par cette commission, pour les autres départements;

Un membre du conseil départemental d'hygiène publique, élu par le conseil;

Quatre membres élus par les membres ci-dessus et choisis parmi les personnes s'occupant d'œuvres de bienfaisance.

Les membres ci-dessus, appelés au comité par nomination ou élection, sont nommés pour quatre ans.

En cas de démission, de décès ou d'expiration de pouvoir

de l'un de ces membres, il est immédiatement pourvu à son remplacement pour le reste du temps à courir sur la durée de ses fonctions.

Le comité nomme chaque année son président ou vice-président et un secrétaire.

Il se réunit au moins une fois par mois. Des réunions extraordinaires peuvent être provoquées par le président ou par le vice-président.

Jusqu'ici, en ce qui concerne la tutelle des enfants assistés, les Commissions hospitalières désignent un de leurs membres pour remplir les fonctions de tuteur. Ici le tuteur n'est plus choisi par le Conseil de famille, c'est obligatoirement le Préfet, ou, en d'autres termes, comme le Préfet est un personnage politique très changeant et fort occupé, la tutelle réelle reviendrait à l'Inspecteur départemental qui surveillerait les dispositions qu'il aurait fait adopter.

On dit bien que les décisions du comité sont souveraines, et que le Préfet est tenu de s'y conformer; reste à savoir comment elles seront prises, quelle assiduité apporteraient aux douze séances annuelles des fonctionnaires absorbés par d'autres devoirs, tels que le Président du Tribunal, l'Inspecteur d'Académie, etc.

M. le Rapporteur du Corps législatif s'exprime du reste ainsi à ce sujet. (1er rapport, p. 165.)

« La Commission, tout en conservant ce rouage et un autre analogue, le comité cantonal de protection, ne s'est pas fait illusion sur les difficultés qu'il rencontrera à fonctionner régulièrement.

« L'expérience de la loi sur les enfants du premier âge a en effet montré que là où les comités départementaux créés par cette loi ont fonctionné, il en est résulté de bons résultats, mais que les membres de ces comités, dans beaucoup de départements, ont été peu empressés de s'acquitter de leur tâche. Nous avons, croyons-nous, un semblable danger à redouter pour les comités que nous créons... Nous avons restreint le nombre des membres du comité départemental, afin de développer le sentiment de responsabilité de ceux qui en feront partie. Le comité était trop nombreux, nous l'avons ramené de vingt membres à quatorze, en supprimant ceux qu'il ne nous a pas paru indispensable d'y maintenir[1]. »

L'avenir, si la loi est votée, ne confirmera que trop les appréhensions de l'honorable Rapporteur.

Art. 7. — *Le comité délibère sur le placement, la garde, la surveillance, l'éducation des mineurs et la tutelle, lorsqu'il y a lieu, sur le patronage, après l'expiration du placement et sur toutes les questions relatives à l'exécution de la présente loi.*

Il reçoit et examine les rapports et autres documents transmis par les comités cantonaux de patronage.

Il dresse une liste des personnes qui offrent de se charger de la garde et de l'éducation d'un mineur ou qui consentent à s'associer à l'œuvre des comités cantonaux de patronage.

Il dresse, chaque année, sur les travaux des comités cantonaux et sur l'exécution de la loi dans le département, un rapport qui est soumis au conseil général dans sa session d'août.

Art. 8. — *Le Préfet désigne, dans les conditions déterminées au paragraphe 1er de l'art. 6 de la présente loi, l'administration d'assistance publique, la société de bienfaisance, l'orphelinat ou autre établissement, ou le particulier à qui le mineur est confié.*

Les mesures concernant le placement définitif des mineurs visés à l'art. 3 ne sont prises qu'après la décision du juge de paix, et les mesures concernant le placement définitif des mineurs visés à l'article 4 ne sont prises qu'après la décision du tribunal sur l'exercice des droits de la puissance paternelle.

Cette disposition, qui ne paraît que répéter l'art. 6, a une importance beaucoup plus grande qui ressortira très nettement des articles ultérieurs.

Art. 9. — *Le comité départemental d'éducation et de patro-*

1. Ont disparu dans la revision faite par la Chambre : le maire du chef-lieu, un membre de chaque conseil d'arrondissement, un ministre de chacun des cultes exercés dans le département. Cependant le Sénat proposait de faire nommer ces ministres par les préfets, ce qui avait soulevé une vive discussion. (Séance du 22 mai 1883, *Officiel*, p. 526.)

Il a été mis enfin 4 conseillers généraux au lieu d'un conseiller par arrondissement, ce qui était évidemment excessif.

nage constitue, en vertu de la présente loi, un établissement public départemental, capable d'agir comme personne civile, de recevoir des dons et legs, d'acquérir et d'aliéner, de s'engager ou d'ester en justice.

Au sujet de cet article, M. Waldeck-Rousseau a présenté les réflexions ci-après, dont il est inutile de faire ressortir la haute sagesse. (Séance du 11 mai 1883, *Off.*, p. 465.)

« Le projet propose de donner la personnalité civile à ces commissions. Elles pourront recevoir des dons et legs ; elles constitueront, en un mot, autant de personnes morales juxtaposées aux autres personnes morales déjà si nombreuses qui existent.

« Eh bien, je crois qu'il est toujours grave de créer des personnes morales nouvelles et d'introduire dans notre système administratif un rouage nouveau sans une nécessité évidente.

« Je ne dirai pas que cette disposition peut être funeste au projet de loi, mais je suis persuadé qu'elle ne ferait que rendre son application plus difficile. »

Et plus tard, dans la séance du 23 mai. (*Off.*, p. 531.)

« Vous venez de décider que le comité départemental pourrait recevoir, qu'il pourrait acquérir, qu'il pourrait posséder, et le projet de loi qui laisse à la charge de l'Etat une partie des dépenses qui seront à faire pour le service de la protection de l'enfance, n'en laisse pas moins à la charge des départements le surplus de ces mêmes dépenses. Comment allez-vous faire coexister ces deux situations? Dans quelle proportion le département sera-t-il obligé de contribuer, si le Comité départemental a acquis des biens? »

La première objection de l'ancien Ministre de l'intérieur, bien que juste au fond, ne pouvait être acceptée ; du moment que la Commission avait créé un rouage nouveau, pivot de la situation, elle devait lui donner forcément la personnalité civile ; mais la seconde subsiste dans toute sa force et nous avons le regret de constater que le projet de loi ne s'est nullement préoccupé de cette question qui reste, sans aucune solution, abandonnée aux fluctuations des décisions ministérielles.

Dans son 2e rapport, n° 3481, annexe à la séance du 29 janvier 1885, M. Gervile-Réache s'exprime ainsi :

« L'article 9 comporte une explication qui n'a pas été donnée jusqu'ici.

« Le comité départemental est un établissement public départemental, capable d'agir comme personne civile, de recevoir des dons et legs, d'acquérir et d'aliéner, etc. Il doit être bien entendu que le domaine qui sera ainsi constitué restera indépendant du domaine déjà existant au profit des hospices d'enfants assistés et des dotations et fondations affectées avec destinations spéciales aux enfants assistés et aux enfants moralement abandonnés. Il est, en effet, impossible de déposséder les hospices des biens, dons et legs dont ils sont légalement propriétaires, sans soulever de justes réclamations, d'autant plus que les legs anciens ont été faits seulement en faveur des enfants assistés et que le projet de loi crée d'autres catégories d'enfants protégés. Cela dit, d'ailleurs, quelle que soit l'autorité qui administrera ces biens dans l'avenir. »

L'explication de M. Gerville-Réache, ne produit que de nouvelles obscurités.

Quelle destination les hospices, n'ayant plus à s'occuper des enfants assistés, donneront-ils aux fondations concernant ces élèves ? A l'heure actuelle ces fondations servent à payer les dépenses intérieures et l'excédant seul vient en déduction des dépenses extérieures. Que fera-t-on à ce sujet ? la loi est loin de le dire.

Art. 10. — *Des comités de patronage sont, après avis du comité départemental, institués par arrêtés du Préfet pour concourir dans les limites du canton à l'application de la présente loi, notamment aux mesures provisoires de protection des mineurs abandonnés, délaissés ou maltraités, à la recherche, à la surveillance des placements, du patronage et de la tutelle des dits mineurs.*

Le comité cantonal est composé : du juge de paix, président ; du conseiller général du canton ; des conseillers d'arrondissement du canton ; d'un nombre de membres égal au moins à celui des communes du canton, sans que ce nombre puisse être inférieur à cinq. Ces membres sont nommés pour quatre ans par le Préfet sur l'avis du comité départemental.

Des femmes peuvent faire partie du comité cantonal.

Ces comités fonctionneront moins encore que le comité départemental qui aura au moins l'Inspecteur, agent salarié, pour faire ses affaires ; les autres ne se réuniront même pas. Dans beaucoup de départements, les chefs-lieux de canton sont éloignés de la plupart des communes, les communications sont difficiles, et puis, il existe en province une tendance générale à se mêler *officiellement* le moins possible des affaires des autres; on évitera de se mettre mal avec ses voisins, de blesser l'Inspecteur représentant du Préfet.

Voilà un demi-siècle que l'on veut fonder des comités de patronage pour les enfants assistés, on n'a, pour ainsi dire, jamais réussi. Ceux de la loi protectrice de l'enfance fonctionnent peu.

L'art. 10 est à supprimer purement et simplement.

Art. 11. — *Tout mineur placé conformément à la présente loi, demeure sous la surveillance de l'autorité publique.*

Le Préfet peut, de l'avis conforme du comité départemental, retirer la garde d'un mineur à l'administration d'assistance, a l'association, à l'orphelinat ou autre établissement, ou au particulier auxquels elle a été confiée par lui, et la déférer à d'autres, sauf les cas prévus par l'art. 15.

En cas de nécessité urgente, le juge de paix peut retirer, par mesure provisoire, la garde d'un mineur au particulier à qui elle a été confiée. La décision du juge de paix est transmise au Préfet qui prend, de l'avis conforme du comité départemental, une mesure définitive.

Art. 12. — *Le mineur abandonné ou délaissé peut, lorsque les causes qui ont amené l'abandon ou le délaissement ont cessé, être remis à ses père, mère ou tuteur ou à un ascendant ou parent collatéral, qui en ferait la demande, sur un ordre du Préfet, après avis conforme du comité départemental.*

La remise d'un mineur à ses parents ou tuteur, n'a lieu qu'à la charge par ces derniers de rembourser la dépense que le mineur a occasionnée, à moins qu'il ne soit reconnu par le Préfet, de l'avis conforme du comité départemental, qu'ils sont hors d'état de rembourser tout ou partie de cette dépense.

Les dispositions de ces articles entraînent les plus redoutables conséquences, aussi bien au point de vue des œuvres dues à l'initiative privée qu'eu égard aux charges budgétaires; mais c'est seulement à l'occasion de l'article 13, qu'il est possible de les faire ressortir nettement.

Art. 13. — *L'administration d'assistance publique, l'association de bienfaisance, l'orphelinat ou autre établissement, ou le particulier qui a recueilli spontanément un mineur sans l'intervention de ses père, mère ou tuteur, doit en faire la déclaration, dans les trois jours, au commissaire de police, dans le département de la Seine, ou au maire, dans les autres départements.*

Le défaut de déclaration dans le délai indiqué peut être puni d'une amende de 1 à 15 francs.

Le commissaire de police ou le maire avise immédiatemen le juge de paix ainsi que le Préfet.

Le juge de paix décide, dans le délai de trois jours, si l'enfant doit être placé sous la protection de l'autorité publique et transmet sa décision au Procureur de la République qui la transmet, à son tour, au Préfet.

MM. Bérenger, de Gavardie, L. Clément, n'ont cessé durant les deux délibérations de déclarer qu'à leurs yeux le projet de loi compromettait les intérêts de la bienfaisance privée, par conséquent ceux de l'enfance, par une mainmise complète de l'autorité administrative sur toutes les œuvres et institutions.

Le Rapporteur, M. Th. Roussel, et M. Hébrard ont répondu maintes fois que ces reproches étaient injustes, que les œuvres de charité avaient parfaitement le droit de recueillir comme par le passé, les orphelins, les abandonnés, les enfants pauvres, de les conserver à leurs risques et périls, mais que du moment qu'elles voulaient être garanties contre les revendications justifiées ou non des familles, avoir sur les enfants un droit de garde, de tutelle spécial, etc., elles devaient s'adresser à l'autorité publique pour recevoir une sorte d'investiture légale; que la loi ne disait rien de plus.

Cette argumentation serait, à notre avis du moins, irréprochable si elle était conforme à la réalité des faits. Nous ne pensons pas, d'accord avec les honorables membres de la Commission, que l'on puisse livrer *de plano* à des particuliers, à des associations, l'exercice de droits aussi étendus que ceux que peut conférer la présente loi. C'est pour cela que nous réclamerons une décision du Président du tribunal et, avec M. Bérenger, un droit spécial de surveillance générale pour l'administration.

Toutefois en voyant soutenir à la tribune que les œuvres ou associations ne se trouveraient pas dans une situation différente du moment qu'elles ne réclameraient aucun droit nouveau, on peut se demander véritablement si les auteurs du projet n'en ignorent pas les dispositions essentielles.

A l'heure actuelle quel est le personnel des œuvres, orphelinats, etc.? Il y a d'abord les enfants placés par les pères, mères ou tuteurs, pour ceux là aucune innovation, nous le reconnaissons. Mais ces élèves sont loin de former la majorité; les enfants sont amenés assez souvent par des parents autres que le père et la mère, qui sont décédés ou disparus. Il s'agit de collatéraux, de bienfaiteurs; les admissions ont lieu gratuitement ou moyennant une légère rétribution.

Eh bien, le texte de la loi en mains, ces enfants *sans exception* tombent, par la seule décision du juge de paix, sous la tutelle du Préfet et du Comité départemental. Les admettre et oublier de les déclarer c'est encourir une amende.

Le comité départemental et le Préfet ont le droit de les maintenir dans l'établissement qui les a recueillis (art. 8 et 14) ou de les en retirer sans donner aucun motif de la décision prise.

L'établissement de bienfaisance n'a aucun droit, aucun recours; les ascendants, pères, mères, parents et tuteurs peuvent seuls faire opposition à la décision (art. 15)[1].

Et il ne s'agit pas ici de mineurs abandonnés et de mineurs délaissés, il s'agit DE TOUT MINEUR RECUEILLI PAR LA BIENFAISANCE PRIVÉE.

1. De plus la loi paraît avoir en vue le père et la mère légitimes ou au moins ayant reconnu l'enfant, car l'enfant naturel non reconnu n'a ni père ni mère au point de vue des effets civils. Si cette hypothèse est exacte, tous les enfants illégitimes conduits dans un établissement par la femme qui leur a donné le jour, tomberaient sous la tutelle de la commission départementale.

Nous n'avons pas besoin d'insister sur les conséquences qu'entraîneraient de pareilles dispositions. Beaucoup d'œuvres disparaîtraient et celles qui fonctionneraient, se retournant vers l'État, lui diraient avec raison : « Vous ne nous considérez plus que comme de simples pensionnats, auxquels vous pouvez donner ou retirer votre confiance, alors payez-nous pension pour ces enfants ou nous refusons de les recevoir. »

On a parlé au Sénat de 60,000 pupilles ainsi secourus par la bienfaisance privée. M. Th. Roussel considère lui-même ces chiffres comme n'étant pas exagérés. On voit de suite quel désastre financier amèneraient les art. 13, 14 et 15.

Chose plus grave, l'article 13 est ainsi rédigé : « L'administration d'assistance, l'association, l'orphelinat *ou le particulier* qui a recueilli spontanément un mineur sans l'intervention de ses pères et mères ou tuteur doit, etc.

Que faut-il entendre ici par le mot « *le particulier* » qui revient souvent avec son sens vague? Tous les collatéraux sont des particuliers ; un frère, un oncle, un cousin, devra-t-il, après avoir donné abri à son foyer à son neveu, à son parent, orphelin ou délaissé, en faire de suite la déclaration sous peine d'amende ?

Le bon sens dit non, mais la loi ne distingue pas.

Alors ce n'est plus *soixante*, *quatre-vingts mille* enfants dont l'État assumerait la charge, il s'agirait de tous les orphelins ou abandonnés pauvres, car les déclarants demanderaient en même temps un secours. En matière d'assistance, du moment que l'État intervient directement, la charité légale ne peut être évitée.

Art. 14. *Si dans les trois mois à dater de la susdite déclaration, les père, mère ou tuteur n'ont point réclamé le mineur recueilli et si une décision contraire du Préfet n'est pas intervenue, l'administration, l'association, l'orphelinat ou autre établissement, ou le particulier qui l'a recueilli, exerce sur lui jusqu'à sa majorité, ou jusqu'à décision contraire du Préfet, les droits de garde, d'éducation et autres énoncés dans l'article* 17 *de la présente loi.*

Art. 15 — *Les pères, mères, autres ascendants ou parents, le tuteur ou le procureur de la République peuvent faire oppo-*

sition devant le tribunal de la résidence du mineur, à la décision en vertu de laquelle ce mineur a été placé par l'autorité publique.

Dans le cas où le comité départemental refuserait la remise de l'enfant, les pères, mères, autres ascendants ou parents, ou le tuteur, peuvent à toute époque s'adresser par voie de requête au tribunal, afin d'obtenir que ce mineur leur soit remis. La requête est visée pour timbre et enregistrée gratis, si les requérants justifient de leur indigence, dans les formes prescrites par les articles 6, 7 *et* 8 *de la loi du* 10 *décembre* 1850.

Le tribunal, en la Chambre du conseil, après avoir pris, s'il le juge utile, l'avis du conseil de famille et celui du Préfet, avoir fait appeler les requérants, ainsi que le directeur ou représentant de l'administration d'assistance, de l'association, orphelinat ou autre établissement, ou le particulier qui ont recueilli le mineur ou en ont reçu la garde, le ministère public entendu, renvoie l'affaire à l'audience publique.

Le deuxième rapport de M. Gerville-Reache (29 janvier 1885), contient au sujet du mot, « dans le cas où le comité départemental refuserait la remise de l'enfant, » le passage suivant :

« Art. 15 du projet de loi. — Le second paragraphe de cet article semblait créer une nécessité pour les parents et tuteurs de s'adresser dans tous les cas aux tribunaux pour obtenir la remise des mineurs. Nous faisons à ce paragraphe une addition pour bien marquer que toutes les fois que les remises d'enfants seront justifiées et qu'elles pourront être profitables aux mineurs, elles pourront être consenties autrement que par la voie judiciaire. Il est à notre connaissance que dans l'année 1883, l'administration générale de l'assistance publique à Paris a consenti 245 remises sans difficultés. Ces sortes d'affaires peuvent donc, dans beaucoup de cas, être traitées sans l'intervention du tribunal dont il est notamment inutile de charger les rôles. »

Cette observation avait été faite par nous dans le mémoire soumis en décembre 1884, à l'Académie des sciences morales et politiques; nous disions :

« Pourquoi les parents dont la situation se trouve modifiée, sont-ils obligés de s'adresser au tribunal pour rentrer en possession de l'élève placé sous la protection de l'autorité publique? le comité départemental et le préfet n'ont donc pas le droit de le leur rendre? L'intervention du tribunal ne se comprend qu'en cas de refus; obligatoire, elle ne se justifie nullement[1]. »

TITRE II. — De la protection des mineurs en cas d'incapacité des parents ou tuteurs, de remplir leurs devoirs de surveillance et d'éducation.

Art. 16. — *Lorsque les père, mère ou tuteur sont dans l'incapacité ou l'impossibilité constatées de remplir leurs devoirs de surveillance ou d'éducation envers leurs enfants mineurs ou leur pupille, l'autorité publique peut, sur la demande des dits père, mère ou tuteur, confier les mineurs soit à une administration d'assistance publique, soit à une association de bienfaisance, à un orphelinat ou autre établissement autorisé, soit à des particuliers domiciliés et jouissant de leurs droits civils.*

A cet effet, une déclaration par écrit, des causes ou cir-

1. Le paragraphe final de cet article 15 rappelle un incident que nous reproduisons d'après l'*Officiel* du 7 juillet 1883, p. 829.

« M. le Président. — Je vais mettre aux voix l'article 12 dont je donne de nouveau lecture (Adopté).

Article 13 (Adopté).

Article 14 (Adopté).

Article 15 (Adopté).

M. Xavier Blanc. — Monsieur le Président, la Commission, d'accord avec le Gouvernement, est d'avis qu'on peut supprimer le dernier paragraphe ; il est inutile.

M. le Président. — Le vote a eu lieu, ne retombons pas dans la situation où nous étions il y a un instant.

M. Xavier Blanc. — L'article n'a pas été voté; s'il l'avait été, je retirerais mon observation.

M. Parent. — La commission retire le paragraphe.

M. le Président. — Je comprends que la commission retire le paragraphe, mais j'ai mis l'article aux voix; l'épreuve et la contre-épreuve ont eu lieu; par conséquent le vote est acquis.

M. Xavier Blanc. — Je retire mon observation. »

Ainsi la commission, qui avait varié constamment dans la rédaction de la plupart des articles, s'aperçoit en seconde lecture qu'un paragraphe est inutile. Ce paragraphe doit être maintenu parce que l'article a été voté et la Commission du Corps législatif ne modifie rien au texte critiqué *in extremis* par la commission sénatoriale!

constances qui ne permettent pas l'accomplissement des devoirs sus-mentionnés est faite par les père et mère, ou, avec l'autorisation du conseil de famille, par le tuteur devant le juge de paix de leur domicile.

Le juge de paix reçoit également la déclaration écrite par laquelle le représentant de l'association, l'orphelinat ou autre établissement, ou le particulier qui consent à se charger du mineur, se soumet aux conditions fixées par l'autorité publique pour le placement, la garde, l'éducation et la tutelle, s'il y a lieu, du dit mineur.

L'acte contenant ces déclarations est visé pour timbre et enregistré gratis, lorsque l'indigence des parents est constatée dans les formes indiquées à l'art. 15.

Pour faire saisir toute la portée de ces dispositions, le rapport de M. Th. Roussel (n° 451), est le meilleur guide. Voici ce qu'on lit. (p. 106 107) :

« L'acte qui règle le sort du mineur est multiple : il consiste d'abord dans une déclaration, par le père ou le tuteur, de son impuissance à remplir ses devoirs de surveillance et d'éducation. La conséquence immédiate de ce premier acte est la substitution *du représentant de l'autorité publique au droit du père*. La remise du mineur à l'assistance publique ou à la charité a le caractère d'une délégation des droits de l'autorité publique et non des droits du père... L'acte de dessaisissement permettra, par exemple, à un père malheureux qui ne trouve pas à sa portée un orphelinat ou une personne charitable pouvant lui venir en aide, d'assurer le placement de son enfant. Il suffira qu'il ait recours au juge de paix, chargé par la loi de constater sa situation ; cette constatation dûment faite, l'enfant, à défaut de la charité, sera confié à l'assistance publique et placé sous la protection de la loi. »

En d'autres termes, tout père légitime ou naturel qui voudra se débarrasser du soin de pourvoir à l'éducation de ses enfants, les abandonnera ; et il est difficile de lui en faciliter davantage les moyens.

Quant aux établissements dont il est question dans cet article, du moment qu'en dehors des règles générales d'hygiène, de morale, etc., communes à tous les citoyens, ils devront se soumettre aux conditions fixées par l'autorité publique, ils demanderont en retour une indemnité. C'est une vérité élémentaire sur laquelle nous ne saurions trop insister cependant.

Art. 17. — *L'acte contenant les déclarations spécifiées à l'article précédent n'est valable qu'après l'approbation du juge de paix, dont la décision doit intervenir dans la quinzaine de la signature des déclarations.*

La décision du juge de paix constate l'impossibilité dans laquelle les père, mère ou tuteur se trouvent de remplir les devoirs de surveillance et d'éducation. La décision et les déclarations auxquelles elle se rapporte sont transmises au Préfet qui en assure l'exécution.

L'approbation du juge de paix a pour effet de dessaisir les père, mère ou tuteur, jusqu'à la majorité de l'enfant, de l'exercice des droits de garde, d'éducation et de correction, de gestion du pécule du mineur, de consentement à son engagement volontaire dans l'armée.

Cet article n'est, en quelque sorte, que le développement du précédent et nos observations s'y appliquent complètement. Le deuxième paragraphe a suscité une vive discussion à la séance du 23 mai. La rédaction était primitivement celle-ci... « Les décisions et les réclamations sont soumises au Préfet qui en assure l'exécution de l'avis conforme du comité départemental. »

M. Clément a vu là un danger de conflit et s'est exprimé ainsi : « Qui nous assure que le Préfet se conformera à la décision qui aura été prise. S'il a le droit de soumettre de nouveau l'affaire au Conseil départemental ; s'il enlève l'enfant au particulier, au bienfaiteur, à l'établissement qui l'aura recueilli ; que deviendra l'enfant? Vous aurez créé un conflit, vous n'aurez absolument aucune garantie nouvelle pour l'enfant dans cette dualité d'attributions. »

La Commission a consenti à supprimer ces mots « de l'avis conforme du comité départemental. » Cela constitue une ambiguïté de plus, mais M. Clément n'a nullement gagné son procès. Le Fouvernement proposait dans le projet de la Chancellerie d'admettre les contrats passés entre les familles et les particuliers ou associations, du moment que ces contrats étaient sanctionnés par l'autorité judiciaire. Ce principe nous paraît le seul admissible du moment que les droits attribués ne dépassent pas une certaine limite. Or, la Commission et le Sénat, à sa suite, ont repoussé complètement ce système ainsi que le confirmait M. Roussel dans la même séance. (*Off.* p. 540.)

En vertu de la loi, l'enfant dont il est question aux articles 16 et 17, a donc pour tuteur et pour conseil de famille le préfet et le comité départemental.

En conséquence, conformément à l'art 7, le comité peut, sans arguer d'aucun motif, retirer l'enfant de l'établissement avec lequel il a été passé la convention visée par les articles 16 et 17. Les père, mère et tuteur n'ont que le recours au tribunal par analogie avec l'art 15. On remarquera alors qu'il s'agirait non plus d'une décision du juge de paix, mais d'un acte de l'autorité administrative, et le préfet n'aurait qu'à élever le conflit pour faire tomber l'instance engagée.

M. Th. Roussel se trompe étrangement lorsqu'il dit en pleine séance (*Officiel,* p. 541) : « La commission, je le répète, a renoncé à la forme du contrat, elle n'admet aucun contrat avec la puissance paternelle, elle n'admet pas davantage que le Préfet puisse faire autre chose qu'exécuter purement et simplement la décision qui a été prise par le juge de paix. »

Les intentions d'une commission sont choses excellentes, mais le moindre texte précis vaut beaucoup mieux.

Art. 18. — *En cas de contestation le père, mère ou tuteur peuvent faire opposition et se pourvoir conformément aux dispositions de l'art.* 15 *de la présente loi.*

Aux termes de l'art. 16 et 17, le juge de paix reçoit la déclaration écrite par laquelle le représentant de l'association, de l'orphelinat, le particulier *se soumet aux conditions fixées par l'autorité publique pour le placement, la garde, l'éducation et la tutelle, s'il y a lieu, dudit mineur* ; ces pièces sont transmises au préfet qui en assure l'exécution.

Le Préfet reste donc juge de l'observation des conditions prescrites par l'autorité publique et si elles ne lui paraissent pas observées, il a évidemment droit de retirer l'enfant pour le replacer ailleurs.

On ne peut pas soutenir qu'il soit tenu alors de recourir au père, à la mère ou au tuteur, puisque la décision du juge de paix a pour effet de les dessaisir de leurs droits, non au profit de l'établissement, la théorie du contrat ayant été écartée, mais bien au profit de l'*autorité publique* représentée par le Préfet, tuteur, et la Commission départementale, conseil de famille.

Si notre interprétation n'était pas fondée, l'article 18 ne se comprendrait pas, car quelles contestations peut-il y avoir si ce n'est avec le préfet et le comité? Cet article, beaucoup moins obscur dans le projet primitif, était ainsi conçu: « En cas de contestation *sur l'exécution de l'acte ci-dessus spécifié*, les père, mère et tuteur peuvent faire opposition et se pourvoir, conformément aux dispositions de l'art. 16 (devenu article 15) de la présente loi devant le tribunal compétent. » Et le rapport ajoutait (n° 451, p. 109): « Cet article contient la seule réserve qu'il fût possible de faire en faveur des pères et mères ou tuteurs volontairement dessaisis des droits de garde, d'éducation... Il n'était pas possible de livrer à leurs caprices la décision judiciaire provoquée par eux et qui repose sur une constatation de faits; mais en leur interdisant d'en appeler de la décision du juge de paix, on leur a ouvert *un recours contre les actes administratifs qui pourraient être la suite de cette décision.* »

Nous n'avons jamais dit autre chose, et après ces paroles du rapporteur, le doute ne peut plus subsister sur les pouvoirs exorbitants accordés au Préfet.

Autre point important; le texte primitif de l'art 18 (alors article 19) était beaucoup plus clair dans le projet de la commission que dans sa rédaction actuelle, or il avait été voté à la séance du 23 mai 1883 (*Officiel*, p. 542), et nous nous demandons en vertu de quel droit la commission, *sans fournir aucune explication*, a pu faire voter en seconde lecture un nouveau texte dans la séance du 5 juillet 1883 (*Officiel*, p. 835). Le fonds n'est pas changé, mais c'est une preuve des variations continuelles apportées à la rédaction des divers articles de la loi.

TITRE III. — De la protection des mineurs en cas d'indignité des parents, de la déchéance ou de la suspension de la puissance paternelle et de la réhabilitation des parents déchus.

Art. 19. — *Les père et mère sont déchus, de plein droit, à l'égard de tous leurs enfants, de la puissance paternelle et de tous les droits qui en découlent, notamment de ceux énoncés aux articles* 108, 141, 148, 151, 346, 361, 372 *à* 387, 389, 391, 397, 477 *du code civil et aux articles* 3 *du décret du* 22 *février* 1851 *et* 46 *de la loi du* 27 *juillet* 1872 :

1° *S'ils sont condamnés deux fois comme auteurs, co-auteurs ou complices de délits commis sur la personne d'un ou plusieurs de leurs enfants.*

2° *S'ils sont condamnés par application de l'art.* 334, *n°* 2, *du code pénal.*

S'ils sont condamnés comme auteurs, co-auteurs ou complices d'un crime commis sur la personne d'un ou plusieurs de leurs enfants ou par un ou plusieurs de leurs enfants.

Cette déchéance laisse subsister entre les père et mère déchus et l'enfant, les obligations énoncées aux articles 205, 206 *et* 207 *du code civil.*

Nous entrons avec cet article sur un terrain absolument nouveau; jusque-là on s'est occupé de la protection des enfants abandonnés, délaissés; maintenant on prévoit les cas de déchéance paternelle.

La commission de la chancellerie avait été logique en constituant une sous-commission chargée d'étudier l'extension à donner au cas de déchéance paternelle, question générale du ressort du code civil et pénal, et une seconde sous-commission devant examiner ce qu'il y aurait à faire des enfants ainsi enlevés à la tutelle des parents.

Cette division était sage, elle ne confondait pas deux points de vue absolument distincts. Du moment qu'il s'agissait de faire une loi protectrice de l'enfance, il fallait réserver pour un projet de loi spécial les modifications apportées à l'ensemble de notre législation sur le pouvoir des pères de famille. Il n'en a pas été ainsi; tout est confondu, et cependant, comme le disait M. L.

Clément dans la séance du 25 mai 1883 (*Officiel*, p. 554) : « Il n'est pas raisonnable d'ajouter à votre projet, un projet tout différent qui est celui du Gouvernement, de cumuler les inconvénients de deux systèmes, et de nous présenter cette législation complexe, dans laquelle vous demandez à notre droit civil des sacrifices qui ne sont pas le moins du monde nécessaires pour la protection de l'enfance. »

Les articles 334 et 335 du code pénal portent que le père ou la mère, qui se sont rendus coupables d'excitation habituelle à la débauche de leurs propres enfants, sont privés des droits et avantages que leur confère le code civil sur ces mêmes enfants. Il y avait évidemment quelque chose de plus à faire. La sous-commission dont M. Pradines était le rapporteur, s'est arrêtée à une extension de l'art. 335. « Après avoir retenu, dit M. l'avocat général (p. 10), l'art. 335 comme fournissant l'exemple des mesures à prendre contre tous ceux qui se rendent coupables d'actes révélant une indignité similaire, devions-nous retenir les faits qu'il prévoit comme le type de tous les faits de nature à être atteints, s'ils offraient les mêmes éléments, ou seulement quelques-uns d'entre eux... En partant de cette idée que dans l'art. 335 se trouvent réunis tous les caractères de l'indignité qui sollicitent la déchéance de plein droit, on était fondé à déclarer que lorsque dans un autre fait criminel ou délictueux, la réunion de ces caractères ne se rencontrerait pas au même degré, il pourrait n'y avoir pas lieu d'édicter des mesures aussi immédiates et aussi énergiques. C'est ainsi par exemple que si les faits relevés contre le père, à cette circonstance d'être des délits ou des crimes, ne joignent pas ces deux autres circonstances d'avoir affecté l'enfant et de s'être manifesté par des agissements habituels, on aperçoit qu'ils ne doivent plus entraîner, du moins *de plano*, la même déchéance.

« Mais, par contre, il devenait rationnel de déclarer que si les agissements préjudiciables à l'enfant se trouvaient dans des faits attestant l'indignité habituelle du père sans être délictueux envers l'enfant, il était légitime qu'ils entraînassent, sinon une déchéance *de plano*, du moins une déchéance après jugement. C'est à l'art. 444 du code civil, au titre de tutelle, qui prévoit le cas de destitution au cas d'inconduite notoire, d'infidélité ou d'incapacité, que la sous-commission a emprunté ce second principe qui lui a permis de développer d'une façon si rationnelle en vue du but à atteindre, le principe déposé dans le code pénal.

« Ainsi, généralisation de l'art. 335 du code pénal, extension au père indigne des destitutions infligées au tuteur coupable ou incapable, toute l'économie de la réforme projetée est là. »

Ces principes, adoptés par la commission extra-parlementaire, ont été encore étendus par le Sénat, et nous pensons qu'on a été trop loin dans cette voie. Au point de vue général, nul mieux que M. Clément n'a du reste fait ressortir la gravité des modifications proposées. « Dans l'état actuel de notre loi, dit l'honorable sénateur (séance du 25 mai 1883, p. 554), la puissance paternelle n'est jamais enlevée au père et à la mère si ce n'est dans un cas, dans le cas de l'art. 335 du code pénal, lorsque le père ou la mère attente aux mœurs d'un de ses enfants; c'est le seul cas, et encore remarquez que la déchéance de la puissance paternelle ne porte que sur l'enfant lui-même victime de l'attentat.....

« Tous ces principes sont absolument changés par la loi qu'on vous propose; la puissance paternelle va disparaître complètement, lorsque le père aura subi certaines condamnations mêmes légères, qui ne le priveraient pas de ses droits électoraux; elle lui sera enlevée dans le cas d'inconduite notoire, dans le cas d'ivrognerie, et il la perdra non seulement sur l'enfant maltraité, mais sur tous ses enfants, non seulement sur ses enfants vivants, mais sur les enfants qui naîtront plus tard.....

« Dans l'état actuel de notre jurisprudence, la protection des tribunaux est acquise à l'enfant, mais la puissance paternelle, peut-être restreinte et modifiée dans son exercice, reste inviolable dans son principe..... Les tribunaux doivent se borner à une seule chose : protéger l'enfant, prendre les mesures nécessaires pour qu'il ne souffre pas des excès, des abus, des négligences de la puissance paternelle. »

Après ces considérations générales, examinons l'article 19.

Il vise dans son § 2 l'art. 334 § 2 du code pénal. Ce n'est que l'application de l'art. 335 étendue à tous les enfants en présence de la dépravation constatée des parents. Cette disposition peut se soutenir, encore faudrait-il laisser la liberté aux tribunaux d'appliquer la peine à l'ensemble des descendants au lieu de mettre de « plein droit ». La commission de la Chambre des députés, dans son premier texte avait ajouté au § 1er de cet article ces simples mots « ou par un de leurs enfants ». Nous avions protesté avec force, dans notre mémoire de décembre 1884, contre cette innovation, représentant qu'il n'était pas possible de priver *de plano* de la puissance paternelle sur tous ses enfants un individu qui aurait commis par exemple pour la seconde fois et avec l'un d'eux un délit forestier, ou bien aurait commis une dégradation de monument public (art. 257 du code pénal), détruit des instruments d'agriculture, des clôtures en haies vives ou sèches (art. 451-456); détenu des animaux ou bestiaux soupçonnés d'être infectés de maladies contagieuses (art. 459); distribué des ouvrages sans nom d'auteur ou d'imprimeur (art. 283); mis des entraves au libre exercice des cultes (art. 260, 264); commis des infractions aux règlements sur les inhumations (art. 358).

Le second texte de M. Gerville-Réache (29 janvier 1885) supprime les mots ajoutés précédemment, nous n'avons plus à insister sur ce point[1].

Art. 20. — *L'exercice de tout ou partie des mêmes droits, notamment des droits spécifiés au § 3 de l'art.* 17 *ci-dessus*

1. Voici ce que dit M. Gerville-Réache:

« Art. 19. — Le 1° de l'article 19 déclarait déchus de plein droit de la puissance paternelle, les parents condamnés deux fois comme co-auteurs ou complices de délits commis par un ou plusieurs de leurs enfants. Nous vous proposons de supprimer cette disposition. Les parents, de complicité avec leurs enfants, peuvent se rendre coupables d'une infinité de légères infractions, telles que délits forestiers, dégradations de monuments publics, mise en ventes d'ouvrages sans nom d'auteur ni d'imprimeur, introduction de bestiaux contaminés, délits de pêche, etc., etc. On ne peut évidemment pas, pour des causes relativement peu graves, frapper de droit les parents de la déchéance paternelle.

« L'autorité reste d'ailleurs suffisamment armée par les dispositions de l'article 20, pour que l'on puisse sans le moindre danger retrancher cet article trop rigoureux. »

peut être retiré ou simplement suspendu à l'égard d'un seul ou de tous les enfants, pour une durée de un à cinq ans :

1° *A l'égard des père et mère condamnés comme auteurs, co-auteurs ou complices d'un crime autre que ceux prévus par les articles* 86 *à* 101, 114, 115, 119, 121, 122, 126, 127, 130 *du code pénal.*

2° *A l'égard des père et mère condamnés deux fois pour les faits suivants : vol, abus de confiance, escroquerie, adultère ou entretien de concubine au domicile conjugal, excitation habituelle des mineurs à la débauche, outrage public à la pudeur, outrage aux bonnes mœurs, séquestration, suppression, exposition ou abandon d'enfant, quelle que soit d'ailleurs la combinaison des deux condamnations.*

3° *A l'égard des père et mère condamnés dans les termes de l'art.* 2 *de la loi du* 23 *janvier* 1873.

4° *A l'égard des père et mère condamnés par application des art.* 2 *et* 3 *de la loi du* 7 *décembre* 1874.

L'application du paragraphe pourra s'étendre aux cas où les mineurs seraient âgés de plus de 16 *ans.*

5° *En dehors de toute condamnation à l'égard des père et mère dont l'ivrognerie habituelle, l'inconduite notoire ou les mauvais traitements seraient de nature à compromettre, soit la santé, soit la sécurité, soit la moralité de leurs enfants.*

Les auteurs du projet étaient si empressés à étendre le cercle des déchéances qu'ils avaient oublié les art. 114 à 130 du code pénal; les fonctionnaires trop zélés convaincus d'avoir attenté à la liberté individuelle; ceux ayant pris part à des coalitions ou empiété sur les attributions des autorités administratives ou judiciaires, pouvaient se voir tout d'un coup privés de la puissance paternelle sur leurs enfants pendant une durée d'un à cinq ans.

Ce résultat assez inattendu a été heureusement signalé *en deuxième lecture*, par M. Le Guen (séance du 8 juillet 1883), mais rien ne prouve qu'une étude minutieuse du code pénal n'amènerait pas des résultats analogues; quand en édictant des peines d'une manière aussi générale on ne songe pas à toutes les exceptions qui s'imposent.

On reste également confondu en voyant ainsi, que l'a fait

ressortir M. Clément, que la plupart des condamnations comportant la déchéance facultative de la puissance paternelle n'entraînent pas la privation des droits civils et politiques, et que si l'art. 27 n'avait pas prévu l'incapacité pour les pères déchus, d'être tuteurs, il y aurait eu le singulier spectacle d'un individu privé de tout droit sur ses enfants, et tuteur de ceux des autres[1].

Cette pénalité exagérée n'a pas suffi. En vertu du dernier paragraphe de l'art. 20, la puissance paternelle pourra être enlevée, *en dehors de toute condamnation*, aux pères et mères dont l'ivrognerie habituelle, l'inconduite notoire ou les mauvais traitements seront de nature à compromettre soit la santé, soit la sécurité, soit la morale de leurs enfants.

Que faut-il entendre par inconduite notoire? Ce terme est emprunté à l'exclusion de la tutelle. Des membres d'un conseil de famille décident dans le silence du cabinet du juge de paix qu'un tel ne peut être tuteur en raison de sa conduite. Quoi de plus juste? mais en appliquant l'art. 20 il faut attacher une note publique d'infamie à un individu sur des dénonciations peut-être passionnées, fausses ou du moins fort exagérées; n'est-il pas possible à un moment donné de voir intervenir les opinions politiques, et cet article si vague se transformer en une arme de parti.

Dans la séance du 27 mai 1883 (*Off.* p. 572), M. le sous secrétaire d'Etat au Ministère de la justice a prononcé ces paroles pleines de danger. « Devons-nous attendre, pour prendre les enfants sous la protection de la loi, qu'ils soient complètement corrompus? » Mais alors il faut dès demain enlever les enfants des milliers d'ouvriers qui, à Paris, abandonnent leur femme pour vivre en concubinage; c'est un cas d'inconduite notoire au premier chef; où s'arrêterait-on dans une telle voie?

La Commission du Corps législatif a, nous le reconnaissons, légèrement atténué le texte voté par le Sénat. « Nous n'avons pas maintenu, dit M. Gerville-Réache (1er rapport, p. 153) la mendicité et le vagabondage dans l'énumération des délits pouvant entraîner la déchéance de la puissance paternelle, ces

1. Voir le discours de M. L. Clément, séance du 25 mai 1883.

délits ne permettent pas, en effet, de présumer chez leurs auteurs l'absence de tout sentiment de famille et d'autre part ils ne présentent ni un caractère de danger pour la vie des enfants, ni un caractère de perversité redoutable chez les parents. »

Néanmoins la commission a conservé avec raison les dispositions de la loi du 7 décembre 1874, sur la protection des enfants employés dans les professions ambulantes.

Une autre observation s'impose; les rédacteurs du projet, ont cru nécessaire, pour sauvegarder l'avenir des enfants, de bouleverser à la fois le code civil et le code pénal. Ont-ils réfléchi que dans un grand nombre de cas la puissance paternelle ainsi enlevée s'exerçait sur de jeunes enfants? On va donc les arracher à leurs parents pour une période de 1 à 5 ans, et les leur rendre ensuite. N'est-ce pas alors aboutir à placer simplement ces enfants en nourrice en dehors du contrôle de leur famille? Soulever les plus graves problèmes pour arriver à choisir et payer une nourrice, ce n'est véritablement pas en rapport avec l'effort tenté.

Il avait été fait remarquer au Sénat qu'il n'était pas admissible de prononcer la déchéance sur tous les enfants *nés ou à naître*, la nouvelle rédaction donne satisfaction à ce vœu.

Art. 20. — « Nous introduisons dans l'article une addition, dit M. Gerville-Réache. Il est sage, croyons-nous, de laisser aux tribunaux la faculté de ne pas appliquer la déchéance à l'égard de tous les enfants. Certains cas peuvent en effet se présenter dans lesquels il sera nécessaire de soustraire un enfant à l'autorité paternelle, sans qu'il y ait lieu de prendre la même mesure à l'égard des autres. Les tribunaux apprécieront s'il y a lieu d'enlever la puissance paternelle sur tous les enfants, même ceux à naître, ou seulement sur un enfant déterminé. »

Art. 21. — *Dans les cas prévus aux paragraphes 1 à 4 inclusivement de l'article précédent, la juridiction compétente est saisie par le renvoi, qui est de droit, à la requête du Ministère Public.*

Dans les cas prévus au paragraphe 5 du même article elle est saisie.

1° Par la mère légitime ou naturelle s'il s'agit du père;

2° *Par les ascendants, s'il s'agit du père ou de la mère d'un enfant légitime ;*

3° *A l'égard des mineurs recueillis par une administration d'Assistance publique, par une association de bienfaisance, par un orphelinat ou autre établissement, ou par un particulier, la juridiction compétente est saisie par le Président ou par un représentant du Comité départemental à ce autorisé par le dit comité.*

4° *Dans tous les cas, par le Ministère Public, sur la demande des personnes ayant le droit d'action ou du conseil de famille convoqué à cet effet, ou d'un membre du comité départemental ou du comité cantonal à ce autorisé.*

On a fait ressortir au Sénat les inconvénients et même l'impossibilité qu'il y aurait pour une femme à faire déclarer son mari indigne d'exercer la puissance paternelle, en reprenant le lendemain la vie conjugale. Nous pensons que la femme, à moins d'être séparée, ne peut intenter l'action prévue au paragraphe 1er.

Le pouvoir donné à l'administration d'assistance, au particulier ayant recueilli l'enfant offre également de graves inconvénients. On peut en faire une arme d'oppression dans un moment déterminé.

En ce qui concerne maintenant l'*obligation* stricte pour le Procureur de poser la question sur la demande d'un membre des comités cantonaux ou départementaux, M. le sénateur Clément a traité cette question, en quelques mots, avec sa grande compétence.

Voici ses paroles (séance du 27 mai 1883, p. 565) :

« Je passe à un autre détail, c'est l'action. Il est important de savoir comment l'action est intentée, comment elle est organisée, qui pourra agir et de quelle manière.

« Eh bien là, encore, je trouve les dispositions les plus exorbitantes. On rencontre, par exemple, des instances non pas facultatives, comme la déchéance elle-même, mais obligatoires. Le ministère public sera obligé, c'est un devoir qu'on lui impose, de saisir de la question de déchéance du père de famille, quand celui-ci aura subi une des condamnations prévues par l'article 21. Le tribunal qui aura prononcé la condamnation doit, d'après l'art. 22, prononcer aussi le renvoi au tribunal civil qui se trouve de droit saisi de l'instance à la requête du ministère public. Le procureur de la République aura beau penser que la condamnation est légère, que le père de famille est honorable, que l'enfant ne court point de danger, que ce serait un trouble jeté dans la famille ; non, il sera absolument tenu d'après l'art. 22 de faire statuer le tribunal civil.

« Ainsi, si une condamnation, même légère, vient à frapper le père de famille, elle aura nécessairement son douloureux retentissement devant le tribunal civil. Il y aura nécessairement un scandale dont la malignité publique pourra s'emparer tout à son aise.

« Après cette instance obligatoire vient le défilé des membres de la famille qui peuvent aussi agir. Malheureusement il y a quelquefois dans les familles de fâcheuses divisions qui peuvent être avivées par des intérêts d'argent, toutes ces dissensions vont être sollicitées à se produire devant les tribunaux.

« Le ministère public peut en outre agir, même en dehors de toute condamnation pénale, s'il y a eu inconduite notoire ou ivrognerie. Et si le ministère public s'y montre peu enclin, son zèle pourra être excité par les membres du Comité départemental ou du Comité cantonal. Il suffira du Comité cantonal, qui comprend un conseiller général, un conseiller d'arrondissement, quelques maires ou quelques délégués des conseils municipaux pour obliger le ministère public à intenter une de ces actions scandaleuses devant le tribunal civil.

« Voilà, messieurs, la procédure qu'on vous propose, ce qu'on veut vous faire adopter comme le régime commun de la France. »

Art. 22. — *L'action en déchéance est introduite sur simple requête devant le tribunal civil du domicile ou de la résidence des pères et mères, statuant en chambre du conseil. Il est procédé dans les formes prescrites par les articles* 890, 891, 892 *et* 893 *du code de procédure civile relatifs à l'interdiction. Toutefois la convocation du conseil de famille, si le ministère public n'a pas dû y recourir dans les termes de l'article précédent, reste facultative pour le tribunal.*

Le jugement peut être déclaré exécutoire nonobstant opposition ou appel.

Les règles de procédure qui précèdent seront applicables, en ce qui concerne les mesures à prendre à l'égard de la mère, dans le cas prévu par le § 1er de l'art. 27, ci-après[1].

Art. 23. — *Pendant l'instance en déchéance, le tribunal peut, relativement à la garde et à l'éducation de l'enfant, prescrire telles mesures provisoires qu'il juge utiles. Les jugements sur cet objet sont exécutoires par provision.*

Nous reconnaissons que cette procédure s'impose, étant donnés les principes admis ; mais on nous concédera bien que ce père, que cette mère qui sortiront peut-être victorieux des débats, se trouveront dans une situation terrible si on profite de l'instance pour placer leurs enfants même provisoirement dans un milieu que repoussent leurs convictions intimes.

Art. 24. — *Les jugements par défaut prononçant la déchéance de la puissance paternelle peuvent être attaqués par la voie de l'opposition dans le délai de huit jours à partir de la notification.*

Art. 25. — *La faculté d'appeler des jugements appartient aux parties intéressées ou responsables et au ministère public. L'appel doit être interjeté dans le délai de dix jours à compter du jugement s'il est contradictoire ; et s'il est rendu par défaut, du jour où l'opposition n'est plus recevable.*

1. A propos de cette convocation facultative du conseil de famille, le rapporteur de la chancellerie s'exprimait ainsi : « L'art. 892 relatif à l'interdiction porte également que le tribunal ordonnera la convocation d'un conseil de famille, constitué selon le mode déterminé pour la tutelle. Cette formalité pourrait entraîner de longs délais. Elle ne nous a pas semblé indispensable dans une matière où la conviction du juge peut se former par tant d'autres moyens. Il restera en conséquence facultatif pour le tribunal, lorsque le Procureur de la république n'aura pas dû prendre l'initiative de cette convocation, de l'ordonner. Le Sénat a adopté cette manière de voir (rapport p. 148). Il résulte de ce texte qu'il s'agit du conseil de famille *à constituer* d'après la procédure spéciale de l'interdiction. Dans la loi de protection de l'enfance il peut être question au contraire d'une mère veuve ou remariée, le conseil de famille existe; aux termes de l'article 446, du code civil il faudra l'appeler à se prononcer. Pour lever toute équivoque, on devrait au moins remplacer le mot *convocation* par le mot constitution.

La rédaction primitive portait trois jours, et M. Roussel ajoutait (rapp. n° 451, p. 150) :

« Les mêmes préoccupations de l'intérêt social et de l'intérêt du mineur qui ont dicté les dispositions de l'article précédent devaient suggérer *des règles exceptionnelles*, pour soustraire l'exécution des jugements définitifs aux longs ajournements des appels dilatoires. La commission du Sénat ne pouvait qu'approuver les dispositions proposées dans ce but au nom du gouvernement. »

Nous répondrons que tout condamné par défaut n'est pas nécessairement un coupable puisqu'il n'a pu faire valoir les faits qui militent en sa faveur, et même avec un délai de huit jours, cette loi d'exception ne se justifie pas. M. L. Clément ajoute à ce sujet (séance du 27 mai 1883. *Off.*, p. 565) : « Toute cette procédure est d'une rapidité, d'une brutalité sans exemple. » Nous ne pouvons que nous associer à ces paroles.

Art. 26. — *Tout individu déchu de la puissance paternelle est incapable d'être tuteur, subrogé-tuteur, curateur ou membre d'un conseil de famille.*

Ainsi que nous l'avons dit plus haut, si cette disposition spéciale n'existait pas, la déchéance est prononcée à l'occasion de fautes si légères que le père déchu aurait été capable de prendre la tutelle d'autres enfants que les siens. La commission a évité cette anomalie, toutefois il reste ce fait étrange qu'un père déchu pourrait parfaitement voir nommer tuteur de ses enfants, un individu ayant subi les mêmes condamnations que lui, mais qui, étant célibataire ou sans descendants, n'aura pu évidemment être déchu d'un pouvoir qu'il n'exerçait pas.

Art. 27. — *Dans le cas de déchéance de plein droit encourue par le père, la cour ou le tribunal qui a prononcé la condamnation renvoie devant la juridiction compétente qui peut décider que la mère n'exercera pas les droits spécifiés au paragraphe* 3 *de l'article* 17.

Dans le cas de déchéance facultative, le tribunal statue, par le même jugement, sur les droits de la mère à l'égard des enfants nés et à naître; sans préjudice, en ce qui concerne ces derniers, de toute mesure provisoire à demander au tribunal en chambre de conseil, dans les termes de l'article 23 de la présente loi, pour la période du premier âge.

Si le père déchu de la puissance paternelle contracte un nouveau mariage, la femme peut, en cas de survenance d'enfants, s'adresser au tribunal et demander que l'exercice de la puissance paternelle sur ses propres enfants lui soit attribuée.

Lorsque, par suite de la déchéance du père, un tuteur a été donné aux enfants nonobstant l'existence de la mère, celle-ci a le droit, en cas de décès du père de demander à être investie de la tutelle des enfants.

La mère pourra se pourvoir devant le tribunal contre les décisions du conseil de famille.

Pour justifier ces dispositions le rapport s'exprime ainsi (n° 451, p. 154) : « On doit remarquer qu'alors même que la mère ne se serait pas personnellement rendue indigne d'exercer la puissance paternelle par une participation aux actes qui ont entraîné la déchéance du père, le fait seul de la vie commune, du contact et de l'influence du père est d'une telle importance que, si la mère était investie des droits sur l'enfant, les effets de la décision rendue contre le père seraient annulés... La commission montre qu'elle a considéré comme n'ayant qu'une valeur *purement théorique*, l'objection faite contre cette disposition trop dure, disait-on, pour la mère, en ce qu'elle élève une prescription d'indignité ou du moins de faiblesse, contrairement à la règle de morale et de droit qui veut que le mal ne se présume pas. »

Ainsi une mère de famille, par ce fait seul que son mari a été condamné pour des délits peut-être légers, se verra enlever ses enfants « *nés et à naître*, » elle ne pourra pas donner le sein au fils qu'elle viendra de mettre au monde !

On nous dira que la loi ne s'appliquera pas ; alors pourquoi la faire ?

En vertu de ce même article, si le père devient veuf et se remarie, sa nouvelle femme devra s'adresser au tribunal pour exercer elle-même la tutelle sur ses enfants : elle ne pourra tenir son droit de mère que d'une décision bienveillante des juges !

C'est absolument monstrueux. Il serait bien préférable de décréter que toutes les fois qu'un père aura été déchu de ses droits civils il ne pourra jamais contracter un nouveau mariage.

Au cours de la discussion (séance du 27 mars 1884, *Off.*, p. 565) un membre de la commission s'est écrié : « Mais cette femme a épousé cet homme en connaissance de cause, » ce à quoi M. L. Clément a répondu fort justement : « Elle l'a épousé en connaissance de cause, dites-vous, mais il ne faut pas croire que toutes les femmes qui épouseront des individus condamnés, il y aura dix ou quinze ans, à deux ou trois mois de prison et frappés de déchéance, sauront toujours à quoi elles s'exposent et qu'elles auront lu votre loi. Elles ne sauront pas qu'elles contractent un mariage sans honneur et sans dignité ; elles croiront se marier dans les conditions ordinaires et votre loi viendra les saisir et ne leur permettra même pas d'exercer la puissance paternelle sur leurs propres enfants. »

Nous ajouterons : Est-ce praticable ? Qui viendra enlever à cette femme, au lendemain de ses couches, son propre fils pour l'empêcher de l'allaiter?

Art. 28. — *Si la mère est décédée, si elle a été déclarée déchue ou si l'exercice de la puissance paternelle ne lui a pas été attribué, le tribunal décide si la tutelle sera constituée d'après le droit commun.*

Art. 33. — § 1er. *Lorsqu'il n'a pas été statué par l'autorité compétente sur la tutelle d'un mineur compris dans l'une des définitions des articles* 2, 3 *et* 4 *de la présente loi, la tutelle appartient au Préfet assisté du comité départemental qui tient lieu de conseil de famille.*

Nous avons rapproché ces deux dispositions pour qu'elles se complètent l'une par l'autre.

Le tribunal, après avoir prononcé la déchéance paternelle, et écarté la mère, est tenu de constituer une tutelle; cette tutelle pourra être de droit commun. Dans la pratique il y aura des dificultés sérieuses puisque les parents faisant obligatoirement partie du Conseil seront quelquefois ceux-là mêmes qui auront provoqué la déchéance, de là des haines pouvant amener des désordres graves. Et puis, dans les petites villes, les communes, à moins d'envoyer l'enfant au loin, comment exercer la tutelle en présence du père et de la mère?

Un père, une mère enlèvent leur enfant, le fera-t-on réintégrer par la force publique?

Si le tribunal décide au contraire qu'il n'y a pas lieu de constituer une tutelle du droit commun, le Préfet et la Commission départementale deviennent tuteurs. A-t-on réfléchi que malgré les restrictions si récentes de l'article 20 la déchéance s'exercera souvent sur l'ensemble des enfants; et que tous tomberont à la charge de l'État. Il y aura bien le recours contre les parents; une pension alimentaire prévue par les articles suivants, etc. Mais ce recours sera forcément illusoire, les familles ouvrières ou indigentes, qui se verront enlever tout pouvoir paternel disparaîtront et abandonneront leurs enfants.

La déchéance sera-t-elle même aussi courte que possible, un ou deux ans; à l'expiration de ce délai combien de fois le comité recherchera-t-il en vain les parents, ou si on les trouve, ils auront formé de nouveaux liens, contracté de nouvelles habitudes, et l'État devra encore pourvoir à l'entretien des pauvres êtres qu'il aura recueillis.

On ne peut sortir de ce dilemme : les parents aiment leurs enfants, la loi cause alors des déchirements terribles; ils sont indifférents, tout retombe à la charge du contribuable.

Art. 29. — *Le tribunal, en prononçant la déchéance, fixe le montant de la pension qui devra être payée par les père, mère et ascendants auxquels les aliments peuvent être réclamés, ou il déclare qu'à raison de l'indigence des parents, il n'en peut être exigé aucune.*

Art. 30. — *En cas de déchéance de la puissance paternelle, les droits du père et de la mère, quant au consentement au mariage, sont exercés dans les mêmes conditions et par les mêmes personnes que si le père et la mère étaient décédés.*

Il en est de même quant au consentement à la tutelle, officieuse, à l'adoption et à l'émancipation.

De pareilles dispositions se comprendraient pour des enfants que les parents ont abandonnés, ou dans le cas de condamnations graves; mais dans la loi actuelle les fautes peuvent, on ne saurait assez le répéter, être trop légères pour permettre d'appliquer des dispositions qui rappellent en quelque sorte la mort civile disparue de nos codes.

Art. 31. — *La réhabilitation obtenue dans les termes des articles* 619 *et suivants du code d'instruction criminelle, fait cesser les effets de la déchéance encourue de plein droit et prononcée conformément aux paragraphes* 1 *à* 4 *de l'art.* 20 *de la présente loi.*

Dans les cas résultant du n° 5 *de l'art.* 20, *les père ou mère frappés de déchéance peuvent être admis à se faire restituer tout ou partie des droits qui leur auront été enlevés. L'action ne peut être introduite que trois ans après le jugement rendu contre eux.*

Art. 32. — *La demande est introduite et instruite conformément aux dispositions de l'art.* 22 *de la présente loi.*

Le conseil de famille sera toujours consulté. La demande qui a été rejetée ne peut être introduite de nouveau qu'après l'expiration d'un délai de deux ans.

La procédure en réhabilitation est complexe, il faut une série de formalités qui ne sauraient s'expliquer pour la plupart des cas prévus par cette loi véritablement draconienne.

La Commission proposait primitivement d'indiquer qu'il fallait appliquer l'art. 621 du code d'instruction criminelle. « Le condamné à une peine afflictive et infamante, ne peut être admis à demander sa réhabilitation s'il n'a résidé dans le même arrondissement depuis cinq années et pendant les deux dernières dans la même commune. »

A la suite d'observations fort justes de M. de Gavardie faites à la 2ᵉ délibération (séance du 8 juillet 1883, *Officiel*, p. 845), la commission avait d'abord proposé le texte suivant :

« Le père et la mère qui veulent se faire restituer les droits de la puissance paternelle, doivent justifier des conditions de résidence exigées par l'art. 621 du code d'instruction criminelle, sauf les cas où, à raison des travaux de leur profession, ils n'auront pu résider dans une même commune durant le temps prescrit par ledit article 621. »

Cette modification n'ayant pas paru suffisante, la commission a supprimé purement et simplement le 1ᵉʳ paragraphe de l'art. 32, qui se trouva ainsi réduit aux termes indiqués ci-dessus, et un sénateur, M. Griffe, dit alors : « C'est la faculté absolue d'appréciation laissée au tribunal. »

Le contraire est évident; l'art. 31 cite, pour obtenir la réhabilitation, les articles 617 *et suivants* du code d'instruction criminelle; du moment que l'on ne fait pas d'exception pour l'article 621 il s'applique de plein droit, et le Sénat, qui a cru obtenir le pouvoir discrétionnaire des tribunaux, n'a rien obtenu du tout, faute d'avoir relu l'article précédent.

Titre IV. — De la tutelle des mineurs abandonnés, délaissés ou maltraités.

Art. 33. *Lorsqu'il n'a pas été statué par l'autorité compétente sur la tutelle d'un mineur, compris dans l'une des définitions des articles* 2, 3 *et* 4 *de la présente loi, la tutelle appartient au Préfet, assisté du comité départemental, qui tient lieu de conseil de famille.*

Le Préfet peut, par simple acte administratif, sur l'avis conforme du comité départemental, déférer la tutelle à toute personne qu'il juge convenable, et qui déclare l'accepter.

Il peut, dans les mêmes formes, retirer la tutelle aux personnes auxquelles elle a été conférée et la déférer à d'autres.

Il peut de même procéder à l'émancipation.

Dans tous les cas où il ne serait pas procédé par le comité départemental, agissant comme conseil de famille, à la nomination d'un subrogé-tuteur, l'inspecteur départemental du service de protection de l'enfance, remplira les fonctions de subrogé-tuteur.

Le comité départemental et le Préfet sont donc, comme nous l'avons dit dès l'origine, les tuteurs presque universels, des enfants protégés par la présente loi. Ils peuvent en déléguer l'exercice, mais du moment que cette délégation est toujours révocable, leur droit primordial subsiste.

Nous avons déjà fait ressortir les inconvénients que présente cette situation au point de vue des institutions privées, et les conséquences financières qui en découlent. Nous ne reviendrons pas sur ce point.

Art. 34. — *L'acte d'émancipation est délivré sans frais.*

Les comptes de tutelle sont, également, rendus sans frais au mineur devenu majeur, et au mineur émancipé par le comité départemental.

Art. 35. — *Les tuteurs institués en vertu de la présente loi remplissent leurs fonctions, sans que leurs biens soient frappés, de droit, par l'hypothèque légale des mineurs.*

Le comité départemental peut toutefois, au cas où des biens adviennent au mineur, ou pour toute autre cause, demander qu'une hypothèque générale ou spéciale soit constituée jusqu'à concurrence d'une somme déterminée.

L'Inspecteur départemental du service de protection de l'enfance fera inscrire cette hypothèque au bureau de la conservation sous peine de dommages-intérêts pour lui personnellement, et solidairement pour l'Administration de l'Assistance publique de laquelle dépend ce mineur.

La loi veut dire que les biens du Préfet et des membres du comité départemental ne sont pas soumis à l'hypothèque légale, c'est la reproduction de l'art. 5 de la loi du 15 pluviôse an XIII, relative aux commissions hospitalières ; mais cette disposition avait sa raison d'être parce que, dans ce cas, ainsi que l'exprime la loi de pluviôse, le cautionnement du Receveur des hospices répond de la gestion. Ici, où est le Receveur ?

Maintenant, pourquoi accorder ces avantages exceptionnels, à tous les tuteurs institués en vertu de la présente loi ? où sera la garantie des biens des mineurs ? Le comité pourra, il est vrai, demander une hypothèque, mais comment appliquer cette disposition, lorsqu'il s'agira d'une association ayant un grand nombre d'élèves ? Les premiers entrés seront donc plus favorisés que les derniers admis, au point de vue du rang des hypothèques [1].

D'ailleurs une association pourra être locataire de l'immeuble occupé et (art. 2114) : « les meubles n'ont pas de suite par hypothèque. »

A l'occasion du dernier paragraphe, le Rapporteur du Corps législatif s'exprime ainsi (1er rapport, p. 170-171) :

1. Art. 2134 du code civil : Entre les créanciers, l'hypothèque soit légale, soit judiciaire, soit conventionnelle n'a rang que du jour de l'inscription.

« L'inspecteur départemental des services de protection de l'enfance, se bornait à dire l'article, fera inscrire cette hypothèque au bureau de la conservation. » Sans doute l'article, même ainsi rédigé, engageait la responsabilité civile de l'inspecteur qui n'aurait pas fait inscrire l'hypothèque, au cas où le tuteur aurait compromis sa fortune par une mauvaise gestion. Nous avons mieux aimé le dire formellement et, pour cette raison, nous avons ajouté : « L'inspecteur... fera inscrire cette hypothèque au bureau de la conservation sous peine de dommages-intérêts pour lui personnellement. » Comme ce recours peut être illusoire dans bien des cas et afin d'intéresser l'administration de l'Assistance publique à surveiller l'inscription de l'hypothèque de ses pupilles, outre le recours ouvert contre l'inspecteur personnellement, nous en avons donné un au mineur lésé contre l'administration de l'Assistance publique de laquelle il dépend. L'article dit : « Sous peine de dommages-intérêts pour lui (l'inspecteur) personnellement et solidairement pour l'administration publique de laquelle dépend ce mineur. »

D'après cet article, l'inspecteur cesse alors d'être un simple agent administratif, il devient un comptable devant fournir un cautionnement; ses appointements devront être augmentés du moment qu'il aura des risques à courir.

Quant à l'Administration publique d'où peut dépendre le mineur, nous ne connaissons que le Comité départemental. Son omnipotence absolue apparaît ici une fois de plus.

Art. 36. — *Tout particulier ayant recueilli un mineur ou en ayant reçu la garde ou la tutelle, conformément aux dispositions de la présente loi, peut, après un an, s'adresser au Préfet et, avec son autorisation et de l'avis conforme du comité départemental, demander que le mineur lui demeure confié dans les conditions prévues par le* § 2 *de l'article* 364 *du code civil, au titre de tutelle officieuse.*

Le tribunal, en conférant la tutelle officieuse, peut dispenser le tuteur des conditions imposées par l'article 364 § 1er *du code civil.*

S'il s'agit d'un mineur compris dans les définitions de l'article 4, *la mère, non déchue des droits de la puissance paternelle, sera consultée.*

La tutelle officieuse, préliminaire assez ordinaire de l'adoption, est réglée par les articles 361 à 370 du code civil ; les cas divers sont prévus, il n'y avait qu'à remplacer *l'hospice* par le *comité départemental*, tout était complet.

Pourquoi supprimer l'article 364? Cet article dit : « Cette tutelle ne pourra avoir lieu qu'au profit d'enfants âgés de moins de 15 ans. » Il est facile de se rendre compte de cette limite en se reportant à l'article 345 (titre de l'adoption), en vertu duquel la faculté d'adoption ne pourra être exercée (sauf certains cas exceptionnels) qu'envers l'individu à qui l'on aura, dans sa minorité et pendant six ans au moins, fourni des secours et donné des soins non interrompus.

Il ne faut pas oublier que toutes ces règles précises de la tutelle officieuse ou de l'adoption ont été promulguées pour sauvegarder les familles contre les entraînements irréfléchis d'un de leurs ; et n'est-il pas dangereux de modifier sans motifs sérieux, toute notre législation civile ainsi que le fait le projet de loi.

Art. 37. — *Pendant l'instance de déchéance de la puissance paternelle, ou dans toute autre instance judiciaire, où se révèle un péril pour la vie, la santé ou la moralité d'un mineur, toute personne domiciliée en France ou dans les colonies françaises et jouissant de ses droits civils, peut s'adresser au tribunal par voie de requête, afin d'obtenir la garde provisoire du mineur.*

Dans le cas où le tribunal accueille la requête, avis en est donné par le ministère public au Préfet, qui statue conformément à la loi.

La personne qui a obtenu la garde du mineur, pourra demander la tutelle, la tutelle officieuse et l'obtenir dans les conditions prévues aux articles 33 *et* 36.

Art. 38. — *Toute personne ayant obtenu la garde ou la tutelle d'un mineur placé sous la protection de l'autorité publique doit, en cas de changement de domicile ou d'événement exigeant la remise du mineur à la garde d'une autre personne, ou de toute autre circonstance de nature à modifier les conditions du placement du mineur, prévenir le Préfet au moins huit jours à l'avance, sous peine d'une amende de*

16 francs à 100 francs qui sera prononcée par le juge de paix.

La remise du mineur à une autre personne ne peut avoir lieu, sous la peine portée au paragraphe précédent, qu'après autorisation préalable.

Le comité départemental, agissant comme conseil de famille, décide si, par suite de ce changement, il y a lieu de retirer la tutelle et de pourvoir à un nouveau placement et à la constitution d'une nouvelle tutelle.

En cas d'évasion ou de décès d'un mineur, le particulier qui en a obtenu la garde ou la tutelle doit en prévenir immédiatement le Préfet ou le Président du comité cantonal, sous les peines portées au § 1er *du présent article.*

Les articles 37 et 38 ne font en réalité qu'un seul. Les dispositions du premier avaient pour but, d'après le projet de la chancellerie, de favoriser les personnes qui offriraient de se charger gratuitement d'un enfant dont les débats judiciaires auraient révélé la triste situation. Ce cas peut se présenter, et il était bon de permettre au tribunal de confier le pauvre délaissé à une personne charitable.

Malheureusement, la disposition votée par le Sénat n'est que la juxtaposition de deux articles émanant de projets différant essentiellement dans leur esprit, si bien que d'après les art. 37 et 38 combinés, ce n'est plus au bienfaiteur qu'on remet en réalité l'enfant, c'est au Comité départemental. Si le bienfaiteur change de domicile et oublie de prévenir le comité: *amende;* si le mineur s'évade et qu'on néglige de remplir les mêmes formalités : *amende*. Nous doutons que cette manière de favoriser l'initiative privée diminue beaucoup les charges du budget.

Les prescriptions du § 3 sont de plus assez vagues. Que faut-il entendre par la remise du mineur à une autre personne. Est-ce le placement en apprentissage? est-ce la mise en pension ? est-ce l'envoi chez des parents à la campagne? Avec des termes aussi peu précis, les administrations tracassières, et il s'en trouve, pourraient tout se permettre.

Il eut été beaucoup plus logique de placer tous les enfants sous la tutelle directe et exclusive du Comité départemental qui les confierait ensuite, sous réserve de sa propre tutelle, à des particuliers charitables. Au moins on aurait connu le terrain sur lequel on marchait, et on ne risquerait pas de se perdre dans les subtilités du projet qui aboutissent toujours, en réalité, à sanctionner la toute-puissance du Comité [1].

Cet article a été, du reste, légèrement modifié par la commission du Corps législatif. Le taux maximum de l'amende était primitivement de 300 francs, il a été abaissé à 100 francs. « Or, par le taux de cette amende, dit M. Gerville-Réache (1er rapport, p. 172), le fait prévu constituait un délit et, partant, était de la juridiction des tribunaux correctionnels, les juges de paix ne pouvant condamner au maximum qu'à une amende de 15 francs. Cette disposition nous a paru trop sévère pour des personnes qui, bénévolement, apportent leur appoint à la bienfaisance. Cependant, comme il y a lieu de prévenir par une sanction leur manquement à l'article 38, nous avons, tout en conservant le taux d'une amende correctionnelle, attribué juridiction aux tribunaux de simple police. » C'est encore un nouvel exemple de dispositions venant modifier les règles générales de notre droit public.

TITRE V. — Dispositions générales concernant l'exécution de la loi. — Dispositions financières. — Mesures concernant l'éducation des mineurs destinés à la marine ou à l'armée, des mineurs infirmes, estropiés, épileptiques, des mineurs insubordonnés ou vicieux. — Règlement d'administration publique. — Disposition transitoire.

Art. 39. — *Il est institué près le ministre de l'intérieur un comité supérieur de protection et d'éducation des mineurs placés sous la protection de l'autorité publique.*

Ce comité est composé comme il suit :

Le préfet de la Seine ou son délégué ;

Le préfet de police ou son délégué ;

1. Le premier rapport de M. Gerville-Réache, p. 171, confirme absolument cette manière de voir :

« Nous avons ajouté, y est-il dit, le mot provisoire au mot « garde ». Il ne peut s'agir, en effet, que d'une mesure provisoire et qui ne pourra être définitivement résolue que dans les formes ordinaires prévues par la loi. »

Le directeur de l'administration générale de l'assistance publique de la Seine ;

Un délégué du ministre de la guerre ;

Un délégué du ministre de la marine ;

Un délégué du ministre de l'agriculture ;

Le vice-recteur de l'académie de Paris ;

Un membre du conseil d'Etat, élu par le conseil ;

Un membre de la cour de cassation élu par la cour ;

Un membre de l'académie des sciences morales et politiques, élu par l'académie ;

Un membre de la section d'hygiène de l'académie de médecine, élu par l'académie ;

Un membre du conseil général de la Seine, élu par le conseil ;

Six membres nommés par décret du Président de la République, et choisis sur une liste de douze personnes dressée par le comité supérieur.

Les membres désignés aux paragraphes 8 *et* 12 *ci-dessus sont nommés pour quatre ans.*

Art. 10. — *Ce comité est chargé :*

1° *D'examiner les rapports annuels adressés aux préfets par les comités départementaux d'éducation et de patronage, et tous autres documents concernant l'exécution de la présente loi ;*

2° *De donner son avis sur les règlements à faire, les constatations relatives à l'exécution de la loi et les mesures propres à en assurer les effets ;*

3° *D'adresser chaque année au Président de la République un rapport général sur l'exécution de la loi.*

Ce rapport sera, dans le mois de son dépôt, publié au Journal officiel.

Le Gouvernement rend compte aux Chambres, chaque année, de l'exécution de la présente loi.

Les articles 39 et 40 reproduisent les dispositions de la loi du 23 décembre 1874 qui, elle aussi, établissait un comité supérieur de la protection des enfants du premier âge. Nous ne voyons pas trop l'intérêt de ce comité supérieur.

Dans la pratique, les travaux de statistique et autres seront centralisés et préparés par les bureaux du ministère. Lorsque la première faveur dont pourra jouir la loi sera passée, un fonctionnaire du ministère rédigera le rapport annexe. Il aurait été suffisant de prescrire un travail officiel déposé chaque année sur le bureau des Chambres.

Art. 41. — *Le ministre de l'intérieur organisera, dans le délai d'un an, à partir de la promulgation de la présente loi, le service d'inspection des mineurs placés sous la protection de l'autorité publique.*

« La nécessité d'un service d'inspection des mineurs placés sous la protection de l'autorité publique était naturellement indiquée, dit M. Roussel (rapport n° 451, p. 208). La loi du 5 mai 1869, a fait de cette inspection un service de l'Etat. La loi du 23 décembre 1874 a étendu notablement les attributions des inspecteurs départementaux en leur confiant l'inspection du service de protection des enfants du premier âge placés, moyennant salaire, en nourrice, en sevrage ou en garde. Il s'agit aujourd'hui en confiant à ce même personnel l'inspection des enfants abandonnés, délaissés ou maltraités, de refaire ses cadres, de régler les conditions d'admission, de constituer enfin l'inspection des services de protection de l'enfance. »

Nous sommes absolument d'accord avec l'honorable rapporteur, il n'y a pas de service de protection possible sans inspection, et c'est justement parce que les Commissions hospitalières n'ont pas eu les ressources nécessaires pour payer ces inspecteurs que le service des Assistés a périclité entre leurs mains durant tant d'années. Mais ceci posé, de qui doit relever l'inspecteur? Le projet dit : de l'État ; nous, nous disons du Comité départemental qui administre, et du Conseil général qui fournit les ressources.

Si l'inspecteur continue à être nommé par le Ministre, serait-il placé sous les ordres du Préfet, le comité cesse d'avoir une action directe sur lui, et cela au moment où on veut conférer à cet inspecteur les fonctions délicates de subrogé-tuteur.

L'Etat ne peut, au prix de très légers sacrifices, diriger en réalité tout le service. Il faut une inspection, ce point est hors de doute ; il la faut efficace et, pour cela, elle doit être subordonnée au Conseil général et au Comité départemental et ne pas tenir sa mission d'une autorité supérieure, irresponsable, et donnant à l'inspecteur, par suite de son origine même, une indépendance qu'il ne doit pas avoir.

Art. 42. — *Toutes les fois qu'un mineur placé sous la protection de l'autorité publique donne des sujets graves de mécontentement, le préfet peut, sur la plainte de l'administration d'assistance, de l'association, du directeur de l'orphelinat ou autre établissement, ou du particulier qui a pris charge dudit mineur, et sur un rapport spécial de l'inspecteur, décider, sur l'avis conforme du comité départemental, que le mineur sera transféré dans un des établissements spéciaux créés en exécution des articles* 45 *et* 52 *de la présente loi, pour y être élevé et détenu conformément aux dispositions du règlement d'administration publique.*

Art. 43. — *Les revenus des biens appartenant au mineur pourront être perçus à titre d'indemnité des dépenses faites pour sa nourriture, son entretien et son éducation pendant la garde à laquelle il a été soumis.*

Si le mineur décède avant la cessation de la garde, sa majorité ou son émancipation, et si aucun héritier ne se présente, ses biens appartiendront au comité départemental de protection, institué conformément aux articles 6 *et* 9 *de la nouvelle loi.*

Les héritiers qui se présenteront pour recueillir la succession du mineur décédé dans les conditions ci-dessus déterminées, seront tenus de rembourser au préalable toutes les dépenses pour sa nourriture, son entretien et son éducation.

La grande majorité des dépenses est imputée sur les budgets départementaux, il serait donc logique de faire tomber ces recettes dans les produits éventuels du même budget, ce qui a lieu actuellement dans la pratique.

Art. 44. — *Les dépenses nécessaires pour le placement, l'éducation et l'entretien des mineurs abandonnés, délaissés ou maltraités, sont réglées par les conseils généraux dans les conditions prévues par l'article* 1er *de la loi du* 1er *juillet* 1866 *et par l'article* 46 *de la loi du* 10 *août* 1871.

En ce qui concerne les mineurs abandonnés, les dépenses sont imputées au compte du service des enfants assistés et réglées conformément à la loi du 5 mai 1869.

Pour les mineurs délaissés ou maltraités, les dépenses sont mises à la charge des communes du domicile de secours et au prorata du nombre des mineurs recueillis, dans les proportions suivantes :

La moitié de la dépense pour les communes dont les revenus ordinaires dépassent un million ;

Un tiers pour les communes dont les revenus dépassent 100,000 *fr. ;*

Un quart pour les communes dont les revenus ordinaires n'atteignent pas 100,000 *fr. ;*

Toutefois les communes dont les revenus ordinaires n'atteignent pas 300 *fr. sont exemptées de la présente contribution.*

Le restant des dépenses est mis, par moitié, au compte du budget départemental et du budget de l'État.

Cet article complexe doit être divisé pour faciliter la discussion.

(§ 1). La citation des lois de 1866 et de 1871 est inexacte. Ces lois ne s'appliquent pas uniquement aux dépenses, il y est dit : Les Conseils généraux statuent définitivement sur les affaires ci-après désignées, savoir... Service des Enfants assistés.

Aussi tant que ces lois existeront, le Comité départemental et le Préfet seront obligés de se conformer aux décisions réglementaires du Conseil général, c'est lui en effet qui ouvre les crédits et en détermine l'affectation. La loi de protection ne fera que modifier les rouages d'exécution, au lieu des Commissions hospitalières mettre l'État, étendre les cas où cette action s'appliquera, mais le dernier mot, avant comme après, restera toujours aux Conseils Généraux.

(§ 3). Les dépenses des enfants délaissés doivent donc être à la charge des communes de leur domicile de secours, avec contribution du departement et de l'État. Si le domicile de secours est inconnu, qui paiera ?

Ensuite de quel domicile de secours est-il question ? Est-ce le domicile de secours des parents ou celui de l'enfant comme pour le service des Assistés?

Autant de questions sans réponses.

Maintenant de quelle manière faire la répartition? On a pris comme modèle ce qui a lieu pour les aliénés; l'assimilation n'est pas exacte. Un aliéné est toujours placé dans un asile, suivant un tarif déterminé à l'avance. Il suffit de multiplier par ce tarif les journées de présence, rien de plus simple.

Ici, au contraire, ce sont des enfants de tout âge, élevés dans les conditions les plus diverses, nécessitant des allocations de dots d'apprentissage, des vêtures, etc., et, puisqu'il s'agit de dépenses individuelles, essentiellement variables, de quel droit imposer aux communes des dépenses dont le montant aura été déterminé par le Préfet, assisté du Comité départemental, corps non élu ?

Les principes les plus élémentaires de notre législation publique s'y opposent; on ne peut imposer une charge aux contribuables que si on a été nommé par eux avec mission d'exercer un tel pouvoir.

Dans le système actuel, le Conseil Général vote un crédit déterminé et répartit proportionnellement entre les communes la part qu'elles doivent supporter, la dépense est donc obligatoire. D'après le projet de loi, rien de pareil; du moment qu'un enfant a un domicile de secours nettement établi, la commune, sans en avoir délibéré, serait tenue de participer aux frais nécessités par son éducation; frais qui peuvent être absolument exagérés. Où serait le recours des conseils municipaux contre un pareil système, à notre avis, absolument arbitraire ?

Art. 45. — *Sont à la charge de l'État :*

1° *Les frais d'inspection, de surveillance et les autres dépenses générales auxquelles donnera lieu l'exécution de la présente loi ;*

2° *Une part des dépenses à effectuer, pour assurer, en cas d'insuffisance justifiée des ressources de l'assistance publique, l'éducation et l'entretien dans des établissements spéciaux :*

1° *Des mineurs destinés au service militaire ou à l'apprentissage maritime ;*

2° *Des mineurs infirmes, estropiés, épileptiques, aveugles ou sourds-muets;*

3° *Des mineurs vicieux ou insubordonnés.*

§ 1er. — Dans son premier rapport, M. Gerville-Réache, effrayé de la question financière que le Sénat avait absolument laissée de côté, cherche naturellement à en diminuer le chiffre présumé. « Nous trouvons, dit-il (p. 151), inscrit au budget du Ministère de l'intérieur un crédit de 1 million, pour dépenses intérieures de frais d'inspection et de surveillance du service des Enfants assistés. Nous avons peine à admettre qu'il faudra l'augmenter beaucoup pour avoir le personnel de l'inspection prévu par le projet. » M. le Rapporteur ajoute : « *Les frais de tournées et les dépenses intérieures de l'Inspection* ont donc une marge suffisante pour se mouvoir dans le crédit demandé chaque année. » M. Gerville-Réache paraît ignorer qu'il ne s'agit pas dans l'article du budget du Ministère de l'intérieur *de dépenses intérieures de l'Inspection,* mais bien de dépenses dites « intérieures », prévues par la loi du 5 mai 1869; elles s'élèvent à 200,000 fr. environ et il ne reste plus, pour l'inspection proprement dite, que 800,000 fr., ce qui serait évidemment insuffisant.

§ 2. A l'occasion de l'article 52 nous reviendrons sur les enfants infirmes, estropiés etc., dont il est question ici d'une manière incidente.

Art. 46. — *Il est créé, par la présente loi, une caisse de dotation destinée à assurer la part contributive de l'État, dans les dépenses relatives au service des enfants placés sous la protection de l'autorité publique par la présente loi.*

Art. 47. — *Cette caisse s'alimentera par :*

1° *Tous les dons et legs spéciaux dont elle sera l'objet; lesquels seront exempts de tout droit vis-à-vis de l'État;*

2° *Les produits des successions en déshérence, dans les termes des nouveaux articles* 775 *et* 768 *du code civil, ainsi qu'il est dit ci-après; toutefois le montant net de ces successions supportera vis-à-vis de l'État le droit perçu entre personnes non parentes.*

Art. 48. — *Si le total des produits réalisés en conformité de l'article précédent n'est pas épuisé par les besoins annuels du service, l'excédent sera réservé pour constituer à la dotation un capital dont les revenus seuls seront appliqués aux besoins des exercices suivants.*

Art. 49. — *Cette caisse sera administrée par un conseil composé de douze membres, savoir : trois membres du Sénat, élus au scrutin par le Sénat; trois membres de la Chambre des députés, élus au scrutin par la Chambre des députés; et six membres désignés par le ministre des finances, qui aura la présidence de ce conseil.*

Les fonctions des membres de ce conseil et des divers comités institués par la présente loi sont gratuites.

Art. 50. — *Il sera fait chaque année, par le conseil d'administration de la caisse de dotation, un rapport au Président de la République sur la situation financière de cette caisse et sur l'emploi de ses ressources. Ce rapport sera communiqué aux deux Chambres.*

Art. 51. — *Les articles* 755 *et* 768 *du code civil sont modifiés ainsi qu'il suit :*

Nouvel article 755 : « *Les parents au delà du sixième degré ne succèdent pas; à défaut de parents au degré successible dans une ligne, les parents de l'autre ligne succèdent pour le tout.* »

Nouvel article 768 : « *A défaut de conjoint survivant, la succession est acquise à l'État, avec affectation spéciale à la caisse de dotation, pour les enfants abandonnés, délaissés ou maltraités.*

« Du coût de la loi, » c'est ainsi que M. Gerville-Réache intitule le § XIII de son premier rapport, p. 148 et suivantes.

« Votre commission, dit-il, avait le devoir de se préoccuper de la question du coût de la loi, elle n'y a pas failli. Elle regrette cependant, malgré ses efforts à cet égard et ceux du gouvernement, de ne pouvoir vous apporter des évaluations précises de dépenses. Elle tient néanmoins à vous soumettre ses appréciations corroborées d'ailleurs par l'expérience, en prenant pour base de calcul la portée qu'elle entend donner aux dispositions du projet qui ont un caractère budgétaire. »

En ce qui concerne les enfants délaissés et qui doivent principalement nous occuper ici, M. Gerville-Réache, après avoir démontré que la fameuse affirmation de M. Bonjean : « Il y a cent mille enfants de cette catégorie ne recevant aucune assistance », n'est pas fondée sur des données sérieuses, prend pour base de ses calculs les crédits votés par le Conseil Général de la Seine. Il s'exprime ainsi (p. 160) :

« L'Assistance publique de la Seine a donc demandé pour son service des moralement abandonnés :

				Par enfant.
La 1re année	150,000 fr. pour	600 enfants,	soit	250 fr.
La 2e —	180,000 fr. —	1,400	—	128 fr. 57
La 3e —	250,000 fr. —	2,100	—	119 fr.
La 4e —	350,000 fr. —	3,000	—	116 fr.

« Nous pouvons donc prendre ces dépenses pour base de calcul et admettre avec l'Assistance publique de la Seine qu'un mineur protégé coûte la première année 200 francs et les années suivantes une cinquantaine de francs. Si dans les 2e, 3e et 4e années nous trouvons des moyennes de 128, 119, 116 francs, ces sommes ne représentent pas la dépense d'un enfant la 2e, la 3e et la 4e année où il a été recueilli ; elles représentent les moyennes des dépenses faites tant pour les enfants recueillis depuis un an, deux ans et trois ans. Ainsi, les 128 fr. 57 de dépenses par enfant, la 2e année de fonctionnement du service, sont des dépenses faites à raison de 200 francs par enfant nouveau et 50 francs par enfant recueilli depuis deux ans. Nous pouvons donc dire qu'il existe un système de protection des enfants moralement abandonnés qui coûte 200 francs par enfant la première année et 50 francs les autres années.

« Ceci admis, nous reprenons les deux chiffres représentant le nombre supposé d'enfants moralement abandonnés en France, 64,100 ou 76,920, et nous disons que l'exécution de la loi coûtera la première année :

« Ou bien 64,100 × 200, soit : 12,820,000.
« Ou bien 76,920 × 200, soit : 15,384,000.

« 13 ou 15 millions, tel est l'effort financier à produire, mais cet effort incombe en partie aux communes, en partie aux départements, en partie à l'État. Les communes dont les revenus ordinaires dépassent un million, supporteront la moitié des dépenses de leurs mineurs moralement abandonnés; les communes dont les revenus ordinaires dépasseront 100,000 francs, supporteront un tiers des mêmes dépenses; les communes ayant moins de 100,000 francs, mais plus de 300 francs de revenus ordinaires, en supporteront un quart; les communes ayant moins de 300 francs de revenus seront exonérées de toute dépense de cette nature. Le reliquat sera supporté moitié par les départements, moitié par l'État.

« Ces prévisions ne peuvent pas paraître optimistes, car nous tenons à répéter qu'elles sont calquées sur celles de l'Assistance publique de la Seine. Mais, bien entendu, elles impliquent que les nouveaux services des enfants moralement abandonnés seront organisés comme ils l'ont été dans le département de la Seine, avec les mêmes modes de placement et la même utilisation des rouages de l'assistance publique départementale. »

Nous avons le regret de dire que ces évaluations nous paraissent fausses. Si nous sommes convaincus, pour l'honneur de la charité française, qu'il n'existe point 65 ou 75,000 enfants maltraités ou délaissés, et privés de toute assistance, il faut reconnaître aussi qu'avec les attributions que la loi donne aux Préfets et aux conseils départementaux, il n'y a pas de limites dans le nombre d'enfants déjà assistés par des particuliers ou associations et qui tomberont à la charge de l'assistance officielle. De plus, qu'a fait le département de la Seine ? Il a organisé un service de préservation en faveur de pupilles âgés de 12 à 16 ans, 10 ans au minimum, placés aussitôt que possible chez des cultivateurs ou industriels; c'est l'enfant qui, par son travail, pourvoit à son entretien et amasse un pécule. Il a d'abord un solde débiteur; ce solde devient plus tard créditeur, mais c'est l'industriel qui fait en général, à l'origine, l'avance des frais d'entretien et de nourriture.[1]

On conçoit qu'avec des conditions pareilles un élève coûte peu. Est-ce que ces enfants sont ceux visés dans le projet de loi? Est-ce que tous ceux dont les parents seront déchus de la puissance paternelle se trouveront en état de gagner leur vie? Est-ce qu'il n'y aura pas parmi eux des nouveau-nés, des enfants en bas âge? La loi ne met aucune entrave à la déclaration du juge de paix constatant que des pères de famille seront impuissants à remplir leur tâche et l'expérience est là pour démontrer qu'ils demanderont naturellement le placement des plus jeunes.

Les conditions économiques seront donc entièrement bouleversées et la comparaison faite avec le département de la Seine est absolument détruite par la base.

Il faut déclarer hautement qu'en présence des catégories nouvelles d'enfants devant être élevés aux frais des contribuables qu'en raison des facilités offertes aux parents pour faire nourrir leur famille par le trésor public, qu'en tenant compte de la coopération actuelle considérable de l'initiative privée, coopération qui se trouvera diminuée par les entraves élevées de toutes parts, il reste un redoutable inconnu que personne ne peut préciser.

M. Gerville-Réache fait venir en déduction de ces dépenses, les économies à obtenir sur les colonies pénitentiaires. Il est certain que le service des moralement abandonnés une fois généralisé, fera descendre la population des colonies et établissements pénitentiaires; mais il y aura toujours des natures perverses, des caractères indomptables pour lesquels le travail en liberté ne sera pas possible. Et puis, pour atteindre ces heureux résultats, si désirables, nous nous efforcerons de démontrer qu'il n'est pas utile de bouleverser tous nos codes, de dépenser des millions, et qu'en voulant faire moins grand on pourra faire mieux.

En ce qui concerne la caisse de dotation, nous n'en verrions nullement la nécessité, si l'État était tenu d'employer au profit des enfants abandonnés et délaissés le montant exact du produit des successions en déshérence, la question serait résolue sans tout cet appareil de comité et de rapports, préférable toutefois aux dispositions premières de la proposition de M. Couturier et d'un grand nombre de ses collègues qui ne tendait à rien moins qu'à faire de la caisse de dotation une institution absolument distincte [1]; et maintenant, nous le répé-

1. M. Gerville-Réache s'exprime ainsi à ce sujet : « Notre honorable collègue

tons, il est injuste de descendre jusqu'au 6e degré pour le maintien de successions *ab intestat*. Tout ce qui tend à rompre les liens de la famille est mauvais, et autant nous sommes partisans d'une sage liberté testamentaire, autant nous repoussons la main-mise de l'État sur les successions au détriment de parents relativement très proches. Ajoutons qu'il faut prévoir le cas ou le défunt ne se trouverait pas en âge de tester, ce qui exclurait forcément les parents au-delà du 6e degré, quels que soient les liens d'affection les liant avec leur allié décédé.

Nous demandons donc qu'on établisse que la Nation à laquelle l'enfant abandonné devenu grand vient apporter sa part de travail, soit tenue, conformément à l'ancien droit, d'appliquer au soulagement de ces pauvres infortunés les successions en déshérence, tout en désirant voir maintenir les prescriptions actuelles du code civil en ce qui concerne les degrés de successibilité.

Art. 52. — *Un règlement d'administration publique, rendu dans le délai d'un an à partir de la promulgation de la présente loi, déterminera les mesures propres à assurer le placement provisoire ou définitif, la surveillance, l'éducation civile et religieuse et le patronage des mineurs protégés par l'autorité publique, notamment :*

1° *Les conditions auxquelles une association de bienfaisance, un orphelinat ou un autre établissement, ou un particulier peut être investi de l'exercice des droits énumérés à l'article* 17 *de la présente loi;*

(M. Couturier) avait eu la pensée de faire de la caisse de dotation une institution destinée à assurer le service public de la protection de l'enfance dans toute la France. A cet effet, il y faisait affluer non seulement les ressources provenant de la modification de l'article 755, relatif aux successions *ab intestat* et les dons et legs dus à la charité publique, mais encore la partie des amendes de police correctionnelle affectée au service des enfants assistés et les subventions de l'Etat, des départements et des communes. Constituée ainsi, cette caisse aspirait de toute la France les ressources affectées aux services relatifs à l'enfance et les répartissait ensuite entre les départements et les communes. Elle centralisait les fonds de l'assistance destinés aux enfants. Par voie de conséquence, elle entraînait une véritable révolution dans le mode de répartition des dépenses de l'assistance affectées à l'enfance. »

Nous sommes pleinement de l'avis de l'honorable M. Gerville-Réache.

2° *Le régime spécial des établissements créés ou à créer par l'État, en vue de l'éducation des mineurs destinés à la marine ou au service de l'armée de terre, et toutes autres mesures propres à faciliter l'engagement dans l'armée des mineurs aptes au service, ou leur embarquement comme novices à bord des vaisseaux de l'État ou sur des bâtiments de commerce;*

3° *Le régime spécial des établissements créés au à créer par l'État, en vue d'assurer la protection et l'éducation des mineurs rentrant dans les catégories fixées par la présente loi qui seraient infirmes, estropiés, épileptiques, sourds-muets, aveugles ou reconnus vicieux ou déclarés insubordonnés;*

4° *Le cadre et les conditions d'organisation et de fonctionnement de l'inspection des services de la protection de l'enfance;*

5° *Les conditions dans lesquelles fonctionnera la caisse de dotation.*

§ 1er. Ce paragraphe n'est que la conséquence naturelle de toute la loi ; puisque l'État assume en fait la charge de presque tous les mineurs, indigents, délaissés, orphelins, etc., et qu'il surveille et autorise les placements, il faut bien qu'il fasse un règlement. On doit craindre seulement que si les dispositions adoptées sont trop strictes, elles achèvent d'étouffer l'initiative privée.

§ 2. Il existe des établissements destinés aux enfants de troupe, aux mousses. Veut-on en créer de nouveaux? où sont les ressources pour faire face à ces dépenses?

§ 3. Le projet de loi sort ici absolument de ses attributions. La charité légale n'existe pas en France, ce n'est pas à l'État qu'il appartient de recueillir les mineurs infirmes ou estropiés, les épileptiques, les sourds-muets, etc.; il y a des hôpitaux, des hospices pour ces malheureux; il existe des Bureaux de bienfaisance.

Que l'État alloue, en cas de nécessité, des subventions modiques, qu'il ait même quatre ou cinq établissements modèles, où peuvent être admis les sourds-muets, les aveugles, les convalescents de toute la France, rien de mieux, mais il ne doit ni ne peut se substituer à l'assistance hospitalière et à la charité privée, comme le voudrait la commission sénatoriale.

M. Gerville-Réache reconnaît (1er rapport, p. 152) que cette mesure serait grosse de périls, et il cherche à en atténuer la portée[1]. C'est ainsi qu'il a modifié la rédaction de cet article, en prenant soin d'écrire dans son second rapport :

« L'art. 52 est l'ancien article 42 du premier projet de la commission. Nous faisons au § 3 une addition *en vue de bien établir que les infirmes, estropiés, épileptiques, sourds-muets, vicieux ou insubordonnés dont il s'agit, sont bien des mineurs appartenant aux catégories établies par la présente loi.* » C'est déjà une atténuation du projet primitif, quoique cette rédaction laisse encore la porte ouverte à bien des abus. Le service départemental des enfants délaissés n'est pas fait pour recueillir et élever les infirmes, les épileptiques, pas plus qu'il n'est fait pour maintenir en prison les vicieux et les incorrigibles. Sa raison d'être, son rôle social est d'arracher au mal et de moraliser les enfants vagabonds, indisciplinés, délaissés par leurs parents et susceptibles, néanmoins, de régénération par le travail en liberté.

Art. 53. — *La présente loi est applicable à l'Algérie.*

Elle est également applicable à la Guadeloupe, à la Martinique et à la Réunion, excepté en ce qui concerne les dispositions financières contenues dans les articles 44 et 45.

1. Cette disposition serait grosse de dépenses et irréalisable dans l'état de nos finances, si elle voulait dire que l'État prendra à sa charge tous les mineurs infirmes, estropiés, épileptiques, aveugles ou sourds-muets. Nous ne contesterons pas que c'est la pensée qui l'a dictée à la Commission du Sénat, pensée généreuse et des plus louables, nous ne contesterons pas non plus qu'il serait désirable de la réaliser. Mais forcé de reconnaître les nécessités budgétaires, nous ne croyons pas pouvoir donner à l'article 46 le sens et la portée que la Commission sénatoriale y a attachés. Retenant au contraire un membre de phrase de cette disposition, nous insistons sur cette considération que ce ne sera qu'au cas d'insuffisance justifiée des ressources de l'Assistance publique ou de la charité que l'État contribuera aux dépenses pour l'éducation et l'entretien des mineurs infirmes, estropiés, épileptiques, aveugles ou sourds-muets.

Nous ne voulons pas dire qu'il faille, en aucun cas, laisser sans protection cette catégorie d'enfants, de toutes la plus digne d'intérêt, puisqu'aux malheurs qui leur viennent de leurs parents s'ajoutent ceux qui viennent de la nature. Non, l'Etat ne peut et ne doit pas se désintéresser de ces enfants, mais il peut maintenir le caractère hospitalier et communal des dépenses qui les concernent, il peut et il doit les compléter quand les communes et les départements sont à bout de ressources, après avoir donné la somme d'efforts possible. »

Art. 54. — *Sont abrogées les dispositions législatives antérieures, en ce qu'elles ont de contraire aux dispositions de la présente loi.*

Sont toutefois maintenues, en attendant la revision des lois et décrets qui régissent les services d'enfants assistés, les dispositions de la loi du 15 *pluviôse an XIII, du décret du* 19 *janvier* 1811 *et la loi du* 10 *janvier* 1849, *en ce qui concerne l'admission, la garde et la tutelle des mineurs confiés à l'administration générale de l'assistance publique à Paris, dans le département de la Seine, et aux commissions administratives des hospices dans les autres départements.*

Les rédacteurs du projet ont gardé pour la fin une disposition tellement étonnante que nous ne comprenons pas qu'elle ait été votée sans aucune observation par le Sénat, et adoptée par la Commission du Corps législatif.

Le paragraphe premier contient la formule habituelle : sont abrogées, etc. ; il n'en n'est pas de même du paragraphe second.

En étudiant la loi de protection, nous avons vu constamment la Commission s'occuper des enfants abandonnés (art. 2), placer ces enfants sous la tutelle du Comité départemental, et du Préfet, les soumettre en un mot à toutes les obligations des articles 33 et suivants.

Mais ce n'était qu'un mirage. On a discuté au Sénat pendant plus de quinze séances, on a entassé rapports sur rapports, on a créé un Comité départemental nouveau, on lui a donné les attributions des Commissions hospitalières, la jouissance des revenus des pupilles, etc. Une fois toutes ces mesures votées, elles se trouvent annulées en partie par le dernier article. Non pas, ce qui se comprendrait, jusqu'à la constitution des Comités nouveaux placés à la tête de ce service dans chaque département, mais jusqu'à cette époque indéterminée « *de la revision des lois et décrets qui régissent les services d'enfants assistés !* »

Il est certain que le projet laisse de côté les questions les plus importantes : admission des enfants, placements, etc.

La commission aurait dû alors avoir le courage de dire :

Nous ne sommes pas en mesure de vous apporter aujourd'hui une solution pour les enfants assistés, nous nous bornons à réglementer le sort de ces enfants vagabonds, indisciplinés, livrés à des parents indignes, dont l'assistance officielle s'occupe d'une manière insuffisante et désigne communément sous le nom de moralement abandonnés. En le faisant, la Commission aurait été d'autant plus logique que c'est de ce principe que l'on était parti ; on n'aurait pas voté une loi en déclarant, en même temps, que l'effet du tiers environ des dispositions est suspendu jusqu'à une époque *absolument indéterminée*; c'est-à-dire que ces dispositions existent, sont légales, et que personne ne peut les appliquer.

Quelle est l'autorité qui déterminera la cessation de cette anomalie? Faudra-t-il une loi pour mettre en vigueur une loi promulguée?

Jamais, nous le répétons, on n'a adopté de solution aussi étrange et aussi confuse.

Dans son 1er rapport, M. Th. Roussel déclarait que les réglements actuels étaient « surannés » et condamnés par l'expérience, il fallait donc se hâter de les remplacer complètement.

RÉSUMÉ

Dans la séance du 10 mai 1883 (*Off.*, p. 463 et suivantes), M. Waldeck-Rousseau, alors Ministre de l'intérieur, s'exprimait ainsi : « Lorsque j'ai eu l'honneur d'être entendu par la Commission, je lui ai fait connaître que, sur le principe de la loi, nous étions absolument d'accord, mais que j'étais préoccupé des difficultés qui peuvent surgir dans la pratique, à raison de certaines dispositions que le projet contient. Ce sont ces critiques, qui ne touchent point au principe même du projet, mais surtout à sa rédaction et à sa mise en œuvre, que je demande au Sénat la permission de lui exposer très rapidement.

« Je me demande si dans l'énumération des catégories d'enfants assistés ou maltraités, la Commission n'a pas ouvert à l'assistance publique un champ, je ne dirai pas trop large, mais trop vague.

« Je me demande encore si les auteurs du projet de loi ont entouré d'assez de précautions une opération aussi grave que celle qui consiste à dessaisir, dans certaines circonstances, les protecteurs naturels de l'enfance et à prendre charge au nom de l'État de tous ceux à qui la famille aura fait défaut.

« En dehors des précautions à prendre pour rassurer absolument tous les esprits, je suis encore préoccupé d'une question qui touche à l'ordre administratif, le projet de loi introduit dans notre organisme administratif des rouages nouveaux, et je crains qu'il en puisse résulter une certaine confusion, également fâcheuse, pour l'administration en général et pour l'œuvre que l'honorable M. Roussel poursuit avec tant de dévouement. »

Précisant quelques-unes de ces critiques que nous ne voulons pas reproduire toutes ici, M. le Ministre de l'intérieur disait à l'occasion de l'art. 3 (définition du mineur délaissé) : « Je crois exprimer une opinion qui nous est commune à tous, en disant que dans la rédaction d'une loi de cette nature, de même qu'on doit se garder de froisser certains droits de la famille, de même on doit éviter de présenter l'État comme étant prêt à recueillir tous les enfants dont les parents ne prendront pas soin et, qu'on me passe l'expression, comme ouvrant une sorte de tour permanent dans lequel les familles qui ne voudront pas travailler pour faire vivre leurs enfants, qui ne voudront pas leur donner l'éducation, leur donner les soins les plus élémentaires, viendront déposer ceux qu'ils considéreront comme une charge, imposant ainsi à l'État de se substituer à leurs devoirs et non pas seulement à leurs droits. »

Voici les observations d'ordre divers présentées par M. le Ministre de l'intérieur avec une réserve que nous trouvons beaucoup trop grande. Or, il suffit de parcourir les articles votés pour constater qu'il en a été tenu fort peu de compte. Elles subsistent donc avec leur rigoureuse logique et elles forment, en quelque sorte, le couronnement de notre examen critique du projet de loi sur la protection de l'enfance.

Cette tâche remplie, il faut formuler les idées que nous voudrions voir adopter. Nous ne marcherons pas, du reste, au hasard dans cette voie. Il existe, en France, un service constitué au milieu du XVIIe siècle qui, malgré de nombreuses vicissitudes, a survécu jusqu'à nos jours sans aucune interruption. Les règlements de ce service ne sont pas le fait d'un législateur unique ou d'une génération, mais bien le résultat des efforts accumulés de tous ces hommes de cœur et de dévouement qui ont présidé, pendant plus de deux cents ans, aux destinées de l'hôpital général et des hospices civils de la ville de Paris.

Ce service est celui des enfants assistés de la Seine, nous pouvons affirmer qu'il n'a pas d'égal, tant au point de vue de l'importance que de la sagesse de son organisation.

Notre ambition n'est pas de tout bouleverser pour tout reconstruire; nous désirons seulement améliorer ce qui existe; conserver le plus possible le texte même de la loi du 15 pluviôse an XIII, et du décret du 30 ventôse an V en généralisant les dispositions principales adoptées par l'Administration hospitalière parisienne.

II

CONCLUSIONS

CHAPITRE PREMIER

DE LA RÉPRESSION DE LA SÉDUCTION ET DE LA RECHERCHE DE LA PATERNITÉ

Nous venons d'examiner en détail la situation du service des Enfants assistés en France et la valeur des réformes proposées, il reste maintenant à tirer de tous ces faits des conclusions pratiques et à tracer la voie dans laquelle doit, suivant nous, s'engager notre patrie. Cette question est en effet de la plus haute importance; la population française diminue ou, au moins, augmente très faiblement; les enfants naturels apportent dans la société une cause permanente de faiblesse et de trouble. Il importe donc au plus haut degré de prendre des mesures sauvegardant l'avenir de milliers d'enfants que leur mère repousse, ou auxquels la mort enlève leurs soutiens naturels.

Mais en dehors de la réglementation du service des enfants délaissés ou maltraités, il existe quelques points de vue généraux que nous ne pouvons qu'indiquer brièvement ici, bien qu'ils aient une haute influence sur ce service d'assistance. C'est un fait constant chez tous les peuples que la majeure partie de cette population infantile admise aux secours publics appartient à la catégorie des enfants naturels. Le devoir d'un gouvernement soucieux de ses obligations les plus impérieuses est donc de porter ses efforts vers la diminution des naissances illégitimes[1]; il doit empêcher ces publications éhontées :

1. Legouvé (*Histoire morale des femmes*) : « Il faut une loi contre la séduction. Quelle forme revêtira cette loi ? accordera-t-elle une action à la fille séduite? frappera-t-elle seulement le séducteur ? permettra-t-elle la recherche de la paternité ? Il ne m'appartient pas de le décider, mais ce qui est certain, c'est qu'elle existera...

« L'impunité assurée aux hommes double le nombre des enfants naturels, or la moitié des voleurs et des meurtriers sont des enfants naturels. L'imjournaux, romans, dont nous sommes inondés et qui portent la dépravation jusqu'au sein des plus petites bourgades; il doit restreindre, autant que possible, ces armées permanentes, véritable fléau dont souffre toute l'Europe, et qui amènera forcément, s'il n'y est porté remède, une décroissance rapide de nos forces vives; il doit arrêter cette propagande anti-religieuse enlevant à l'âme la meilleure sauvegarde contre l'entraînement des passions.

En dehors de ces devoirs généraux, il serait nécessaire de voter une loi réprimant les excès de la séduction, et ne tolérant plus que la mère naturelle reste seule écrasée sous le poids d'une faute partagée par son complice.

Quelles étranges anomalies renferme en effet le code pénal en matière d'attentats aux mœurs, de séduction et d'enlèvement? L'attentat à la pudeur commis *avec violence* sur des enfants âgés de moins de 15 ans est puni sévèrement par l'article 332, alors que, lorsqu'il s'agit des mêmes attentats commis *sans violence*, l'art. 331 n'édicte des peines que jusqu'à 13 ans. Un homme qui corrompt une petite fille de 14 ans, par exemple, est à l'abri de toute poursuite s'il a usé de moyens autres que la violence; l'énoncé seul de cette disposition en fait saisir l'énormité ; telle est cependant la législation actuelle[1].

S'agit-il d'enlèvement lorsque la fille est âgée de plus de 16 ans et qu'elle consent, il n'y a aucune pénalité (art. 356) et cependant l'art. 354 parle d'une manière générale « de quiconque aura, *par fraude* ou *par violence*, enlevé ou fait enlever des mineurs, les aura entraînés, détournés ou déplacés, etc. » Est-ce que les promesses de mariage, les serments, les milles ruses qu'emploient les séducteurs ne devraient pas

punité nourrit le libertinage, énerve la race, bouleverse les fortunes et flétrit les enfants. L'impunité alimente la prostitution, la prostitution détruit la santé publique et fait un métier de la paresse et de la licence. L'impunité enfin livre la moitié de la nation en proie aux vices de l'autre; sa condamnation est dans ce seul mot. »

1. Encore la loi du 13 mai 1863 est-elle en progrès sur celle du 28 avril 1832, qui limitait l'âge de l'enfant à 11 ans; et l'expérience journalière prouve qu'une fois qu'une pauvre petite créature a été l'objet d'attentats de cette nature, surtout s'ils ont été répétés, elle est presqu'infailliblement perdue.

être rangés dans la catégorie des manœuvres frauduleuses?

Il faudrait, en conséquence, améliorer sous ce rapport le code pénal, relever les âges pendant lesquels ces diverses actions sont punissables, et ne pas admettre un minimum moindre de 16 ans pour les attentats à la pudeur et de 18 ans en cas d'enlèvement.

Reste le problème si débattu de la recherche de la paternité et de l'abrogation, ou au moins de la modification de l'art. 340. Une tentative a été faite récemment dans ce sens par MM. Bérenger, de Belcastel, Foucher de Careil et Schœlcher. Le Sénat a repoussé le projet de loi présenté par ces honorables sénateurs (séance du 10 décembre 1883), il est douteux que le Parlement revienne de sitôt sur cette première décision.

Nous pensons du reste que la question était mal posée; loin de vouloir étendre la paternité, il nous semblerait préférable de la restreindre. Ainsi l'enfant naturel est, d'après nos lois, à la merci du premier individu (homme ou femme) qui veut le reconnaître. Cet individu peut être le dernier des misérables, il lui suffit de se rendre à une mairie, de déclarer, en faisant certifier son dire par deux témoins raccolés au hasard, qu'il reconnaît tel enfant pour qu'il s'établisse entre eux une filiation, des devoirs réciproques, des droits successoraux et autres (art. 371-765-766, etc.). Si cette déclaration est le fruit d'une odieuse manœuvre, l'enfant reconnu aura les plus grandes difficultés à en prouver le mal-fondé. Il pourra même ignorer la reconnaissance dont il a été l'objet (art. 339), car aucune disposition législative ne porte qu'il est nécessaire de la notifier à l'enfant majeur reconnu, ou à ses représentants s'il est mineur[1].

1. Admettons le cas de reconnaissance par un homme se disant le père, s'il a habité la même ville que la mère au moment de la conception, s'il l'a connue suffisamment pour donner des renseignements généraux sur ses noms, ses habitudes, ses parents, etc., comment prouver à 20 ans, à 30 ans de distance qu'il n'est pas l'auteur de la grossesse? La reconnaissance ne devrait être admise tout au plus qu'à la suite d'un jugement contradictoire, dans lequel l'enfant mineur serait représenté par un tuteur *ad hoc*, chargé de défendre ses intérêts.

Nous pensons donc qu'il ne devrait pas y avoir de paternité véritable, c'est-à-dire de *relations de père à fils* en dehors du mariage. Ce qu'il faudrait établir, c'est l'indemnité pour dommage causé en vertu de l'art. 1382. Il n'y aurait plus alors de recherche de la paternité, c'est-à-dire que l'on n'établirait pas qu'un *tel* a pour fils *tel* enfant et que celui-ci doit considérer *telle* personne comme son père, mais le tribunal déciderait qu'il est constant, soit par les propres aveux du séducteur, soit par la possession d'état prolongée, publique, qu'il est l'auteur responsable de la grossesse et tenu à réparation pécuniaire pour la perte de l'honneur de la mère et la charge de l'enfant né ou à naître.

En un mot, nous voudrions voir passer dans la loi les dispositions si sages de l'arrêt de la cour de Caen du 10 juin 1850 (Dalloz, 1855, 2, 178). « Considérant, dit la cour, que la réparation du préjudice causé doit en principe s'appliquer à toute espèce de préjudice, quel qu'il soit, appréciable en argent; qu'ainsi elle ne s'étendra pas à ce préjudice moral qui consiste dans les blessures faites à l'amour-propre ou au cœur du futur délaissé... mais qu'elle doit comprendre tout à la fois et les pertes matérielles actuellement réalisées, et celles qui seront la conséquence nécessaire du tort fait à la réputation, telle que l'impossibilité de se procurer un établissement ou d'exercer un état à l'aide duquel on aurait été mis à portée de pourvoir à ses besoins; qu'elle doit comprendre notamment la grossesse et l'accouchement de la fille délaissée, qui non seulement la livrent à tous les inconvénients à venir de son honneur perdu, mais encore sont dès à présent, pour elle, une cause de dépense; que ce fait de la grossesse ne doit sans doute être pris en considération qu'avec une grande réserve, qu'il ne peut jamais ni servir de prétexte à une recherche de paternité formellement interdite par l'art. 340, ni attribuer à l'enfant qui n'a pas été reconnu, conformément à l'art. 334, *aucune espèce de droit contre l'homme auquel on l'impute*, mais qu'il constitue nécessairement, s'il demeure bien constant, l'un des éléments du dommage dont la mère doit obtenir l'indemnité[1]. »

1. Dans le même sens, cassation, 24 mars 1845 (Dal., 1845, 1, 177).

Tel est le sens de la réforme que nous demandons; elle peut être applicable aussi bien aux hommes mariés qu'aux célibataires. Elle comporterait seulement une indemnité envers la mère séduite et une pension en faveur de l'enfant, pension dont le chiffre serait fixé par le tribunal comme dans toute action civile.

On objecte contre toutes ces réformes la crainte d'abus, on parle de jeunes gens séduits, trompés, victimes de machinations perfides; admettons que ces faits se produisent quelquefois. Est-ce qu'il n'y a pas maintenant des milliers de filles honnêtes, détournées du devoir, entraînées, abandonnées, perverties? Est-ce que des personnes ayant sous leur autorité des domestiques, des ouvrières, n'abusent pas impunément de leur situation [1]? Ce ne sont pas là des périls imaginaires, ce sont des faits palpables dont le dénouement est trop souvent l'infanticide, le suicide ou l'envoi de pauvres petits êtres à l'hospice dépositaire, et nous avouons que la sauvegarde des femmes nous intéresse tout autant que la sécurité des hommes [2].

Il n'est pas opportun, du reste, d'entrer ici dans le vif du sujet, il suffit de l'indiquer et nous sommes persuadés que le jour où le séducteur qui maintenant se permet tout, parce qu'il n'a rien à perdre, verrait apparaître dans l'avenir la possibilité d'un procès et d'une condamnation pécuniaire, serait plus circonspect, ne se vanterait pas de ce qu'on est convenu d'appeler, par une étrange aberration du sens moral, des bonnes fortunes; et d'un autre côté, suivant l'expression fort juste de M. Foucher de Careil, on ne verrait plus « la fille, *mineure*

Montpellier, 18 mai 1851 (Dal., 1855, 2. 178). Dijon, 16 avril 1861 (Dal., 1861, 5. 423). Colmar, 31 décembre 1863 (Dalloz, 1865, 2. 21). Cassation, 28 juillet 1864 (Dalloz, 1864, 1. 347). Angers, 2 décembre 1868 (Dalloz, 1869, 2. 241). Dijon, 9 janvier 1869 (Dalloz, 1871, 5. 313.)

1. Voir Villermé et tous ceux qui se sont occupés de la condition de la femme dans les fabriques.

2. Arrêt de Dijon, 16 avril 1861 (Dalloz, 1861, 5, 423).

« Considérant que s'il y aurait un extrême danger à admettre le principe que toute femme se prétendant séduite et délaissée a, par cela même, action en justice contre son prétendu séducteur pour obtenir, par voie judiciaire, le prix de ses faiblesses et d'un entraînement le plus souvent réciproque, le principe contraire, posé d'une manière absolue, n'aurait pas un moindre danger pour la morale publique et l'honneur des familles. »

pour ses biens meubles et immeubles, et *majeure* seulement pour sa chasteté et son honneur[1]. »

Dans tout ceci, nous le répétons, ne figure pas la recherche de la paternité conférant à deux êtres les relations d'ascendants et de descendants; cette relation, nous la repoussons en dehors du mariage. Il s'agit seulement de l'application de l'art. 1382.

Au point de vue plus spécial des enfants trouvés, ces mesures en réduiraient le nombre, d'abord, en diminuant le chiffre des naissances illégitimes, deuxièmement en fournissant aux filles-mères le moyen d'élever leurs enfants sans recourir à l'assistance officielle, et c'est ce qui nous a engagé à faire précéder cette dernière partie de nos études de ces très courtes digressions, car la législation est impuissante sans les mœurs, le chiffre élevé des admissions entraînant forcément des dépenses considérables qui entravent toutes les améliorations.

Restreindre le nombre des conceptions naturelles, telle doit être la préoccupation des législateurs; ce sera la meilleure manière de résoudre cette question redoutable de l'assistance à l'enfance abandonnée et délaissée.

§ I. — *Séduction, pénalité, indemnités civiles.*

CODE PÉNAL, *art.* 331.

RÉDACTION ACTUELLE	RÉDACTION PROPOSÉE
Tout attentat à la pudeur consommé ou tenté sans violence sur la personne d'un enfant de l'un ou de l'autre sexe, âgé de moins de *treize ans* sera puni de la réclusion.	Tout attentat à la pudeur consommé ou tenté sans violence sur la personne d'un enfant de l'un ou de l'autre sexe âgé de moins de *seize ans accomplis* sera puni de la réclusion.
Sera puni de la même peine l'attentat à la pudeur commis par tout ascendant sur la personne d'un mineur, même âgé de plus de 13 ans, mais non émancipé par le mariage.	Sera puni de la même peine, l'attentat à la pudeur commis par tout ascendant sur la personne d'un mineur même âgé de plus de *seize ans*, mais non émancipé par le mariage.

1. *Société d'Économie sociale*, année 1865, tome Ier, p. 35.

M. Millet, dans son *Traité de la séduction* (Paris, Cotillon, 1876, p. 18), confirmant ce que nous avons dit plus haut, demande avec raison pourquoi le législateur a puni d'une manière spéciale les attentats à la pudeur commis *avec violences* sur les enfants âgés de moins de 15 ans, et pourquoi, lorsqu'il s'agit de ces mêmes attentats *commis sans violences* extérieures, il ne protège les enfants que jusqu'à l'âge de treize ans.

« Est-ce qu'un homme, dit-il, qui corrompt sans violences une petite fille, une enfant de 14 à 15 pour satisfaire sa lubricité « personnelle, » ne commet pas un attentat à la pudeur? cependant, d'après la législation actuelle, cette infâme séduction reste impunie ».

Conformément à la loi du 28 avril 1832, ce crime n'était puni que jusqu'à l'âge de 11 ans; les législateurs de 1863 ont ajouté 2 ans; M. Millet propose d'aller jusqu'à 15 ans; nous ne trouvons pas encore cette limite suffisante. Les attentats à la pudeur contre les enfants augmentent dans une proportion considérable[1], il faut protéger leur innocence et à notre avis aller jusqu'à 16 ans. Nous préférerions encore la généralisation de la dernière partie de l'article 331 et mettre : *tout mineur non émancipé par le mariage*, mais, bien qu'incomplète, l'adoption des 16 ans marquerait un progrès réel. L'art. 332 devrait également porter cette limite de 16 ans.

Code pénal, art. 354 aucune modification proposée.

1. On trouve dans le *Rapport de la justice criminelle de* 1825 *à* 1880, les résultats suivants (p. X et XI) :

« Les viols et attentats à la pudeur sur les enfants ont augmenté; le nombre moyen de 1876 à 1880 est six fois plus fort que celui de 1826 à 1830.

« Les incriminations introduites par la loi du 13 mai 1863 n'ont pas fourni un contingent d'affaires assez important pour que la gravité de l'accroissement puisse en être atténuée. Il n'est pas sans intérêt de constater que les régions du Nord, du Nord-Ouest et du Nord-Est occupent absolument le même rang en ce qui concerne les poursuites exercées pour ivresse durant la même période...

« Presque tous les départements où il a été jugé le plus de viols ou d'attentats à la pudeur sur des enfants renferment de très grands centres de population : il est donc permis d'en induire que les crimes de cette nature sont plus fréquents dans les villes que dans les campagnes, au moins proportionnellement. »

Code pénal. art. 355 et 356.

RÉDACTION ACTUELLE	RÉDACTION PROPOSÉE
Si la personne ainsi enlevée ou détournée est une fille au-dessous de 16 ans accomplis, la peine sera celle des travaux forcés à temps.	. . . . au-dessous de 18 ans accomplis. . . . .
Quand la fille au-dessous de seize ans aurait consenti à son enlèvement ou suivi volontairement le ravisseur, si celui-ci est majeur de 21 ans ou au-dessus, il sera condamné aux travaux forcés à temps. Si le ravisseur n'avait pas encore 21 ans, il sera puni d'un emprisonnement de 2 à 5 ans.	Quand la fille au-dessous de 18 *ans* accomplis, aurait consenti à son enlèvement. . . . .

Il nous paraît utile de fortifier l'action de la loi pénale contre les ravisseurs [illegible] jeune fille de 16 à 17 ans est encore plus exposée a leur séduction qu'une enfant de 13 à 14 ans, et son consentement arraché par mille promesses fallacieuses, si puissantes sur une imagination jeune et ardente, ne peut empêcher la gravité du crime commis.

§ II. — *Recherche de la paternité.*

CODE CIVIL. *Art.* 340.

RÉDACTION ACTUELLE	RÉDACTION PROPOSÉE
La recherche de la paternité est interdite. Dans le cas d'enlèvement, lorsque l'époque de cet enlèvement se rapportera à celui de la conception, le ravisseur pourra être, sur la demande des parties intéressées, déclaré père de l'enfant.	La recherche de la paternité est interdite. Toutefois, dans les cas de viol et d'enlèvement par violence, si l'époque de ces faits se rapporte à celle de la conception, le ravisseur ou le coupable de viol pourra, en dehors de toute action au criminel, être condamné au civil, sur la demande des parties intéressées, à des dommages-intérêts, en vertu de l'article 1382. Dans le cas de cohabitation publique avec la mère ou d'aveu par écrit, l'auteur de la grossesse pourra, quel que soit l'âge de la femme, être

condamné à des dommages-intérêts, en vertu du même article.

Le cas de séduction dûment constaté à l'égard d'une fille mineure non émancipée par le mariage; alors même qu'il n'y aurait pas survenance d'enfant, donnera lieu à l'ouverture des mêmes droits.

En aucun cas l'attribution de l'indemnité ne pourra former une constatation de paternité avec les obligations et les droits qui en découlent légalement.

Nous n'avons rien à ajouter aux explications que nous avons données précédemment au sujet de ces propositions; nous ferons remarquer seulement que ce principe d'indemnité, reconnu par la jurisprudence, avait été indiqué lors de la discussion du code civil. (Fenet, tome X, p. 75, Paris, 1837. Conseil d'État, procès-verbal de la séance du 26 brumaire an X[1].

Actuellement, la loi interdit la reconnaissance des enfants incestueux et adultérins et, cependant, ils ont droit de réclamer une pension alimentaire. Ce sont ces principes dont nous demandons l'application. La certitude pour les hommes débauchés, qui se font à l'heure actuelle un jeu de l'honneur des femmes, d'être condamnés à des dommages-intérêts, leur inspirerait des réflexions salutaires. Il y aurait un moins grand nombre de naissances illégitimes, d'enfants abandonnés et on obtiendrait ainsi, avec l'allègement des charges du budget, un relèvement moral du pays.

1. M. Defermon demande si aucuns dommages et intérêts ne seront dus ni à la femme, ni à l'enfant lorsqu'il n'y aura pas de rapt. Il lui semble que s'il est juste d'interdire la reconnaissance forcée de l'enfant, il ne l'est pas toujours de dispenser de l'obligation des dommages et intérêts. « Le principal motif de prohiber la recherche de la paternité est d'empêcher que les obligations du père naturel ne pèsent exclusivement sur un seul, lorsque la mère de l'enfant a eu commerce avec plusieurs. Ce motif est juste, mais il n'est pas également juste de refuser, dans tous les cas, l'action en dommages et intérêts. Une fille bien née peut avoir eu une faiblesse, elle peut avoir succombé à la séduction; l'équité permet-elle de la laisser sans secours ? »

CHAPITRE DEUXIÈME

DIRECTION DU SERVICE

§ I. — *Nécessité du service.*

Des écrivains, des philanthropes attaquent, depuis un siècle environ, avec la dernière vivacité, l'institution des hospices d'enfants trouvés. Les peuples protestants Allemands ou Anglais les ont supprimés presque complètement. Ce sont surtout les Anglais qui, à la suite de Malthus, critiquent ce mode d'assistance.

« En considérant, dit cet économiste[1], la mortalité extraordinaire qui a lieu dans ces établissements et la tendance manifeste qu'ils ont à favoriser les habitudes licencieuses, on pourrait penser avec fondement, que pour arrêter la population un homme, d'ailleurs indifférent sur les moyens, n'aurait rien de mieux à faire que d'établir un nombre suffisant d'hospices où les enfants fussent reçus sans distinction ni limites.

« Si l'on vient ensuite à examiner, sous un autre rapport, l'effet de ces institutions, il paraîtra difficile que les sentiments nouveaux ne s'altèrent pas insensiblement chez une nation où l'on encourage les mères à abandonner leurs enfants, où l'on semble s'appliquer à leur persuader que leur amour pour ceux qu'elles viennent de mettre au jour n'est qu'un vain préjugé dont le bien de leur pays veut qu'elles fassent le sacrifice. Quelques infanticides, produits de loin en loin par la crainte du déshonneur, sont rachetés à un haut prix si, pour les prévenir, il faut dépouiller la masse du peuple des sentiments les plus honnetes et les plus utiles à entretenir »

« Les hôpitaux d'enfants trouvés, écrit à son tour Duchâtel

1. 2e édition, Guillaumin, 1852, p. 181.

(*de la Charité*, chap. IV, p. 262), ont pu convenir à un état de civilisation moins avancé, alors que les crimes échappaient à une justice moins puissante et que des mœurs plus grossières exigaient pour ainsi dire des institutions à leur image. Mais aujourd'hui, la régularité de notre ordre social les repousse, les institutions doivent s'épurer comme la société, et ce n'est pas un des progrès les moins nécessaires de la civilisation, que de bannir des établissement publics, la provocation au vice et à l'oubli des devoirs les plus sacrés[1]. »

On attaque donc les hospices d'enfants trouvés au point de vue de l'intérêt des enfants et de l'intérêt social.

En ce qui concerne les enfants, une première observation fort importante doit être faite. Les auteurs du siècle dernier, et ceux qui marchent après eux, nous parlent toujours de la mortalité excessive des hospices dépositaires, mais ils écrivaient à une époque où l'on entassait ces enfants dans des établissements trop étroits, ce qui amenait des décès sans nombre. Or, ces critiques, vraies à ce moment, ne le sont plus maintenant. Partout, en Italie, en Espagne, en Portugal, en Russie, le placement chez les particuliers devient la règle, l'hospice n'est qu'un lieu de passage. La maison de la Couche de Paris est un des premiers asiles d'Europe qui ait ainsi laissé ses pupilles au milieu de l'atmosphère des campagnes, si salubre pour l'âme comme pour le corps, au lieu de les ramener dans les conservatoires à un âge déterminé.

Cette première objection, tirée de la mortalité, tombe en conséquence d'elle-même ; on pourra évidemment réaliser encore des améliorations sous ce rapport, surveiller davantage les nourrissons, mais si l'on tient compte de la constitution chétive de la plupart des enfants abandonnés, de la santé déplorable et de l'inconduite des parents, des maladies qu'ils transmettent à leurs descendants ; des dangers que ces pauvres petits êtres ont couru pendant toute la gestation, il faut reconnaître que la proportion des décès ne présente rien d'extraordinaire et que, délaissés ou non, un grand nombre

1. Voir dans le même sens de Gouroff, Lord Brougham, etc.

d'entre eux paieraient un tribut fatal à la mort, dès les premières semaines de leur existence.

« En second lieu, comment pourrait-on voir, dit M. de Gérando, (IIe partie, liv. IV, chap. VI, p. 221), dans une institution conçue tout entière pour le salut des enfants, une combinaison cruelle qui en ferait autant de victimes? N'est-ce donc pas pour soustraire les enfants aux dangers qui menacent, à la fois leur moralité et leur vie que nous leur ouvrons les portes de nos asiles? Nous les enlevons, dites-vous, à la protection naturelle de leurs parents. De quels parents? d'un père qui ne veut même pas les connaître, et qui délaisse leur mère! d'une mère qui n'ose pas avouer ce titre, qui est hors d'état de les soutenir et de leur donner une éducation. Nous ne faisons que leur offrir le moyen de se soustraire à de funestes influences, à de pernicieux exemples.

« Quelle famille serait donc la leur? quel spectacle s'offrirait à leurs regards? quelles leçons recevraient-ils? de quelle affection seraient-ils nourris? Appelez-vous un lien de famille cette réunion d'une fille-mère et de ses enfants, dans les maisons de travail de l'Angleterre, où ces infortunés, dès l'âge le plus tendre, séquestrés de la société, ne respirent que les émanations de la misère et du vice. »

Placé dans nos provinces, l'enfant délaissé acquiert souvent au contraire une famille, la protection tutélaire d'un foyer; il fait partie de cette grande classe d'agriculteurs, la force et l'honneur de la Patrie.

On rencontre rarement dans les prisons et les maisons de prostitution des enfants assistés recueillis jeunes; les enfants naturels y abondent[1].

1. Dans son rapport de 1882 (séance du 25 juillet), M. Th. Roussel dit : « S'il l'on parvenait à régler d'une manière satisfaisante le sort des enfants *abandonnés*, délaissés et maltraités qui sont, comme on l'a écrit justement, la pépinière des jeunes détenus et des jeunes crminels. » Appliquée avec ce sens général aux enfants abandonnés placés dans les services d'Assistés, cette assertion est absolument inexacte.

Parent-Duchâtelet (3e édit., tome Ier, p. 74) après avoir relevé la présence d'une fille naturelle sur 3, 99 légitimes ajoute : « Dans l'espace de 4 à 5 ans on n'a pu constater parmi les prostituées de Paris que l'existence de 41

A un autre point de vue, il n'est pas exact de prétendre que les hospices d'enfants détruisent l'esprit de famille ; on n'abandonne pas les enfants parce qu'il y a des hospices. Les nations protestantes sont forcées de venir en aide aux enfants que les parents ne veulent pas conserver, absolument comme les autres peuples ; elles le font au moyen de l'assistance paroissiale ou municipale, la chose existe si le mot est supprimé[1]. Seulement, à notre avis, cette assistance est incomplète, dangereuse pour l'avenir des *délaissés*, décorés du nom d'*orphelins*, et nous voyons l'Angleterre et l'Amérique employer toutes les ressources de l'initiative privée à lutter contre ce fléau des vagabonds et des indisciplinés dont nous souffrons, à un degré moindre, grâce à nos services d'enfants assistés.

Et puis, les critiques formulées s'adressaient surtout au mode de réception ; ce mode peut être modifié avec les circonstances. En tout cas, il n'est pas juste d'avancer, comme M. Duchâtel, qu'anciennement *les mœurs plus grossières exigeaient pour ainsi dire des institutions à leur image*, car les statistiques que nous avons reproduites dans notre mémoire, prouvent qu'en Italie et en France les abandons, avec ou sans admission par le tour, étaient beaucoup moins considérables aux XVIe et XVIIe siècles, qu'à la fin du XVIIIe et au commencement du XIXe.

Disons donc avec l'auteur du grand *traité de la bienfaisance publique*[2] : « Le seul moyen de fermer les hospices d'enfants trouvés serait de restaurer le régime de la famille au sein des classes laborieuses, mais tant que le vice conserve son empire, la bienfaisance publique est appelée à en réparer les désas-

enfants trouvés sortis de la maison de Paris, et que l'Administration des hospices avait fait élever.

1. Le Dr Marchand, *Du Paupérisme* (chap. V. p. 361), fait au sujet de la nécessité de secourir des enfants trouvés des observations fort justes : « Les pauvres ordinaires presque tous du moins, sont en état de faire parler leurs besoins, ils peuvent aller au-devant de l'aumône ; enfin un grand nombre d'entre eux ne sont tombés dans la misère que par leur faute ou par suite d'inconduite, d'imprévoyance. Les enfants trouvés, au contraire, n'ont rien fait pour s'attirer leur malheur ; d'une part, ils sont entièrement innocents, de l'autre, ils sont dans l'impuissance d'aller réclamer ce tribut de la charité. C'est un devoir d'aller à leur recherche et de les recueillir. »

2. De Gérando, liv. Ier, chap. VIII, p. 344.

treuses influences, et sa tâche est proportionnée à l'étendue de ses ravages. »

§ III. — *Direction du service.*

Une fois la nécessité du service des enfants assistés admise; à qui faut-il en confier la direction? Il y a distinguer entre la direction supérieure et les agents d'exécution. La loi du 5 frimaire an V chargeait de ce dernier soin les municipalités. L'arrêté du 30 ventôse an V et la loi du 15 pluviôse an XIII choisirent les Commissions hospitalières, l'État fournissant alors à la majeure partie des dépenses au moyen d'une subvention de 4 millions.

Plus tard, les Conseils Généraux eurent à voter les fonds nécessaires et les lois du 18 juillet 1866, et 10 août 1871 [1], leur attribuèrent le droit de statuer définitivement sur l'ensemble du service. Les Conseils Généraux sont ainsi les véritables maîtres de l'assistance à l'enfance délaissée.

A l'heure actuelle les Commissions administratives se trouvent à peu près exclues de la tutelle des enfants assistés, par suite de l'ingérence des administrations préfectorales ayant en mains l'inspection [2].

C'est une situation anormale, pleine de tiraillements, nuisible

1. Ces deux lois diffèrent peu au point de vue qui nous occupe, il faut les citer toutes deux, celle de 1871 n'étant pas applicable au département de la Seine.

2. Côte-d'Or, Conseil général, session d'août 1884, rapport de l'Inspecteur page 61.

« Depuis ma nomination, l'Inspecteur du service des enfants assistés est devenu réellement le directeur de l'Assistance départementale dans la Côte-d'Or.

« Admissions soit à l'hospice, soit aux secours temporaires, surveillance de la crèche et du dépôt, choix des nourrices, placement des nouveaux-nés et des enfants au-dessous de 12 ans, mutations, placements, surveillance, gages, épargne des pupilles relevant directement de l'inspection, tout se fait sous sa surveillance et avec son concours immédiat et par son ordre.

« La commission hospitalière laisse à l'Inspecteur la plus grande latitude dans cette direction. *Sa confiance est, je l'espère, justifiée* et je puis dire que les droits de la tutelle ont toujours été respectés avec le plus grand soin afin d'éviter tout froissement et tout conflit. » *Les droits de tutelle*, s'ils sont respectés paraissent au moins singulièrement restreints.

aux enfants et à laquelle il faut mettre un terme. De plus, la surveillance, le placement des élèves, leur éducation en un mot, n'est pas une affaire de peu d'importance. Il faut y mettre du cœur, du dévouement, il faut *aimer* les pupilles dont on est chargé au nom de la société. *Or, les bureaux n'aiment pas, ils administrent.*

Les Préfets, agents politiques, ne peuvent être que de médiocres éducateurs de l'enfance. C'est pourquoi nous repoussons bien loin la pensée de les faire succéder en partie aux Commissions administratives, ainsi que le voudrait le projet de loi voté par le Sénat. D'un autre côté nous reconnaissons que la dispersion des Commissions tutrices, sur les divers points du département, offre de sérieux inconvénients; il y a manque d'unité, l'Inspecteur à moins de tout absorber, ce qui a eu lieu, aurait pu difficilement suffire à concilier les opinions multiples soutenues par les administrations de tous les hospices dépositaires.

Les placements pourraient se ressentir de cette situation. La loi du 15 pluviôse an XIII était excellente, elle n'a pas donné les résultats qu'on aurait pu en attendre, peut-être à cause de cette décentralisation excessive.

Mais depuis l'an XIII nous avons marché, les chemins de fer ont supprimé les distances ; il est possible maintenant d'organiser un Comité unique pour le département tout en y appelant les représentants de la bienfaisance, c'est ce que nous demandons.

Ce Comité ferait fonction de conseil de famille et choisirait un tuteur dans son sein, il se composerait d'un membre de chacune des Commissions hospitalières du département avec deux ou trois Conseillers généraux et fonctionnaires du chef-lieu. On trouverait ainsi, sous l'autorité supérieure du Conseil général, une direction paternelle, éclairée.

Au Conseil général le budget, les décisions de principe; au Comité départemental l'application des règlements, les questions de détail, la tutelle, la surveillance.

Quant à l'inspection, ce rouage indispensable, nous n'allons plus l'emprunter à l'État, le Conseil général nommera ces agents sur la présentation du Comité de tutelle.

L'unité est établie par ce moyen. L'autorité qui impose des sacrifices aux contribuables, qui trace les règlements est un corps élu; l'autorité qui exécute est un corps indépendant.

L'autorité qui surveille relève des deux précédentes et ne tient plus d'un pouvoir supérieur une puissance dangereuse.

Tels sont les principes que nous proposons d'admettre et que nous ferons entrer dans le projet de loi qui terminera ces études.

CHAPITRE TROISIÈME

MODE D'ADMISSION. — LA QUESTION DES TOURS

On a beaucoup écrit, depuis un siècle, pour et contre les *tours*. En ce moment la lutte est particulièrement vive et l'abondance des ouvrages et brochures traitant de la question nous fera justement un devoir tout particulier d'être bref.

En réalité il n'y a que deux arguments invoqués en faveur des tours :

Ce mode de réception est nécessaire pour assurer et sauvegarder le secret des familles;

La suppression des tours augmente les infanticides et les avortements.

Ce sont ces deux arguments que nous allons discuter en montrant parallèlement les inconvénients graves qui résulteraient du rétablissement de cette institution.

1° Le mode de réception par le tour est-il nécessaire pour assurer et sauvegarder le secret des familles?

Nous sommes les premiers à déclarer que le secret des familles doit être sauvegardé et que cette considération est de la plus haute importance; c'est en foulant aux pieds ce principe sacré que l'Inspection départementale a soulevé le mouvement actuel de l'opinion publique en faveur des tours. Ainsi nous ne comprenons pas que l'on vienne au bout de huit ans dire à un individu qui a épousé une femme qu'il ignorait avoir déposé un enfant : Vous allez reprendre cet enfant qui ne vous est rien et, si vous ne voulez pas rembourser tous les frais qu'il a occasionnés, nous allons faire saisir vos meubles. (Voir rapport de M. Thulié, au Conseil général de la Seine, session de 1878.)

Nous n'admettons pas que l'on veuille obliger une fille-mère à garder un nouveau-né moyennant un secours obligatoire; fait qui se passe constamment en France dans presque tous les départements.

Nous n'hésitons pas à penser que les Inspecteurs départementaux qui agissent de la sorte, et ils sont malheureusement nombreux, manquent gravement à leur mission et compromettent la vie des enfants au lieu de la protéger.

« Plutôt, comme le disait M. Thulié dans son rapport de 1880 au Conseil général de la Seine, plutôt le tour avec ses inconvénients qu'une pareille manière de procéder. » Mais est-ce qu'il n'existe pas un terme moyen entre ces abus de pouvoir et l'admission par le tour?

A d'autres époques, alors que le nombre des naissances illégitimes se trouvait moins élevé qu'actuellement, que ces naissances soulevaient plus de réprobation, et que le sentiment de la famille était plus vif[1], il a pu être utile d'adopter ce mode de réception. Les temps sont changés et la plus grande condamnation de la *Ruota* est sa disparition graduelle de presque tous les pays qui l'avaient anciennement établie[2]. Et puis il faut reconnaître que le nombre des enfants déposés, et pour lesquels le secret est nécessaire, forme une infinie minorité et encore on doit distinguer entre le secret absolu et le secret relatif. Une famille riche, bien posée, honorablement connue, a le malheur immense d'avoir une fille séduite et devenue mère. Cette famille tient à cacher cet opprobre à tous les yeux, il faut que le nouveau-né disparaisse. Nous n'exami-

1. Territoire de Belfort, Conseil général, session de 1881, rapp. de l'Inspecteur p. 5. « Si on rétablissait les tours, on y déposerait plus d'enfants légitimes que d'enfants naturels, parce que les sentiments paternels n'existent plus dans la famille comme autrefois. »

2. En France, en 1878, sept conseils généraux seulement se sont, à l'unanimité, sans réticence, déclarés en faveur de la proposition Bérenger (réouverture des tours avec précaution et restitution aux hospices du service des enfants recueillis ou secourus) :

Pas-de-Calais, Haute-Saône, Seine-et-Marne, Manche, Finistère, Morbihan, Vendée.

Sept autres Conseils généraux ont admis la proposition Bérenger sous réserves, mais après débats contradictoires, à la majorité des voix :

Meurthe-et-Moselle, Aisne, Ariège, Haute-Garonne, Ardèche, Haute-Loire, Oise.

nons pas la valeur morale du sentiment, nous le constatons. Le secret administratif ne lui suffit pas. Mais il y a plusieurs moyens d'échapper à cette situation et le tour n'assurerait pas un silence plus absolu, car il faut toujours un confident pour porter l'enfant, et lui, ce confident médecin ou sage-femme, au lieu de conduire le pauvre petit dans un hospice souvent éloigné, se rendra à la mairie de son propre domicile, qui pourra parfaitement n'être pas celui de la mère, et déclarera l'enfant comme né de père et mère non dénommés. Il n'est pas besoin d'un médecin ou d'une sage-femme, tout citoyen est apte à faire la même déclaration, car il est de jurisprudence constante que le nom de la mère inscrit dans l'acte sans son consentement, n'emporte pas filiation, et que même l'officier de l'État civil n'est pas en droit d'exiger ce nom[1].

L'acte ainsi rédigé, le nouveau-né peut, suivant le désir des parents, être confié à une nourrice par un tiers, ou porté directement à un hospice dépositaire avec son bulletin de naissance.

Dans l'immense majorité des cas, qu'il s'agisse d'une fille-mère ou d'une femme adultère, le secret absolu peut donc être parfaitement assuré; mais c'est un point que nous rappellerons plus tard, il faut toujours un confident, la mère qui s'accouche elle-même est incapable de porter l'enfant dans un tour, fût-il même *in ogni città*, *in ogni paese*, comme le voulait le législateur Napolitain.

Reste le *secret relatif*, voici ce que nous entendons par cette expression. Les chemins de fer ont modifié tout naturellement les habitudes; que font les mères? elles viennent accoucher dans les grands centres. Paris est choisi de préférence. Pour la fille ayant fait ainsi ses couches et devant retourner ensuite au village, peu lui importe que les administrateurs de l'hospice où elle a déposé son enfant, connaissent son nom du moment qu'ils ne le divulgueront pas dans son pays. Ce point est sa seule préoccupation, et en lui enlevant toute crainte par la suppression de la recherche exa-

1. Voir notamment, arrêt de cassation, 16 septembre 1843, 1er juin 1844, 1er avril 1845, etc.

gérée du domicile de secours, nous pensons que l'admission à bureau ouvert ne présente encore, de ce chef, aucun inconvénient.

Cette fille a, du reste, toujours la ressource de faire déclarer l'enfant comme né de parents inconnus, par la sage-femme chez qui elle est descendue ou qui l'a assistée au moment du travail de l'enfantement[1].

Quant aux mères légitimes abandonnées par leurs maris et se laissant aller au désespoir; au père veuf, malade ou sans énergie; aux filles-mères vivant publiquement dans le désordre il ne saurait plus être question du secret. Il est bon, au contraire, que ces personnes soient tenues à une déclaration, reçoivent des avis et exhortations, quelquefois des secours.

Il ne s'agit pas ici, nous ne saurions trop le répéter, de repousser systématiquement tous les enfants que l'on présente, ainsi que cela se pratique assez habituellement en province, nous demandons l'admission officielle, et cependant ouverte à tous, et aussi large que possible lorsque l'intérêt de l'enfant est en jeu. Nous voudrions voir établir partout les règles si simples du service des enfants assistés de la Seine[2]. Après avoir essayé du *tour libre*, du *tour surveillé*, voici le parti auquel s'est arrêtée l'Administration hospitalière parisienne. Tout enfant peut être admis à l'hospice dépositaire avec son acte de naissance, des questions sont adressées au déposant, mais il n'est pas tenu d'y répondre. Si des circonstances exceptionnelles se présentent, si, par exemple, un enfant était apporté par un médecin éloigné de la capitale, le pauvre petit être serait reçu par décision spéciale conformément aux instructions formelles du Conseil général qui ne cesse de déclarer depuis dix ans qu'il faut, *avant toute considération budgétaire*, sauver l'enfant.

Que veut-on de plus complet? Une seule exception est faite à l'égard des sages-femmes. Il existe dans cette corporation, a

1. Ces filles descendent généralement chez une parente, une amie, dans un hôtel garni jusqu'au moment de se rendre chez une sage-femme ou de demander leur admission aux maternités.

2. Voir les *Enfants assistes en France*, par René Lafabrègue. (*Ann. de Démographie intern.*, 1878.)

côté d'individualités fort estimables, des personnes avides, peu soucieuses de leurs devoirs professionnels, cherchant à exploiter les filles dont elles possèdent les secrets, et se faisant remettre de l'argent pour déposer les enfants à l'hospice, en alléguant des obstacles imaginaires difficiles à surmonter; on exige donc que ces sages-femmes ne puissent opérer aucun dépôt, si ce n'est entre les mains du commissaire de police, afin de les empêcher, autant que possible, d'exercer ouvertement ces odieux chantages. L'attention de la police serait, en effet, éveillée par des abandons trop fréquents; puis elle possède sur la moralité de ces femmes des renseignements particuliers qui font défaut aux administrations de bienfaisance.

Dans ces conditions, à quoi servirait le rétablissement des tours? à favoriser l'abandon de nombreux enfants, par des parents dénaturés, incités à cet abandon par sa facilité même; à vulgariser dans le peuple l'opinion déjà si accréditée que l'État est une sorte *de père universel* qui doit, à un moment donné, dispenser de tout effort et de toute prévoyance.

Il faut assurer le secret des familles; personne ne le désire plus que nous, et ce secret est parfaitement respecté à Paris; mais il faut faire plus, on doit prémunir les parents contre des entraînements irréfléchis qu'ils regretteront inutilement plus tard, les sauver, dans la mesure du possible, de l'exploitation d'intermédiaires avides en leur offrant les moyens de se présenter eux-mêmes.

Maintenant qui procèdera aux admissions? Tout naturellement la personne désignée par le Comité. Ce sera le plus souvent la sœur supérieure de l'hospice dépositaire; quelle confidente meilleure des secrets intimes, des souffrances morales et des désespoirs cachés pourrions-nous souhaiter?

Le seul reproche qui pourrait être fait à ce *tour vivant*, c'est peut-être d'avoir une condescendance exagérée pour le malheur; aurait-on le cœur de s'en plaindre?

Dans la Commission de 1849 (tome Ier, p. 197), M. Alfred Blanche a prononcé à cet égard les paroles suivantes : « Mon appréciation ne peut être suspecte, puisque j'appartiens à la religion protestante. Eh bien! je n'hésite pas à demander à la religion catholique l'agent dont nous avons besoin en ce moment, et si c'est à elle que je m'adresse, c'est que, plus que les autres, elle me présente les qualités nécessaires à la mission qu'il s'agit de remplir, les qualités d'expansion, de dévouement et d'amour. »

La sœur, ou la personne qui recevra l'enfant, devra donc être à même d'adresser à la mère d'utiles conseils, de lui représenter les conséquences de l'abandon, de lui offrir des secours s'il y a lieu, et lorsque l'on songe que quatre-vingt-dix fois sur cent le secret est absolument inutile, qu'il s'agit d'orphelins de pères et de mères légitimes, de filles dont la grossesse et l'accouchement sont parfaitement connus, on se demande pourquoi détruire les avantages inappréciables de ce mode de réception à bureau ouvert pour lui substituer le système du tour. « Ingénieuse invention de la charité chrétienne, a dit Lamartine; qui a des mains pour recevoir et qui n'a point d'yeux pour voir, et de bouche pour révéler. » Machine aveugle ajouterons-nous, qui ne saurait prononcer au moment opportun, un mot de relèvement, consoler un cœur ulcéré et peut-être le ramener au bien par une parole d'espérance.

En résumé nous nous tiendrons à ces trois principes qui paraissent résoudre la question.

Il faut que la Société soit à même d'assurer le secret lorsqu'il est réclamé; dans les autres cas, les plus ordinaires, il faut qu'elle puisse faire entendre sa voix avant que tout lien se trouve rompu entre la mère et l'enfant. Il faut enfin qu'il soit bien admis que toutes les fois qu'une femme est décidée à abandonner le petit être qu'elle a mis au monde, l'intérêt de cette faible créature exige impérieusement que la Société en prenne de suite la charge[1].

1. Voici quelques exemples empruntés à l'intéressant travail de M. Lafabrègue, directeur de l'hospice dépositaire de Paris, et qui confirment notre thèse (p. 29). « Que les portes de l'hospice s'ouvrent toutes grandes devant le nouveau-né que la mère remet en disant — c'est textuel : — Prenez-le, il me faut des hommes, et les hommes n'aiment pas les enfants. » Accueillons avec empressement le nouveau-né d'une mère qui à de sages et morales exhortations, répond : « J'ai assez de vos sermons, ils m'ennuient, je les connais, c'est le troisième enfant que j'apporte à l'hospice et ce ne sera pas le dernier ; dans un an vous me reverrez. »

« Adoptons, sauvons les jours du nouveau-né, dont la mère s'écrie alors

2° La suppression du tour augmente-t-elle les infanticides et les avortements ?

Ici, avant même de recourir à la statistique, il faut distinguer entre trois crimes absolument différents : l'avortement; l'infanticide commis au moment même de la naissance; le meurtre de l'enfant déjà âgé de quelques mois ou de quelques semaines.

Il semble difficile d'admettre que le *tour* puisse avoir une influence sur les avortements ; ces manœuvres odieuses sont pratiquées par des sages-femmes, des médecins indignes de ce nom, au début même de la grossesse, alors que les premières pulsations du petit être qui vient de recevoir la vie fœtale avertissent la mère des conséquences de sa faute.

« Pense-t-on sérieusement, dit M. F. Passy[1], que la femme qui, au risque de sa santé, de sa vie même, se soumet aux opérations ou aux manœuvres abortives, aurait attendu tranquillement son accouchement pour porter son enfant au tour? Mais ce dont elle ne veut pas, cette femme, c'est la grossesse, soit parce qu'elle est pour elle un ennui, soit parce qu'elle serait un embarras ou un scandale. »

Si les médecins sont dans le vrai en affirmant que ces crimes augmentent, que l'on ne traduit pas devant les tribunaux la centième partie des coupables[2], il faut en rendre responsables notre état social, les mœurs et non la suppression du tour.

qu'on s'efforce de la faire revenir sur sa résolution : « Le prendre, jamais ! si on me l'avait laissé, je l'aurais étouffé, je l'exècre comme j'exècre son père. »

1. Discussion au sein de l'Académie des sciences mor. et polit., 1878, p. 304.

2. « J'estime, dit le Dr Maurin (*de la Mortalité des enfants en bas âge à Marseille*, p. 10) j'estime que l'on peut évaluer à près de mille par an, le nombre des avortements provoqués à Marseille. » « Comme dernière conséquence, dit à son tour le Dr Marjolin, *Mém. sur le rétablissement des tours*, Acad. des sciences, morales et polit., séance du 18 mai 1878), la femme qui se soumet à ces coupables manœuvres, ne tue pas seulement son enfant, mais compromet sa santé et souvent même son existence. Jugez par là des effets terribles de cette épouvantable opération criminelle, qui a profité de toutes les découvertes scientifiques modernes pour mieux échapper au châtiment.

« Mais ce qui pourra surtout montrer la fréquence de ce crime, c'est le résultat de l'enquête à laquelle je me suis livré et que tout homme du monde peut également faire. Sur plus de 90 confrères, appartenant à l'Académie de médecine, à la Faculté, aux hôpitaux, ou placés dans une position

Il en est de même pour l'infanticide commis par la mère à la naissance. Voici déjà longtemps que M. de Gérando, avec sa haute sagesse, avait réfuté cette allégation des partisans de la *Ruota*. « Il est reconnu, écrit-il (IIe partie, liv. Ier, chap. VIII), d'une part qu'une mère ne se porte à l'assassinat de son propre enfant qu'au premier moment de la naissance, et d'un autre côté qu'elle ne commet ce crime que lorsqu'elle n'a aucun témoin, aucun confident quelconque de son accouchement; c'est seulement lorsque ces deux circonstances se trouvent reunies que la mère se détermine au meurtre, dans le désir d'ensevelir à jamais, dans l'ombre, la faute qu'elle a commise. On le conçoit, l'infanticide est, de la part d'une mère, un véritable délire qui s'explique par le désordre de ses idées, par l'effroi, les émotions de tout genre, au moment de l'accouchement. Son enfant lui est en quelque sorte inconnu, elle ne voit en lui qu'un fardeau accusateur [1]. »

Il faut remarquer que les régions de la France où les mœurs conservent encore le plus de pureté sont classées au premier

qui permît d'obtenir d'utiles renseignements, je n'en ai pas trouvé un qui n'eût été sollicité, plus ou moins ouvertement, à participer à un de ces actes infâmes, ou qui n'eût été témoin des accidents si graves qu'ils occasionnent. »

Ces faits sont douloureux, certains, mais ils n'ont aucun rapport avec la suppression ou le rétablissement des tours.

1. C'est ce que dit également M. Baudon (*De la Suppression des tours d'enfants trouvés*).

« Pour que le tour soit réellement utile à la vie des enfants, deux choses sont nécessaires : la première c'est que la grossesse de la mère ait été ignorée; la seconde, c'est que l'enfant puisse être porté à l'hospice et déposé au tour par la mère elle-même. Otez ces deux conditions, et l'utilité du mystère cesse sur-le-champ, la crainte de l'infanticide disparaît. Car, si la grossesse a été connue, qu'est ce que la mère aura donc à cacher? où est la base d'un sentiment d'honneur assez puissant pour porter une femme au plus odieux des attentats! Si le tour ne peut pas non plus recevoir directement l'enfant des mains de la mère, si un confident est indispensable, où sera donc encore la cause de l'infanticide dans la suppression du tour? Tout se résout donc à savoir si avec l'existence des tours, ces deux conditions sont remplies. Or, un rapide examen suffit pour se convaincre que la première condition est d'une extrême difficulté à accomplir, et que la seconde ne le sera presque jamais. »

Voir aussi M. F. Passy, discours au Conseil général de Seine-et-Oise, page 9.

rang pour les infanticides[1]. L'existence d'un tour à plusieurs kilomètres du domicile de la mère, ne changerait rien à cette situation.

Reste la troisième catégorie de crimes : des parents légitimes ont pris en aversion un nouveau-né, cela se voit malheureusement ; une fille-mère veut se débarrasser du fruit de ses débauches, alors on trouve le moyen de le laisser mourir de faim ; « on l'entoure de mille caresses pour exposer plus sûrement ce petit corps à l'action du froid, etc. [2]. »

Nous le reconnaissons ici sans aucune difficulté, le mode d'admission peut avoir une influence réelle, effective, mais il ne s'agit plus de *tour*, il n'y a *pas de secret à garder ;* il faut seulement, ainsi que nous l'avons demandé, des admissions sagement réglées, permettant de sauver l'enfant et d'échapper aux formalités sans nombre dont l'Inspection départementale s'est plu à les entourer trop souvent, pour pouvoir présenter aux Conseils généraux un budget se chiffrant par une diminution de dépenses.

C'est une mesure urgente, indispensable, et qui empêcherait bien des crimes échappant, par leur nature, aux investigations de la justice.

Dans le même ordre d'idées, les tours, impuissants à entra-

1. *Rapport sur la Stat. crimin.*, 1826 à 1880, p. XLIII. « Il est à remarquer que les départements où le mouvement annuel donne le nombre le plus faible d'enfants naturels sont ceux où il est proportionnellement jugé le plus de crimes ou délits envers l'enfant. »

2. « J'ai vu des mères, dit le Dr Coudereau (*Recherches sur l'alimentation des enfants* p. 108), qui pour se donner l'air d'aider l'enfant à saisir le bout du sein, prenaient en effet leur mamelon et faisaient têter leur doigt ; d'autres laissent parfaitement saisir le mamelon, mais elles pressent l'enfant contre leur sein assez tendrement pour fermer les narines et rendre la respiration impossible ; d'autres encore pressent leur sein pour en faire jaillir tout le lait ou à peu près dans un verre ou dans des linges et donnent ensuite au nourrisson leurs mamelles vides. Les variétés sont infinies et il faut une surveillance extrême pour empêcher certaines mères de faire mourir leur enfant d'inanition. Beaucoup mêmes ne veulent pas qu'on les fasse boire au biberon, et prétendent les nourrir exclusivement au sein, de peur qu'ils ne vivent trop longtemps.

« D'autres aiment encore à caresser longuement et à couvrir de baisers les petits membres nus du baby, qui a de la sorte tout le temps de se refroidir. Les affections pulmonaires, le sclérème, l'ictère, les ophtalmies, les péritonites en sont les conséquences. »

ver les avortements et les infanticides, permettent, cela a été prouvé, de dissimuler plus facilement le meurtre d'enfants ayant vécu quelque temps. M. le Dr Marjolin dit que l'on n'a trouvé qu'à Bordeaux des enfants apportés morts dans le tour. Ceci est inexact, car ce fait est constaté en Italie et M. Remacle l'avait noté, dans ses ouvrages.

Quoi de plus logique, du reste. Un enfant a disparu, on interroge la mère, la réponse est simple : Je l'ai porté au tour tel jour. Au jour désigné l'hospice a reçu plusieurs enfants, comment prouver le mal-fondé des déclarations de cette femme? Avec l'admission à bureau ouvert, la justice envoie une réquisition à l'administration hospitalière et la culpabilité ou l'innocence de l'accusée est facile à démontrer.

Passons maintenant aux chiffres statistiques. On a beaucoup disserté, il y a trente ou quarante ans, sur les infanticides, en les rapprochant de l'ouverture et de la fermeture des tours. Ce ne sont pas là des arguments sérieux ; le nombre des infanticides poursuivis est tellement minime en France que les chiffres insignifiants obtenus par départements ou par régions ne peuvent absolument rien prouver en faveur des thèses que l'on défend. On a renoncé aujourd'hui à ce mode de procéder, pour se baser habituellement sur des périodes quinquennales ou décennales s'appliquant au pays tout entier, et cela avec d'autant plus de raison, que la suppression universelle des tours est accomplie depuis vingt-cinq années.

M. le docteur Marjolin, dans son mémoire présenté à l'Académie et dont il a été parlé plus haut, s'exprime, à ce sujet, en ces termes (p. 280) :

« Nous n'oserions pas soutenir que l'augmentation du chiffre des infanticides soit uniquement due à la suppression des tours ; mais ce qui est certain, c'est qu'à dater de ce moment, la mortalité des enfants nouveau-nés a constamment augmenté, et que cet accroissement porte exclusivement sur les naissances illégitimes. Fait d'autant plus grave que, parmi ces mort-nés, une notable proportion est le résultat d'infanticides [1]. »

1. Nous sommes assez portés à croire que les manœuvres abortives in-

On lit dans la proposition déposée au Sénat par MM. Bérenger, Taillefer, Henri Martin (sénat, n° 71, annexe à la séance du 16 février 1878). « Nous jugeons inutile de reproduire ici les documents et les faits que nous avons analysés et réunis dans le rapport sur la pétition du docteur Brochard ; disons seulement que le rapport du nombre des mort-nés à celui des naissances, qui était en 1839 de 1 sur 35, était en 1873 de 1 sur 19 ; que cette proportion s'élevait même à cette dernière date à 1 sur 11, si on s'en tenait aux naissances naturelles, qu'enfin de 27,000 le nombre total s'est élevé à 44,887. Les statistiques criminelles longtemps contestées ne peuvent plus laisser de doute aujourd'hui que le nombre des crimes contre l'existence de l'enfant s'est considérablement accru depuis la fermeture des tours. Les chiffres fournis nous amenaient à conclure que de 1832 à 1852 le nombre des attentats poursuivis ou dénoncés avait plus que doublé ; que depuis cette proportion s'était heureusement sensiblement abaissée, mais que l'augmentation, en comparant les années antérieures à la fermeture des tours et l'époque actuelle, n'en était pas moins de près de 600 crimes par an. Le tableau ci-dessous, embrassant les résultats donnés par la statistique depuis 1831 jusqu'à 1875 par période de cinq années, offre des résultats plus complets. Il ne relève toutefois que les faits d'infanticide, d'avortement et d'homicide d'enfants nouveau-nés poursuivis.

CRIMES ET DÉLITS CONTRE LES ENFANTS

1820 à 1830 . .	120	1851 à 1855 . .	327
1831 à 1835 . .	155	1856 à 1860 . .	367
1836 à 1840 . .	213	1861 à 1865 . .	362
1841 à 1845 . .	237	1866 à 1870 . .	324
1846 à 1850 . .	257	1871 à 1875 . .	296

fructueuses entrent pour beaucoup dans la mortalité des nouveau-nés. Des médecins pensent cependant différemment, ainsi M. le Dr Delore, ex-chirurgien en chef de la Charité de Lyon, écrit, « En étudiant la débilité congénitale, j'ai démontré, chiffres en mains, qu'elle était plus fréquente chez les illégitimes, or, c'est la débilité congénitale qui a frappé le mort-né avant la parturition, 487 mort-nés sont venus au jour dans mon service, sous mon inspection ; je les ai tous examinés avec la plus grande attention, aucun ne portait de traces de tentatives criminelles. Il n'y a donc aucun rapport entre le tour et le mort-né. »

« Il en ressort que de 1830 à 1860 le nombre des poursuites a plus que triple. »

Nous avons déjà démontré qu'au point de vue des moralistes, les tours ne peuvent exercer aucune influence directe sur les avortements et les infanticides commis au moment de la naissance, et il est d'autant plus facile de réduire à sa juste valeur la fantasmagorie des combinaisons de chiffres, exacts d'ailleurs en eux-mêmes, sur lesquelles s'appuient les partisans des tours, que nous avons sur ce point un travail très concluant dû à M. Emile Levasseur, l'éminent professeur au collège de France, dont la parole fait autorité en matière de statistique, aussi bien en France qu'à l'étranger, et qui sait dégager des tableaux les plus arides un enseignement plein de clarté.

A la suite de la lecture du mémoire du docteur Marjolin, M. Levasseur a eu l'occasion toute naturelle de discuter ces questions, et nous allons résumer ses arguments principaux. « Les cas d'avortement ayant donné lieu à une condamnation ont augmenté jusque vers l'année 1856, écrit-il, ils ont quelque peu diminué depuis ce temps. Les cas d'infanticide ont augmenté soit que l'on considère les condamnations, soit que l'on envisage les faits dénoncés à la justice.

« Voici le nombre moyen des condamnations pour infanticides par périodes quinquennales :

1826-1830 . . .	102	1851-1855 . . .	183
1831-1835 . . .	94	1856-1860 . . .	214
1836-1840 . . .	135	1861-1865 . . .	205
1841-1845 . . .	143	1866-1870 . . .	206
1846-1850 . . .	152	1871-1875 . . .	206

Voici d'autre part le nombre moyen des infanticides dénoncés à la justice par périodes décennales :

1831-1840 . . .	442	1861-1870 . . .	633
1841-1850 . . .	546	1871-1875 . . .	602
1851-1860 . . .	631	1876.	623

« La statistique de l'infanticide donne lieu à deux observations. En premier lieu, le nombre des condamnations qui a doublé et au delà de 1830 à 1860 a cessé de s'accroître depuis cette époque et n'accuse par conséquent pas une tendance constante et continue à l'accroissement de ce genre de crime; en second lieu, le nombre annuel des condamnations n'est pas très élevé, même dans la période où il atteint son maximum. Que faut-il en conclure? Y a-t-il une diminution du mal? Y a-t-il une plus grande indulgence du jury qui explique un moindre nombre de condamnations correspondant à un nombre à peu près constant d'affaires? Peut-être peut-on dire aussi que la justice n'atteint qu'une partie des coupables trop peu considérable pour permettre de mesurer la croissance ou la décroissance du mal? Une vigilance plus grande de la police ne suffit-elle pas pour expliquer la progression depuis 1830, et un changement de juridiction pour faire comprendre la diminution qui s'est produite depuis dix-huit ans? Telle femme que le parquet ne traduit pas devant la cour d'assises pour infanticide, est condamnée en vertu de l'article 345 du code pénal pour suppression d'enfant par le tribunal correctionnel: le nombre de celles qui ont été poursuivies à ce titre était de 105 en 1866; il s'est accru de manière à s'élever à 147 en 1875.

« Il est vrai que les attentats contre la vie des enfants ont augmenté dans une proportion plus forte que la criminalité générale, 208 pour 100 au lieu de 38 pour 100; mais il ne faut pas se hâter de tirer une conclusion du seul rapprochement de ces chiffres; ici encore la loi du 13 mai 1863, en modifiant plusieurs articles du code pénal, a renvoyé devant le tribunal correctionnel certaines catégories de prévenus qui étaient auparavant justiciables des cours d'assises et le changement de juridiction a exercé une influence sur tel chapitre de la statistique qui peut ne pas correspondre à un progrès de la moralité. D'autre part, les années 1870 et 1871, qui entrent dans les deux dernières moyennes quinquennales, altèrent quelque peu la valeur de ces moyennes, parce que les événements politiques n'ont pas permis alors le plein exercice de la justice.

« Les victimes de ces attentats sont pour la plupart des enfants illégitimes. Aussi des statisticiens ont-ils pensé qu'il y avait intérêt à rapprocher les attentats du nombre des naissances illégitimes, le crime et la matière qui paraît le fournir. Or, le chiffre des naissances illégitimes, comme l'ensemble des naissances, a diminué quelque peu en France depuis la période de 1861-65 où il atteint son maximum. Néanmoins ce rapprochement conduit à un résultat analogue à celui que fournissent les autres moyennes : accroissement de 1830 à 1860, période pendant laquelle le rapport s'élève de 2 pour 1,000 (2 attentats pour 1,000 naissances illégitimes), à 5 pour 1,000, décroissance de 1860 à 1875, où le rapport descend à 4 pour 1,000.

« Il y a des crimes qui restent moins impunis que d'autres et dont la police découvre assez facilement les auteurs, parce que ces crimes se produisent avec un certain éclat : tels sont les assassinats, les vols avec effraction. Mais elle est moins armée contre les crimes dont les enfants sont les victimes; il lui faut, pour pénétrer dans ces secrets de la vie privée, une vigilance qui n'a pas toujours été aussi éclairée qu'aujourd'hui. Je crois qu'un statisticien moraliste hésiterait à condamner la société sur des différences peu considérables, tant qu'il ne saurait pas bien s'il doit les attribuer à une aggravation du mal ou à un progrès dans les procédés d'information. En effet, si nous voulons rapprocher des phénomènes qui aient entre eux quelque analogie, prenons un crime ordinairement mystérieux comme les attentats contre la vie de l'enfant, et ayant sa source impure dans la passion dont ceux-ci sont une conséquence, l'attentat à la pudeur. Or, que voyons-nous?

	Nombre moyen annuel de viols et d'attentats à la pudeur	Rapport de chaque période avec la première période
1831-40. . . .	902	100
1841-50. . . .	1700	185
1851-60. . . .	3464	384
1861-65. . . .	4499	498
1866-70. . . .	4146	459

« Les condamnations pour attentat à la pudeur ont augmenté beaucoup plus rapidement encore que les condamnations pour attentat à la vie des enfants. Cette progression, qui a lieu de préoccuper le moraliste, le jetterait dans le plus profond chagrin et le conduirait à désespérer de la société française, s'il correspondait exactement à une progression semblable du crime. Nous ne croyons pas à ce rapport, parce que nous sommes convaincu que la vigilance de la justice est en partie la cause de l'accroissement. N'en a-t-il pas été de même pour les attentats contre la vie des enfants? Les condamnations pour attentats aux mœurs sont devenues plus fréquentes : on ne songe pas à en accuser la suppression des tours. L'ivrognerie fait de tristes progrès sur certains points de notre territoire : on ne songe pas à en accuser la suppression des tours. Pourquoi lui imputer exclusivement les attentats contre la vie des enfants qui peuvent avoir pour cause des passions diverses et qui, après avoir eu pendant trente ans un mouvement progressif, tendent précisément à diminuer, ou restent stationnaires depuis l'époque où les tours ont été à peu près partout fermés? Cette diminution est-elle accidentelle et n'est-elle dans le progrès du mal qu'un temps d'arrêt dont la guerre serait la cause : c'est ce que l'avenir dira.

« De l'examen impartial de la statistique judiciaire, il résulte, dans notre conviction, qu'on ne saurait en tirer un argument solide pour ou contre les tours. »

En ce qui concerne les mort-nés, « la statistique, ajoute M. Levasseur, n'a commencé qu'en 1841 a en publier le nombre, et les statisticiens sont d'accord que jusqu'en 1853, cet enregistrement n'a pas été assez régulier pour inspirer confiance.

« On fait donc des relevés de l'état civil un emploi abusif lorsqu'on donne comme preuve de l'accroissement des mort-nés en France l'augmentation des mort-nés depuis 1840 et qu'on dit : « En 1843, il y avait 1 mort-né sur 34 naissances; en 1873, 1 mort-né sur 19 naissances ; donc il faut rétablir les tours. » Ce n'est pas l'état moral ou physiologique des Françaises qu'il faut accuser; c'est l'administration qu'il faut louer de fournir aujourd'hui des renseignements plus exacts, et qui pourrait les améliorer encore beaucoup, en distinguant les véritables mort-nés et les enfants qui, ayant vécu, sont morts avant l'enregistrement à la mairie. »

M. Levasseur parle ensuite, dans l'intéressante communication que nous résumons d'une manière incomplète, de la mortalité des jeunes enfants, et conclut par ces graves paroles que pourront méditer utilement tous ceux qui réclament la réouverture des tours.

« En résumé, la statistique judiciaire ne fournit aucun argument sérieux pour résoudre la question des tours; mais la statistique des décès indique que les mort-nés sont beaucoup plus nombreux parmi les enfants illégitimes que parmi les légitimes, que le mal tend à s'aggraver, que la mortalité de la première enfance est également beaucoup plus grande parmi les illégitimes que parmi les légitimes. A cette disproportion, le moraliste voit deux causes : en premier lieu, la condition défavorable dans laquelle se trouvent les filles-mères pendant leur grossesse et après l'accouchement; en second lieu, le désir criminel de se débarrasser d'un enfant qu'elles ne peuvent pas ou ne veulent pas élever. Dans quelle proportion l'une et l'autre agissent-elles? C'est ce qu'il est impossible de déterminer; en tout cas, il serait contraire à la logique d'imputer à la seconde tout l'excédant des mort-nés et des décès d'enfants illégitimes, puisqu'il est évident que la première a dû exercer une influence?

« Je vois donc dans la statistique des décès, l'indice de certains crimes; je n'essaie pas, comme l'ont fait d'autres statisticiens, d'en préciser le nombre. Je n'y vois pas le témoignage de l'expérience des temps, déposant en faveur du rétablissement des tours. Le seul fait de l'accroissement continu des mort-nés illégitimes me touche vivement; mais il ne suffit pas pour résoudre le problème du tour.

« On peut devenir partisan ou adversaire des tours par des raisons de l'ordre moral et de l'ordre médical; mais il faut renoncer à dire que la statistique a tranché le débat. »

D'un autre côté, comme l'a indiqué dans la même discussion, M. E. Levasseur, « la fermeture des tours ne signifie pas indifférence de la société, elle veut dire contrôle, » et ces paroles, qui ont servi d'épigraphe à notre travail, expriment parfaitement notre pensée. Ce contrôle, poursuit le savant Académicien, peut s'exercer de différentes manières... Nous dirons seulement que l'on doit toujours se montrer discret et bienveillant en même temps que sévère; car s'il ne faut accepter pour l'État une charge que la mère peut supporter, il faut savoir aussi qu'il y a des situations pour lesquelles le secret est commandé au fonctionnaire comme au confesseur ou au médecin, et qu'il vaut mieux souvent accepter un enfant que de l'exposer à la mort ou à la contagion du vice. »

Ces idées nous avaient été inspirées depuis longtemps déjà par nos études et la pratique journalière du service; nous sommes heureux, avant de les faire passer dans un projet de loi, de pouvoir les abriter sous l'autorité d'économistes tels que M. Levasseur et F. Passy.

Ainsi donc, protestation énergique aussi bien contre le rétablissement du tour que contre les restrictions apportées aux admission par l'inspection départementale; demande d'un mode de réception paternel, tout en restant vigilant, seul moyen capable, à notre avis, de sauvegarder à la fois les triples droits de la société, des parents et des délaissés.

§ III. — *De la suppression de la recherche du domicile de secours.*

Il faut faire plus encore que de recevoir les enfants avec une sage mesure, toutes les améliorations seront entravées, si on maintient la recherche du domicile de secours telle qu'elle existe maintenant. Ainsi qu'il a été dit sommairement, le domicile d'un enfant est établi par la loi de vendémiaire an II *au lieu de sa naissance*; mais ces mots s'entendent en ce sens que l'enfant a le domicile de secours qu'avait sa mère au moment où elle lui a donné le jour.

Cette disposition a été compliquée par la jurisprudence ministérielle établissant la règle absolument illégale qu'une femme venant dans un département, même quelques semaines avant ses couches, *avec intention de s'y fixer*, acquiert le domicile de secours pour son enfant par le seul fait qu'elle réalise son intention première et qu'avant sa délivrance elle a commencé à se livrer au travail.

Comme les villes sont choisies de préférence par les filles-mères, et que d'un autre côté, dans les pays d'industrie nourricière, les parents, après avoir placé eux-mêmes les enfants, cessent fréquemment de payer les nourrices; il en résulte que certains départements ont à supporter, pour l'une ou l'autre de ces causes, une charge excessive; il s'engage alors une correspondance entre l'administration préfectorale qui a recueilli l'enfant et celle de son domicile de secours.

L'une cherchant à se débarrasser de l'entretien du pauvre abandonné, l'autre recourant à tous les moyens pour décliner la responsabilité qu'on veut lui imposer. De là enquêtes et contre-enquêtes, recherches, investigations sur les antécédents de la fille-mère, demandes d'explications à ses parents, aux autorités municipales, etc.; on comprend facilement ce que peut devenir le secret administratif au milieu de ces contestations qui durent habituellement plusieurs mois et que le Ministre de l'Intérieur est quelquefois appelé à trancher en dernier ressort par les parties belligérantes.

Le département de la Seine se montre encore là soucieux avant tout de l'intérêt des familles. Si une femme étrangère au département, fournit des indications sur son identité, on la prévient que son enfant sera rapatrié sur son domicile d'origine; alors si la mère déclare qu'elle considérerait ce renvoi comme pouvant amener pour elle des inconvénients d'une réelle gravité, l'Administration de la Seine, aux termes des instructions du Conseil général, conserve la charge d'un pupille qui ne lui appartient à aucun titre. Si la mère se contente de réclamer le secret d'une façon générale, le Préfet auquel on s'adresse est prévenu, *de la manière la plus précise*, de la nécessité du secret et prié de faire procéder avec une extrême prudence aux enquêtes qu'il jugerait utiles.

Ces précautions ne suffisent pas, on en jugera par le fait suivant que nous empruntons aux souvenirs de notre vie administrative : Nous recevons un jour un individu, ayant l'air d'un cultivateur aisé, venant demander des nouvelles d'un enfant que sa fille avait déposé à l'hospice. Conformément au règlement, nous répondons que probablement il y a une erreur; que nous ne connaissons aucun enfant du nom indiqué, etc. « Mais je ne me trompe pas, répond notre interlocuteur, voici la lettre de l'administration, » et à notre grande stupéfaction, il nous tend la dépêche administrative rédigée quelques jours auparavant.

Que s'était-il donc passé! Une lettre avait été adressée au Préfet du département d'origine de la fille séduite en lui recommandant la plus grande discrétion. Le Préfet avait envoyé la lettre au maire après avoir ajouté en marge une recommandation nouvelle au sujet du secret à garder. Or ce maire s'était fait ce singulier raisonnement que pour prendre des renseignements sans ébruiter l'affaire : le mieux était de convoquer le père, et aussitôt il lui avait remis la missive du département de la Seine !

Nous aimons à penser que tous les maires n'ont pas des raisonnements de cette force ; néanmoins la plupart du temps, la correspondance administrative est ouverte par le secrétaire de la mairie qui peut être le parent de la fille séduite, du mari de la femme adultère, ou de la veuve devenue enceinte; on voit les inconvénients multiples qu'entraîne la recherche du domicile du secours, même avec les précautions les plus sérieuses.

Cette pratique amène un autre danger ; les départements ne veulent pas en général recevoir l'enfant assisté, ils ne connaissent que les secours temporaires.

Or qu'arrive-t-il? Après avoir été contraint de reconnaître le domicile de secours d'un enfant, l'inspecteur départemental se retourne contre la fille qui l'a délaissé au loin pour la contraindre à le reprendre.

Le fait suivant s'est passé il y a quelques années. Une orpheline, nièce de l'instituteur d'une petite localité, est séduite ; elle vient passer quelque temps à Paris, sous un prétexte plausible, et retourne ensuite au pays où personne ne se doute du motif de son absence. Elle avait naïvement donné à l'administration les renseignements les plus complets ; le domicile de secours ne pouvait faire doute, son département est obligé de reprendre l'enfant. Malgré la connaissance très exacte de la nécessité du secret, l'inspecteur mande cette fille et veut la forcer à élever son fils moyennant un secours.

La pauvre créature résiste, elle représente que son oncle, dirigeant une école communale, ne voudrait ni ne pourrait la conserver chez lui, que l'obliger pour le moment à garder son enfant c'est détruire son avenir, qu'elle le redemandera plus tard lorsque les circonstances le permettront.

L'Inspecteur, beaucoup trop préoccupé des finances départementale, fut inflexible ; la jeune fille disparut.

Le département se trouva chargé de pourvoir quand même à l'entretien de l'abandonné, et s'il n'y a pas eu suicide, il existe peut-être une prostituée de plus en France.

Ce ne sont pas là, hélas, des faits isolés ; il faut en conséquence supprimer le domicile de secours tel qu'il est entendu maintenant. Le Conseil général de la Seine a pris l'initiative de cette mesure et le Ministère de l'intérieur a adressé, en 1883, une circulaire à tous les Préfets en demandant leur avis sur la question. Quelques rapports annuels de l'inspection départementale contiennent des appréciations à ce sujet; elles sont divergentes.

Nous reconnaissons que cette suppression soulève un problème difficile à résoudre, c'est celui des indemnités à allouer aux départements lésés. Il est évident qu'une fois tout secours enlevé, on dirigerait le plus possible les enfants sur Paris et les grandes villes; des départements et des municipalités paieraient même alors volontiers les frais de déplacement des filles-mères. Toutefois la solution ne nous paraît pas insoluble. On peut, au point de vue du domicile de secours, partager les enfants en six grandes catégories :

1° Les orphelins naturels ou légitimes ;

2° Les légitimes délaissés ;

3° Les enfants de parents condamnés ;

4° Les nourrissons dont les nourriciers ne sont plus payés par suite souvent de la disparition des parents ;

5° Les enfants de femmes menant publiquement une mauvaise vie ;

6° Enfin les enfants n'appartenant à aucune des catégories ci-dessus.

Les rapatriements ne présentant aucun inconvénient pour les pupilles des cinq premières catégories, on procéderait à leur égard comme par le passé. Quant aux autres, les subventions que nous proposerons de mettre à la charge de l'État étant réparties proportionnellement au chiffre des admissions, serviraient à couvrir la dépense des élèves non rapatriés.

En ce qui concerne les enfants d'origine étrangère, le gouvernement pourrait, ainsi que cela a eu lieu avec la Suisse, établir une convention portant réciprocité de l'assistance et rembourser ensuite sur état aux administrations qui les auraient recueillis les frais occasionnés par eux.

Le Conseil général de la Seine demandait que l'on établit une cotisation fournie par tous les départements avec ventilation basée sur le chiffre des dix dernières années, mais ce système serait déplorable pour les pays d'industrie nourricière ou possédant de grands centres de population ; ils se trouveraient surchargés rapidement, tout en continuant à recevoir une indemnité établie pour une situation absolument différente. C'est en effet au bout de dix-huit mois au plus que les enfants sont rapatriés actuellement. Le mouvement de fonds auquel donne lieu leurs dépenses durant ce laps de temps est forcément peu considérable, et dans le système du Conseil général ce serait justement cette base qui servirait à établir la ventilation alors que les élèves seraient conservés pendant toute leur minorité par les départements qui les auraient reçus ! Notre proposition paraît au contraire de nature à éviter les inconvénients de la recherche exagérée du domicile de secours tout en ne présentant pas des résultats aussi iniques.

CHAPITRE QUATRIÈME

SECOURS AUX FILLES-MÈRES

Par suite de la réaction contre les tours, on en est arrivé en France à substituer presque complètement aux *enfants abandonnés et orphelins* les enfants secourus temporairement. Nous avons exposé précédemment l'historique de cette transformation s'accentuant de jour en jour, le moment est venu d'en apprécier les résultats.

Les partisans des secours, pour prévenir les abandons, affirment que ce mode d'assistance a pour effet de diminuer la mortalité et de sauver ainsi des milliers d'enfants; qu'il réhabilite les mères par les douces obligations de la maternité et qu'enfin il atténue dans une très forte proportion les dépenses.

Discutons ces trois points.

I. — Les secours temporaires diminuent-ils la mortalité infantile ?

On nous apporte de toute part des statistiques triomphantes. Il y a des écarts considérables entre la mortalité des *enfants hospitaliers* et celle *des secourus*. A Paris ces différences varient entre 11, 20 et 25 0/0, c'est admirable ! mais pour qu'une comparaison statistique ou autre soit sérieuse, il faut que le point de départ reste le même; or cet élément essentiel fait complètement défaut ici.

Si nous mettions en regard la proportion des décès des enfants des filles-mères secourus et celle des fils de famille élevés au moyen de nourrices sur lieux, nous pourrions dire que les secours temporaires tuent les nouveau-nés, et notre raisonnement serait aussi inexact que le premier, disant qu'ils les sauvent, car ces catégories diverses de la population ne sont pas comparables entre elles.

De plus, les chiffres se trouvent viciés par la déduction des enfants dont les mères ont disparu ou auxquelles on a dû enlever les secours pour mauvais soins, ou inconduite par trop grande ; or ce sont justement ces mères dont les enfants ont des chances probables de mourir dans la première année, et ces décès n'entrent pas en ligne de compte, ce qui relève la moyenne générale. Les enfants assistés au contraire ne sont ni rendus ni rapatriés pendant la période d'allaitement.

En outre les départements ne procèdent pas d'une manière uniforme; les uns arrêtent les secours au 31 décembre et comptent aussi comme allocation nouvelle les prolongations, les autres les défalquent du total. Si l'on fait entrer dans le calcul les prolongations, c'est-à-dire des enfants âgés de plusieurs mois, la mortalité est naturellement moins élevée.

A un autre point de vue il faut remarquer qu'on admet dans les hospices dépositaires des enfants qui ne figurent pas parmi les secourus ; nous citerons au hasard les pupilles appartenant à des mères atteintes de maladies incurables, mortes de faiblesse ou de phtisie peu après l'accouchement; à des prostituées de bas étage ; à des femmes ayant voulu à tout prix cacher leur grossesse en contrariant le développement normal de leur fruit.

Les Administrations hospitalières admettent des enfants apportés de régions éloignées, de pauvres malheureux arrachés par la justice à des parents qui les maltraitaient, etc., etc. Aucune de ces catégories, nous le répétons, ne figure au nombre des *secourus*. Allez donc comparer ensuite la mortalité et bouleverser toutes les traditions de la bienfaisance publique sur de pareilles données.

Nous sommes prêts à constater les bons effets de l'allaitement maternel et à regretter que les femmes du monde remplissent aussi rarement leur devoir à cet égard ; mais étant donnés deux enfants pauvres également bien portants, placés l'un en nourrice sous la surveillance paternelle d'une administration vigilante, vivant au grand air, ayant du lait pur en abondance ; l'autre confié à une mère maladive comme le sont habituellement les ouvrières des villes, gagnant péniblement sa vie ou recevant des amants, habitant un grenier brûlant en été, glacial en hiver, ne possédant qu'un peu de lait falsifié pour suppléer à l'insuffisance du sien, nous ne comprenons pas pourquoi le premier de ces enfants mourrait plutôt que le second. Et encore admettons-nous dans cette hypothèse que les mères n'élèvent pas leur nouveau-né au biberon ou ne l'envoientpas en nourrice au rabais, dans des conditions déplorables, ce qui a lieu généralement.

Les différences signalées entre la mortalité des *assistés* et celle des *secourus* tiennent donc en grande partie à ce fait que ces catégories sont formées d'éléments qu'il n'est pas possible d'assimiler.

§ II. — *Les secours temporaires moralisent-ils les mères?*

En 1793 on voulait à tout prix réhabiliter l'enfant naturel, favoriser les naissances; on accorda alors ces primes aux filles-mères stigmatisées par M. Ch. Dupin dans son beau livre sur les secours publics[1]. Aujourd'h ui le but est, nous le reconnaissons, absolument différent; on veut réhabiliter la fille-mère par l'enfant[2].

1. Dupin, *Hist. de l'Adminis. des secours publics*, p. 306-307.

« En prononçant le panégyrique des filles-mères, devant le peuple qui sait le mieux sentir les charmes de la pudeur, on oublia que la chasteté des dames romaines avait été le plus ferme appui de cette république qu'on voulait prendre pour modèle. Cependant la honte retint beaucoup de femmes qui se trouvaient dans le cas prévu par la loi, et les empêcha de se présenter pour avoir part aux secours. Le vice seul en profita et avec une effronterie qu'on ne peut pas *oublier quand on en a été le témoin*. En venant dans les bureaux pour toucher ce secours, les unes promettaient de recommencer aussitôt que leur enfant serait sevré; les autres, trouvant qu'on mettait leurs services à trop bas prix, menaçaient de devenir stériles. »

2. M. Pallu, *La vérité sur les tours*, p. 87.

« A ceux qui prétendraient que le secours est une prime à l'inconduite, je répondrai qu'ils se trompent, et qu'ils ne savent pas ce que l'enfant ramène de pudeur et de chasteté dans l'âme de la femme, dont l'innocence se reconstitue pour ainsi dire au contact de ce petit enfant qu'elle tient à préserver des écueils qui l'ont fait tomber. »

La vérité est, hélas! loin de cette idylle, et ce serait à croire que M. Pallu n'a jamais rencontré de filles-mères dans sa carrière d'Inspecteur.

Cette pensée serait juste si on se bornait à distribuer des subsides avec un discernement intelligent. Il est certain qu'en facilitant à quelques personnes les moyens de conserver leurs enfants auprès d'elles, on peut amener la reconnaissance par le père et ensuite le mariage. Mais tels qu'ils sont délivrés, les secours temporaires n'obtiennent pas ces heureux résultats, les inspecteurs n'accordent pas en effet les subsides départementaux à des filles méritant l'indulgence; ils l'offrent, l'imposent autant que possible à toute fille qui veut abandonner son enfant[1]. Désireuses d'éviter les dépenses d'entretien d'un nouveau-né jusqu'à sa majorité, les administrations départementales accomplissent non une bonne œuvre, mais un marché. Que la fille ait deux, trois enfants de pères différents, qu'importe. La somme allouée ne devra qu'être plus élevée puisque les charges sont plus lourdes et qu'en cas d'abandon ce ne serait plus un assisté, mais bien deux ou trois qui viendraient grossir le contingent du département[2].

« Je sais par expérience acquise dans ce service, écrivait en 1883 l'inspecteur de l'Indre (rapp., p. 29), combien serait restreint le nombre des filles secourues, si la bienfaisance trop rigoureuse à leur égard ne venait strictement en aide qu'à celles relativement honnêtes. Aussi malgré les allocations de 60 fr. prévues par la plupart des budgets départementaux, les

1. Dordogne, Conseil général, session de 1883, p. 273, rapport de l'Inspecteur : « Le Conseil Général, dans sa session d'août 1877, a augmenté le salaire des secours temporaires accordés aux filles-mères, j'ai pu dès lors me montrer très sévère pour l'admission à l'hospice. » Alpes-Maritimes, session d'août 1884 (rapp., p. 191). « L'admission définitive n'a été, comme les années précédentes, appliquée que dans les cas de force majeure. »

2. Conseil général du Gers, session d'août 1884, p. 288, rapport de l'Inspecteur :

« Filles-mères	secourues à leur	1er	enfant,	222
—	—	2e	—	19
—	—	3e	—	4
—	—	4e	—	2
			Total :	247

« Ces dernières ne sont pas tant un témoignage de l'impuissance des secours temporaires à ramener l'ordre dans certains cas que la preuve de l'énergie de l'instinct naturel survivant encore quand tout a sombré. Ces filles ont refusé de se séparer de ceux de leurs enfants qu'on leur proposait de faire élever à l'hospice. »

légitimations d'enfants secourus sont rares, elles n'atteignent pas 4 0/0 lorsque sur l'ensemble de la population on en compte 25 0/0[1]. » Du reste il faudrait connaître le chiffre des filles-mères, non absolument perverties, qui se marient après avoir déposé un enfant dans un hospice et deviennent ensuite de bonnes mères de famille. Nous sommes portés à croire que le nombre est en grand, car dans les villes notamment une jeune fille qui a fait une première faute peut-être par une surprise, un entraînement excusable, est incapable, sans l'appui de ses parents, d'élever son enfant avec les subventions de l'assistance départementale (5, 6, 7 et 15, 18 francs suivant les localités, 20 francs au plus à Paris). Elle doit trop souvent, hélas, recourir à des amants de passage ou vivre avec un homme qui tolère l'enfant s'il n'aide pas à payer les mois de nourrice. Dans le cas de cohabitation continue, le secours est supprimé assez généralement, ce qui oblige la fille, si cet homme vient à la quitter, à abandonner le pauvre petit être ou à se mettre de suite en ménage irrégulier avec un autre[2]

1. Ces chiffres sont empruntés à un très intéressant travail de M. René Lafabrègue, Vice-Président de la société de statistique ; il les fait suivre des considérations suivantes :

« Ce qui semble démontrer l'inanité de ces primes, c'est qu'à Paris où elles n'ont pas été instituées, les légitimations sont presque aussi nombreuses qu'en province, et pourtant, le département de la Seine se trouve à cet égard dans une situation défavorable, puisque, nous le répétons, sa natalité naturelle est notablement accrue par une foule de provinciales qui viennent faire leurs couches chez nous et retournent ensuite chez elles, où le plus souvent elles épousent le père de leur enfant ; de sorte que la naissance du petit Parisien figure à l'état civil de Paris et sa légitimation à celui de la province. N'importe, les légitimations ont suivi dans le département de la Seine une marche parallèle à celle des autres départements, sans doute pour nous informer que le nombre des ménages irréguliers a augmenté à Paris exactement comme dans le reste de la France. Loin de voir en effet dans cet accroissement de légitimation un retour aux bonnes mœurs, nous serions plutôt tenté de croire que c'est là le signe d'une démoralisation plus grande, car il atteste une tendance de plus en plus marquée à vivre en concubinage et à ne régulariser la situation qu'après la naissance d'un enfant. Ce qui est indiscutable, c'est que presque toutes les légitimations sont faites par des gens qui depuis longtemps vivaient en ménage irrégulier. »

2. Nous avons entendu cent fois dans nos fonctions administratives, des filles-mères que nous exhortions à se marier, nous répondre : « Je ne puis lui demander cela, il est déjà assez bon de m'avoir pris avec mon enfant. »

M. Lafabrègue (*Des enfants Assistés en France*, p. 27), a parfaitement démontré qu'à Paris, dès que le gain par journée de travail est inférieur à 3 fr. 50, et ce n'est pas rare, la fille-mère se trouve dans l'impossibilité absolue d'achever sa tâche... « Une fille seule, continue-t-il, qui gagne une journée convenable peut, quand elle est bonne et tendre, contribuer à l'entretien de son enfant; elle ne saurait l'élever sans l'aide de la charité publique.

« Une fille seule, inhabile ou inintelligente, qui ne gagne que de faibles journées, ne peut même pas arriver à fournir cette quote-part.

« Contraindre l'une et l'autre à le garder, c'est les contraindre à mener une existence misérable, c'est leur enlever au début de la vie la possibilité de se créer une position quelconque et priver un enfant de toutes chances de vivre. »

Nous ne voyons donc pas que les secours, *imposés sans mesure*, augmentent la moralité des mères; et puis souvent, quel usage fait-on de cet argent prélevé sur les contribuables?

Il sert fréquemment à alimenter la débauche, et ne profite pas à l'enfant [1].

Une inspection faite à intervalles fort rares ne peut empêcher ces scandales. A Paris on a inauguré des dames Inspectrices qui doivent voir chaque mois les mères assistées et leur donner des conseils salutaires. Si le choix des dames est bien fait, cette surveillance pourra rendre d'utiles services, mais l'action des visiteuses est limitée; lorsque l'enfant est mal soigné, que la fille reçoit trop ostensiblement des amants, elles peuvent faire supprimer le secours; et puis après, l'enfant meurt s'il n'est pas porté à l'hospice, seulement son décès, ainsi que nous l'avons expliqué, ne figure pas dans la statistique.

1. Rapport de l'Inspecteur de la Marne (août 1883, p. 12.
« Le mandat mensuel a d'ailleurs de sérieux inconvénients en ce sens qu'il n'est pas plutôt touché qu'il est dévoré par les filles-mères dont la conduite laisse à désirer. Rien de ce qu'elles doivent n'est payé par elles, tout passe en bombances sans aucun profit pour les enfants, et avant que les fournisseurs aient eu le temps de réclamer ce qui leur est dû. »

§ III. — *Les secours temporaires diminuent-ils les sacrifices des départements?*

A l'origine il y a eu certainement une diminution notable dans les dépenses. Ces secours, encore peu connus, n'imposaient par une charge aussi lourde que celle qui résulte de l'immatriculation des enfants; malheureusement d'année en année les mères naturelles se sont accoutumées à ces subsides qu'elles regardent presque comme un droit; la force des choses a contraint quelques départements à allouer la même aumône aux mères légitimes. (Voir notamment les derniers rapports de l'Inspecteur de la Loire-Inférieure[1].) Le mot d'ordre s'est propagé. « Les filles et les familles, écrit l'Inspecteur des Côtes-du-Nord (rapp. de 1883, p. 216) sont parfaitement renseignées maintenant et déclarent que *faute de secours l'enfant sera abandonné.* »

Le flot des réclamantes augmente au grand détriment des finances des départements[2], ainsi que le constatent les tableaux statistiques. Il y a dix ans, M. Clémenceau disait au

1. Cher, session d'avril 1884, rapp. de l'Inspecteur, p. 28 et 29. « A mon avis les secours temporaires devraient être accordés à tous les nécessiteux, quel que soit leur état civil, de façon à réduire les admissions à l'hospice aux orphelins seuls. » — Hérault, session d'août 1884, rapport de l'Inspecteur, p. 13 : « En 1883, le Conseil général a décidé qu'il serait alloué des fonds pour l'assistance des enfants légitimes pauvres, orphelins de père et de mère, ou l'un des deux enfants jumeaux naissant dans une famille indigente chargée d'enfants. Allocation ne devant pas dépasser 20 francs par mois et applicable seulement aux indigents des communes ayant moins de 100,000 francs de revenus ordinaires. »

2. Ce fait n'est pas nouveau; à Paris, en 1837, au lendemain de l'établissement de ce service, M. Valdruche écrivait: « Avant le rapp. de M. de Gasparin, le Conseil général des hospices avait pris, le 25 janvier 1837, un arrêté qui statuait qu'aucun enfant ne serait reçu à l'hospice des enfants trouvés que sur le vu d'un procès-verbal du commissaire de police et portant, art. 5. « Il pourra être accordé sur la fondation Monthyon des secours aux femmes qui continueraient à nourrir leur enfant ou qui en prendront soin. Le premier secours fut donné le 15 novembre 1837, le 7 mars 1838 on en avait accordé aux mères de 155 nouveau-nés, parmi lesquelles des femmes qui avaient élevé 84 enfants sans rien demander sollicitaient les secours maintenant qu'ils existaient. »

Conseil Général de la Seine : « Vous secourez par an à Paris 10,000 enfants environ, il n'y aurait certainement pas, si ces allocations étaient supprimées, 10,000 abandons de plus. » « J'ai la conviction, ajoute de son côté l'Inspecteur de la Côte-d'Or (rapport, 1883, p. 292), que la plupart des filles qui gardent leur enfant avec elles ne l'abandonneraient pas quand même on leur refuserait les secours... Il faut se garder de laisser croire que le secours temporaire peut suppléer à toutes les exigences de l'assistance et en fait une espèce de panacée pour le service des enfants assistés[1]. »

D'autres inspecteurs se plaignent amèrement qu'il n'y a plus une naissance naturelle dans les communes sans que les Maires adressent aussitôt requêtes sur requêtes à l'Administration préfectorale, alors que la fille a une conduite déplorable, ou vit avec le père de son enfant au su des habitants.

Ainsi tout concourt à augmenter les charges budgétaires et peut-être même finiront-elles par dépasser de ce chef les crédits qu'il aurait fallu ouvrir si on n'avait pas diminué, *per fas et nefas*, le chiffre des admissions.

§ IV. — *Les secours temporaires assurent-ils l'avenir des enfants?*

Nous venons de voir que les secours temporaires ne sauvegardent pas, dans la mesure qu'on admet généralement, la vie des enfants; qu'ils ne sont pas une garantie pour la moralité des mères et qu'enfin ils peuvent finir par accroître les dépenses.

1. On lit dans l'ouvrage de M. Lafabrègue, p. 38 :

« Certaines mères, qui connaissent les formalités dont on entoure l'admission d'un enfant, se résignent à solliciter des secours pour le placer en nourrice. Mais presque toutes ces solliciteuses vivent en concubinage ; beaucoup ont des ressources et élèveraient leurs enfants sans l'aide de la charité publique, si elles ne savaient qu'à la simple menace d'abandon on subira toutes leurs exigences ; d'un autre côté, les secours ne s'accordent qu'après une enquête à domicile, et comme toute enquête se fait administrativement, c'est à dire lentement, à Paris il se passe quatre ou cinq jours, en province souvent un ou deux mois entre le dépôt de la demande et l'obtention des secours ; que devient l'enfant pendant ce temps-là ? »

Ces secours assurent-ils au moins l'avenir de l'enfant? Non, mille fois non, ils le compromettent souvent de la manière la plus grave. Ici les faits parlent avec une telle évidence que toute discussion est pour ainsi dire inutile.

Qu'est-ce que le secours temporaire? C'est la suppression du service des enfants assistés, c'est le mode d'assistance que nous voyons fleurir chez les peuples protestants avec cette seule différence que le département remplace la paroisse ou la commune. Et que donne ce système? Une masse d'enfants vagabonds, indisciplinés qui encombre les cités, constitue un péril social et dont il faut à grands frais punir les méfaits ou réprimer l'audace toujours croissante.

Le service des enfants assistés fournit au contraire, dans la plupart des cas, une race honnête, vigoureuse, fixée à la campagne[1], fournissant un contingent peu élevé à la criminalité[2].

Quelques centaines de mille francs dépensés en plus annuellement, ne paieraient pas trop cher l'extension de pareils résultats.

On connaît les paroles émues prononcées, à ce sujet, par

1. Il existe dans la Nièvre et Saône-et-Loire, des communes composées en partie d'enfants assistés de la Seine et d'anciens enfants assistés mariés, travaillant pour leur compte, petits propriétaires, etc.

2. Les élèves des hospices ne figuraient que dans la proportion 3 pour 100 sur l'effectif général des détenus. L'enquête de 1860 donnait 2. 237.

Le tableau suivant est tout aussi consolant :

ÉTABLISSEMENTS CORRECTIONNELS

Statistique annuelle du Ministre de l'Intérieur.

POPULATION au 31 décembre des années	ENFANTS (garçons et filles)		TOTAL	ÉLÈVES des hospices.
	légitimes.	naturels.		
1871	6.137	1.173	7.310	120
1872	6.666	1.350	8 016	213
1873	7.180	1.405	8.585	174
1874	8.098	1.455	9.553	159
1875	8.388	1.518	9.906	154
1876	8.481	1.431	9.912	161
1877	8.311	1.423	9.744	181
1878	8.187	1.374	9.561	150
1879	8.110	1.361	9.461	169
1880	7.837	1.280	9.117	156

M. A. Nicolas dans la commission de 1849 (tome Ier, p. 366).

« Ce n'est pas le lait seulement, dit-il, que la mère donne à l'enfant ; c'est aussi et en même temps son âme, ses vices ou ses vertus. À quelle école mettez-vous l'enfant ? À quels exemples ses yeux, ses oreilles, tous ses sens vont-ils s'ouvrir, s'éveiller, se développer ? Pouvez-vous ne pas en avoir souci au nom de l'intérêt moral de l'enfant, au nom des mœurs publiques, au nom de l'ordre social ?

« Suivez-le dans sa vie, et voyez-le à vingt ans et trente ans de là ; car c'est jusque-là qu'il faut calculer les effets de ce système. Il est avéré, dit M. de Gérando, que, parmi les criminels, il y a beaucoup moins d'enfants trouvés que d'enfants naturels. En transformant des enfants trouvés en enfants naturels, que faites-vous donc ? Vous transformez pour la plupart des hommes honnêtes, des hommes utiles en scélérats...

« Enfin, ajoute M. Nicolas, je repousse votre projet comme fatal à l'enfant, parce qu'il le livre sans retour à la fille-mère, quelle que soit la dépravation de celle-ci, et qu'il commet à son égard la pire de toutes les expositions, le pire de tous les infanticides, l'exposition à la perversité et l'infanticide moral. »

M. de Gérando, qui était comme M. A. Nicolas, un homme de cœur, de dévouement et de plus un administrateur hors ligne avait écrit avant lui (IIe partie, liv. Ier, chap. VIII) :

« Voici au contraire une mère qui est à la fois indigente et corrompue. Peut-être elle conserve des relations criminelles avec le père de son enfant, avec un individu aussi méprisable qu'elle. Ils repoussent leur enfant. Quel sentiment honnête pourrait pénétrer dans de telles âmes ? Par quel motif les contraindrions nous à conserver cet enfant auprès d'eux ? Auquel des parents le remettre ? Quel service rendrait-on à l'innocente créature en la plongeant dans une fange pareille ? Ah ! rendons grâce à ces misérables de leur barbarie qui préserve au moins un jeune enfant du danger de respirer auprès d'eux un air empoisonné et d'être atteint par la contagion de leurs vices. Que les portes de nos asiles s'ouvrent aussi pour cet infortuné, ce sera encore l'acte d'une bienfaisance préventive, aussi sage que généreuse. Dès ses plus tendres années, nous préserverons des plus graves périls l'être que nous aurons recueilli; la société un jour, obtiendra en lui un membre estimable et utile; le malheur de sa naissance sera réparé [1]. »

Ces vérités sont indiscutables; il ne faut pas, en conséquence, dans l'intérêt futur de l'enfant, dans l'intérêt de la société, exagérer les secours temporaires et les imposer, quelle que soit la situation de la mère, comme on le fait constamment à l'heure actuelle.

§ V. — *Les secours temporaires contribuent-ils à accroître la moralité publique?*

Nous venons de prononcer les mots : intérêt de la société; ces secours, distribués d'une façon aveugle, font baisser en effet, la moralité publique.

Le chiffre des naissances illégitimes ne s'accroît que lentement en France, cela tient dans une proportion notable à ces avortements dont nous avons déjà parlé, à ces unions libres où la stérilité volontaire est de règle. Mais il est toutefois certain, pour l'observateur, que la plaie du concubinage

1. M. Troplong ne s'exprimait pas différemment au Sénat en 1856.

« Les secours aux filles-mères ont de graves inconvénients au point de vue moral et au point de vue financier. Le chiffre de ces secours grandit chaque année et se rapproche déjà dans beaucoup de départements de la somme exigée autrefois pour le service des enfants trouvés. Si au moins les sacrifices afférents à cet objet étaient compensés par la moralisation des malheureuses pour qui on les fait! mais il n'en est rien. La publicité d'une première faute enlève à une foule de filles séduites le respect des autres et la confiance en elles-mêmes. Subissant les tristes conséquences d'une réputation perdue, elles sont livrées sans défense à toutes les attaques et à toutes les défaillances. »

De son côté, M. le docteur Jeannel indique comme une des sources les plus fécondes de la prostitution l'origine illégitime (*De la prostitution*, p. 143), et Frégier (*Classes dangereuses*, chap. x.) confirme ces appréciations : « Les enfants issus de conjonctions illégitimes sont prédestinés par leur naissance à tous les coups de la mauvaise fortune. Placés dès leur jeune âge sur la pente du vice, entourés de mauvais exemples, sollicités par des passions éveillées avant le temps, ils se perdent lorsqu'ils savent à peine discerner le bien d'avec le mal; c'est parmi eux que les fauteurs de la mendicité, du vagabondage et du vol cherchent et trouvent des recrues. »

s'étend, que partout le scandale de la fille-mère s'atténue, que les familles riches elles-mêmes ne rougissent plus d'en prendre pour nourrir leurs enfants sous le prétexte que cela coûte moins cher[1].

Il est du devoir d'administrateurs soucieux de l'avenir de ne rien faire pour accroître cette triste situation. Or, les secours aux filles-mères sont une semence de démoralisation dans les villes aussi bien que dans les campagnes. Croit-on que ce n'est rien que de voir une mère illégitime élever son enfant avec le concours de l'État alors que des veuves, des femmes légitimes abandonnées par leur mari, se trouvent renvoyées à l'assistance illusoire du bureau de bienfaisance?

Croit-on que ce ne soit pas un spectacle démoralisant que de maintenir dans un village une fille allaitant son enfant illégitime au milieu de sa famille et se présentant ensuite chez le percepteur pour toucher son salaire? L'idée du mal s'affaiblit, la notion de la pudeur s'émousse et les conséquences les plus fâcheuses en résultent presque fatalement.

Faut-il alors supprimer les secours temporaires?

Telle n'est pas notre conclusion.

Il est désirable, évidemment, de laisser la charité privée assister seule le plus possible les filles-mères; il est à souhaiter que des sociétés, analogues à celles dites de la charité maternelle, viennent en aide à des malheureuses souvent dignes de pitié et que nos lois ne protègent pas suffisamment.

Les conseils et les exhortations de femmes honnêtes semblent plus utiles pour le relèvement de ces pauvres

1. Dr Chauffard, *examen de la loi actuelle sur les enfants trouvés*, p. 18. « On habitue de la sorte les filles du peuple à voir sans rougir, des filles accoucher et nourrir leurs enfants, et les jeunes personnes des classes élevées à voir sous le toit de leur mère, des filles qui n'étant pas mariées allaitent leur frère ou leur petite sœur. Certainement, ce spectacle de chaque jour, les pensées mauvaises et curieuses qu'il sollicite, les paroles libres ou au moins peu mesurées des filles-mères, leur indifférence sur une faute qui s'étale et dont elles tirent profit, ne peuvent qu'affaiblir profondément en autrui le sentiment inné et cultivé de la pudeur, gâter et perdre les filles, de nature un peu timide et sensuelle, quelle que soit leur condition. »

filles, que les visites mensuelles au guichet d'un bureau.

Mais en dehors de cette action de la charité privée, faible encore, l'assistance officielle peut être utile dans des circonstances déterminées, et c'est *une limite* et non une *suppression totale* que nous demandons.

Nous dirions volontiers avec le médecin inspecteur des Enfants Assistés de Seine-et-Oise, M. le Dr Sellier (rapp. au Conseil Général, session d'août 1881, p. 508). « Le secours temporaire doit être moralisateur et profitable à l'enfant. Il n'est pas dû à toute fille indigente parce qu'elle est devenue mère. Il ne peut devenir une sorte de prime à l'inconduite en cherchant à réhabiliter la fille-mère à ses propres yeux, et en provoquant chez elle le développement du devoir et des sentiments maternels; son allocation doit être subordonnée aux sentiments de la mère pour son enfant.

« Sachant que la fille-mère, ne sera pas secourue par le bureau de bienfaisance, sauf dans des cas exceptionnels, et que la charité privée ne lui viendra que rarement en aide, le département doit intervenir lorsqu'il se trouve en présence d'une mère qui tient à élever son enfant, qui sait et veut le soigner, qui est laborieuse, honnête et animée du désir de suffire à sa tâche. Dans tous les autres cas, il est préférable que l'enfant aille à l'hospice. »

Distribués de cette manière nous croyons que ces secours temporaires seraient appelés à réaliser un certain bien; prodigués comme ils le sont maintenant, toujours et quand même, en vue d'éviter les abandons, ils sont funestes à l'enfant dont ils n'assurent pas l'avenir, funestes à la mère qu'ils ne moralisent pas, funestes à la société qu'ils corrompent, ne remplissant ainsi aucune des intentions élevées et généreuses pour lesquelles ils avaient été institués.

Cette pensée avait déjà été formulée en 1878, par M. Levasseur (*ut supra*, p. 385), et cette citation terminera ce rapide exposé :

« Les secours imposés plutôt que donnés, dit-il, aux filles-mères qui n'ont aucun goût pour élever leur propre enfant, sont-ils bien en accord avec ce devoir? Il y a des administrateurs qui pensent le contraire, et, éclairé par eux, nous partageons leur opinion. Des mères qui marchandent le prix de leur nourriture et qui n'acceptent qu'à contre-cœur, sont pour la plupart indignes d'élever des enfants; elles les laissent mourir ou les font vivre dans le vice. Mieux vaut, dans ce cas, la nourrice choisie et surveillée par l'administration. »

CHAPITRE CINQUIÈME

LES ENFANTS MORALEMENT ABANDONNÉS. EXPOSÉ DES PRINCIPES GÉNÉRAUX DU SERVICE.

Nous venons d'indiquer les lignes générales qui, suivant nous, doivent présider au service des Assistés proprement dit. Restent ces enfants déjà âgés, vagabonds ou indisciplinés, ceux dont la famille ne prend aucun soin, que l'Angleterre et l'Amérique envoient dans leurs écoles industrielles ou de réforme et qu'en France, depuis l'heureuse initiative du département de la Seine, on désigne sous le nom d'enfants *moralement abandonnés*.

On a vu les efforts que la commission du Sénat a faits pour constituer une tutelle à ces pupilles; tous les codes ont été bouleversés par des mesures dont nous croyons avoir démontré les inconvénients multiples. Tout cet appareil de réglementation exceptionnel est-il bien utile? Ne peut-on pas, en conservant les grandes lignes de notre législation, venir en aide à ces pauvres êtres plus malheureux que coupables? C'est ce que nous allons essayer d'indiquer.

§ I. — *De la déchéance paternelle.*

Le rapporteur de la Chambre des députés a répudié, dans son dernier rapport, ce système qui prononçait de droit la déchéance contre tout père ayant commis pour la seconde fois un *délit* avec la coopération d'un de ses enfants; mais il reste encore des pénalités excessives. Il semblerait véritablement que, lorsque la loi ne prévoit point tous les cas possibles, la pratique n'y supplée pas.

Ainsi, que se passe-t-il lorsque des parents subissent une condamnation? Si ce sont des personnes jouissant d'une certaine fortune, le tribunal d'accord avec la famille assure le sort des enfants, un conseil de famille est constitué. S'ils sont indigents, si personne ne se présente pour prendre soin de ces infortunés, le service des Enfants assistés les recueille des mains de la police ou du parquet et ils tombent, par suite de leur immatriculation, sous la tutelle légale organisée par la loi du 15 pluviôse an XIII.

Les parents, une fois sortis de prison, se présentent-ils, le tuteur légal examine quel est l'intérêt de ses pupilles ; il s'entoure des renseignements propres à éclairer sa décision et s'il croit ne pas devoir les rendre à des parents indignes, condamnés peut-être pour les avoir maltraités, il refuse la remise, en laissant aux intéressés qui se croiraient lésés dans leurs droits, le loisir de s'adresser aux tribunaux.

Il y a peu d'exemples que l'affaire en vienne à ce point. Les parents comprennent alors leur propre indignité et n'insistent pas habituellement.

Pourquoi ne pas se borner à étendre dans de très étroites limites l'art. 335 du code pénal, en décidant, ainsi que l'avait fait la commission de la chancellerie, que si une tutelle de droit commun n'est pas constituée, les enfants des condamnés seront considérés comme *abandonnés*. L'affaire revêt de cette manière une extrême simplicité et rien n'est changé à la législation.

§ II. — *Du patronage des moralement abandonnés.*

Ici encore le projet voté par le Sénat est d'une complication sans limites. Toutes ces tutelles, prévues avec des restrictions plus ou moins grandes, présentent une obscurité telle que, lors de la discussion, M. Bérenger pouvait dire avec raison : « J'étudie votre loi depuis deux mois et je ne puis parvenir à la comprendre ; comment voulez vous la faire appliquer en connaissance de cause par des personnes vouées aux œuvres, par des femmes peu au courant de nos codes ? »

Nous nous demandons, en effet, quelle utilité il y a à constituer des tutelles spéciales dans cette circonstance.

De quoi se plaignent les administrations publiques et quelques directeurs d'établissements privés? D'une seule chose, à savoir qu'un enfant leur est confié par ses parents ou tuteurs, qu'ils font des dépenses pour cet élève, qu'ils s'adonnent à son instruction, à son éducation, et que pour un motif souvent futile, quelquefois mauvais, ceux qui ont amené l'enfant viennent le reprendre; les contrats qu'ils ont passés n'ayant aucune valeur légale, un père, un tuteur ne pouvant abandonner ses droits.

La question est ainsi restreinte dans des limites parfaitement déterminées. Il faut sanctionner législativement tous les contrats passés sous certaines conditions et permettre leur exécution, aussi bien à l'égard des administrations publiques que des particuliers, associations ou établissements de toute nature. Ici cependant une distinction nous paraît nécessaire; quelle que soit la loi, les administrations publiques pourront seules la mettre facilement à exécution parce qu'elles ont une force que n'ont pas les autres associations même reconnues.

Une association religieuse, par exemple, alors qu'elle aurait tous les droits possibles, tous les contrats les plus authentiques, ne s'exposera pas en général à un procès pour retenir un enfant malgré ses parents, parce qu'à côté de la légalité il y a la presse, il y a l'opinion publique que l'on surexcite si aisément. Nous reconnaissons que c'est un symptôme fâcheux de notre époque que d'entrevoir la possibilité de pareils moyens pour tourner la loi, mais enfin cette situation existe et il faut en tenir compte.

Et puis, supposons que le père reprenne son enfant par violence ou par ruse, est-ce que l'association pourra, *en fait*, recourir à la force publique pour le faire réintégrer?

On doit, en conséquence, se borner à sanctionner des contrats renfermant le strict nécessaire, c'est-à-dire des droits de garde pendant une période déterminée d'éducation, de placement en apprentissage, de consentement à l'engagement militaire et à l'engagement décennal dans l'instruction et de gestion du pécule, et stipulant des dommages-intérêts en cas de rupture:

Ceci est suffisant pour assurer le service des moralement abandonnés dans d'excellentes conditions.

On pourrait prendre pour modèle de ces stipulations une loi qui a un but analogue, celle du 4 mars 1851 relative aux contrats d'apprentissage en donnant seulement aux conventions une solennité plus grande.

Qu'a-t-on besoin d'autres droits que ceux que nous venons d'énumérer? Pourquoi parler toujours de tutelles spéciales, etc. Si l'enfant n'a pas de biens particuliers, la gestion de son pécule, c'est-à-dire de l'argent qu'il aura gagné sera assurée à l'administration, à l'association, au particulier qui l'aurait recueilli. S'il a des biens, la tutelle de droit commun existera pour lui comme pour tout le monde, et il nous semble alors suffisant d'établir une règle mise en pratique par l'administration hospitalière de Paris pour les moralement abandonnés qu'elle a sous son patronage, cette règle consistant à faire admettre de droit un représentant de l'administration, de l'association ou le bienfaiteur lui-même dans le conseil de famille.

Le conseil pourrait alors confier la tutelle à celui qui a l'enfant. A tous les points de vue, aussi bien pour les enfants eux-mêmes que pour les particuliers et les administrations, il est bon de se maintenir, autant que possible, dans la législation commune.

Reste la mise en correction; nous ne sommes pas d'avis d'en armer l'association ou le particulier se chargeant du délaissé; on veut, par le service nouveau des moralement abandonnés, empêcher les enfants de venir échouer presque fatalement dans les colonies pénitentiaires, en leur offrant de se régénérer par le travail libre. Est-ce pour les confier le lendemain à ces mêmes établissements en déplaçant seulement les responsabilités et le paiement des dépenses? Ce n'est pas évidemment le but désirable.

Maintenant, que les établissements pénitentiaires aient des sections pour ces indisciplinés *non condamnés*, ainsi que cela a lieu dans beaucoup de Bons-Pasteurs, qu'on puisse alors les considérer comme des pensions plus sévèrement tenues, rien de mieux. L'internement d'un enfant ne serait qu'une mise en préservation rentrant parfaitement dans les droits de garde et d'éducation.

Sur ce point encore aucune difficulté d'application, et cette mesure suffirait en général. Quant aux natures absolument rebelles, alors que tout aurait échoué, on déférerait ces incorrigibles à la justice et ils seraient envoyés en correction par le tribunal, à temps, ou jusqu'à leur majorité. Cette menace, suspendue sur les têtes, ferait du reste réfléchir plus d'un enfant vicieux.

En ce qui concerne les enfants âgés de moins de 16 ans et traduits devant les tribunaux; ceux-ci peuvent, en vertu de l'art. 66, les envoyer dans une colonie pénitentiaire, ils useraient de leur pouvoir discrétionnaire pour les confier, pendant une période déterminée et sous certaines conditions, à des particuliers, associations ou administrations, et cet acte formant la loi des parties remplacerait le contrat dont il est parlé plus haut, en conférant aux intéressés les mêmes droits de garde et d'éducation.

Ces bases générales nous paraissent devoir donner satisfaction aux aspirations légitimes de ceux qui veulent se consacrer au relèvement moral des enfants délaissés par leurs parents; les prescriptions annuelles de notre droit public ne sont point modifiées et on ne donne pas à des particuliers, à des associations laïques ou religieuses des droits que nous trouvons excessifs, qu'aucune nécessité ne vient justifier, et dont, dans la pratique, ils ne pourraient user.

D'un autre côté, la bienfaisance privée ne se trouvant pas subordonnée constamment à l'élément administratif qui exercerait simplement son droit légitime de surveillance, pourrait faire son œuvre, soulager bien des misères, et 15 à 20 millions ne deviendraient plus indispensables pour transformer l'État en un *père universel.* Quelques milliers de francs dans certains départements, quelques centaines de mille pour les plus riches et les plus peuplés, permettraient de sauver de nombreux délaissés, vagabonds, indisciplinés, en les transformant en laborieux et honnêtes citoyens.

A notre avis, le service des moralement abandonnés n'est possible, que du moment qu'il borne son action à des enfants âgés de dix ans environ, laissant à l'initiative particulière le soin de compléter ce mode d'assistance. Sans cela, nous ne saurions trop le répéter, du moment qu'une administration départementale, communale ou l'Etat, prendra officiellement la charge de l'éducation des enfants au-dessous de cet âge, sans qu'ils soient réellement abandonnés, toutes les familles feront élever les leurs de cette manière, et il n'y aura pas de budget qui puisse résister à une pareille invasion. Et puis quelles seraient les relations de ces milliers de parents et d'enfants presqu'inconnus les uns aux autres. On ne trouverait ni amour chez les premiers, ni affection et respect chez les seconds ; ces sentiments naissent en partie des sacrifices accomplis et du dévouement de tous les jours. En dehors de cela il ne reste plus que des étrangers, la famille est détruite, et, au point de vue social, tous les efforts doivent tendre, au contraire, à la fortifier.

CHAPITRE SIXIÈME

UN NOUVEAU PROJET DE LOI SUR LES ENFANTS ASSISTÉS

Titre Ier. — Classification et admission des enfants assistés.

Art. 1er. — « Les enfants *assistés* dont la *tutelle* est confiée à la charité publique sont : les enfants trouvés, les enfants abandonnés, les orphelins pauvres.

Art. 2. — « Les enfants trouvés sont ceux qui, nés de père et mère inconnus, ont été trouvés dans un lieu quelconque, et portés dans les hospices destinés à les recevoir.

« Les enfants abandonnés sont ceux légitimes ou naturels qui, nés de père ou de mère connus, et d'abord élevés par eux, ou par d'autres personnes à leur décharge, en sont délaissés, sans qu'on sache ce que les pères et mères sont devenus, et sans qu'on puisse recourir à eux, *soit par suite de circonstances indépendantes de leur volonté, soit en raison d'un mauvais vouloir dûment constaté.*

« Les orphelins sont ceux qui n'ayant *plus* ni père ni mère, n'ont aucun moyen d'existence. »

Cette classification est empruntée, pour ainsi dire textuellement, au décret du 19 janvier 1811; nous n'y avons fait que quelques modifications de détail afin de donner plus de précision aux termes employés. Ainsi, l'art. 1er, le mot tutelle remplace le mot éducation; dans l'art. 2, l'abandon effectué par les parents, et qui forme la majorité des admissions, est l'objet d'un paragraphe nouveau.

Art. 3. — « Le mode d'admission par le tour est prohibé; néanmoins dans toute maternité ou service public d'accouchement, la femme à terme qui ne veut pas se faire connaître, peut être admise à la seule et unique condition de remettre, à la direction de l'établissement, un pli cacheté contenant ses noms et adresse. Ce pli lui est rendu à sa sortie, et ne doit être décacheté qu'en cas de décès.

« Les enfants visés par les articles précédents peuvent être reçus dans tous les hospices ou hôpitaux, sur la présentation de leur acte de naissance et autres pièces justifiant, s'il y a lieu, qu'ils appartiennent à la catégorie des trouvés, des abandonnés ou des orphelins.

« Lorsqu'il y a dans une même localité plusieurs établissements hospitaliers, l'un d'eux, est seul désigné comme hospice dépositaire.

« Si la personne qui présente l'enfant déclare ne pouvoir ou ne vouloir fournir aucune indication sur son origine, en dehors de celles contenues au bulletin de naissance, ce refus de renseignement est constaté, mais l'admission est toutefois prononcée.

« Par exception, dans les villes ayant une population égale ou supérieure à cinq mille âmes, les sages-femmes ne peuvent présenter directement aucun enfant aux établissements hospitaliers et sont tenues de les remettre entre les mains des commissaires de police qui remplissent alors les formalités de l'admission. »

Nous ne reviendrons pas sur la question du tour et des admissions à bureau ouvert; quant au paragraphe relatif au secret des accouchements, c'est une idée empruntée au règlement des hôpitaux de Rome, de Vienne et de Moscou, qui a été indiquée par M. Thulié dans son projet de loi soumis au Conseil général de la Seine en 1878.

Le règlement d'administration publique rendu en exécution de la loi devrait, du reste, préciser les points de détails et d'application journalière.

Nous avons expliqué également les motifs qui permettent de considérer les sages-femmes comme se livrant fréquemment a un odieux trafic et favorisant les abandons. Ce trafic étant plus difficile dans les petites localités, nous avons parlé seulement des villes de cinq mille âmes et au-dessus.

Titre II. — De la direction du service et de la tutelle des enfants.

Art. 4. — « Les Conseils généraux statuent définitivement sur toutes les parties du service des enfants assistés en se conformant aux dispositions de la présente loi.

« Ils procèdent à l'égard des dons et legs faits au domaine spécial des enfants assistés et des acquisitions, ventes, échanges, actions à intenter ou à soutenir concernant ce domaine, dans les formes prévues pour les autres biens départementaux. »

Cet article n'est que la consécration des lois des 18 juillet 1866 et 10 août 1871, sur les Conseils généraux ; nous désirons que ces corps élus prennent la direction effective du service, es commissions tutrices restant agents d'exécution.

Art. 5. — « Les enfants trouvés, abandonnés et orphelins admis dans les hospices à quelque titre, et sous quelque dénomination que ce soit, seront, dans chaque département, placés sous la tutelle d'une *commission* spéciale qui désigne un de ses membres pour exercer, le cas advenant, les fonctions de tuteur, les autres membres formant le conseil de tutelle. »

Reproduction de l'article 1er de la loi du 15 pluviôse an XIII, véritable charte des enfants assistés en France, et que nous avons fondue presque tout entière dans notre projet ; car cette loi est non seulement conçue dans un esprit excellent, mais elle a encore pour elle la sanction de l'expérience.

Art. 6. — « Cette commission départementale est composée :

« 1° De deux conseillers généraux élus par le Conseil général ;

« 2° D'un membre de chacune des commissions hospitalières, existant dans le département, élu par ces commissions ;

« 3° D'un membre du bureau de bienfaisance du chef-lieu élu par ses collègues ;

« 4° D'un employé supérieur de la Préfecture nommé par le Préfet et qui remplit les fonctions de secrétaire avec voix délibérative. Dans le département de la Seine, le directeur de l'administration de l'assistance publique exerce seul tous les droits de tutelle et autres attribués aux commissions instituées par la présente loi. »

A côté des membres des commissions administratives représentant l'élément charitable, il fallait donner une place au délégué du pouvoir central ; y appeler le Préfet c'était lui faire jouer un rôle prépondérant ou trop effacé. Le fonctionnaire qu'il désignera étant chargé de la rédaction des procès-verbaux, comme secrétaire avec voix consultative, servira de lien entre la commission tutrice et la Préfecture, il pourra présenter et défendre avec toute liberté les idées de son chef hiérarchique.

Art. 7. — « Les commissions nomment annuellement leurs Président et Vice-Président ; elles se renouvellent par quart chaque année ; les membres sortants étant indéfiniment rééligibles.

Art. 8. — « Les commissions tutrices sont assimilées aux commissions hospitalières, en ce qui concerne la révocation de leurs membres et leur dissolution totale.

« En cas de dissolution les nouvelles élections doivent avoir lieu dans le délai d'un mois.

Art. 9. — « La tutelle des commissions départementales s'exerce sur les enfants trouvés, abandonnés et orphelins jusqu'à leur majorité, leur émancipation ou leur mariage.

« Les commissions consentent seules au mariage de leurs pupilles ainsi qu'aux engagements militaires ou dans l'instruction.

« Toutefois, même après la majorité, les anciens pupilles sont tenus jusqu'à 25 ans, vis-à-vis des commissions qui les ont élevés, aux obligations imposées par l'articles 148 et 151 du code civil aux enfants âgés de moins 25 ans ayant leurs parents légitimes et voulant contracter mariage.

« Les commissions ont en outre la jouissance des droits attribués aux pères et mères en ce qui concerne la mise en correction et l'émancipation de leurs enfants mineurs.

« L'émancipation est faite sur l'avis des membres de la commission par celui d'entre eux désigné comme tuteur et qui seul est tenu de comparaître à cet effet devant le juge de paix. »

La partie de l'article relative à l'émancipation, fait assez rare du reste, est empruntée à la loi de pluviôse an XIII. Quant aux autres dispositions, elles comblent certaines lacunes. Ainsi, le droit des commissions de consentir au mariage de leurs pupilles, n'est pas indiqué nettement dans les lois existantes, nous avons tenu à ne laisser subsister aucun doute sur ce point.

Nous proposons même timidement une innovation. Tous ceux qui s'occupent, sur le vif, des enfants assistés sont frappés de ce fait que, le lendemain de la majorité, l'enfant que l'Administration à élevé pendant 21 ans lui devient absolument étranger. Le compte de tutelle est rendu à un pupille impatient et ne trouvant, s'il n'a pas pu se créer une seconde famille auprès de ses nourriciers, personne pour s'occuper de lui. Nous voudrions une disposition l'obligeant jusqu'à 25 ans à ne pouvoir se marier sans entrer en relations avec ses anciens tuteurs, de manière à entretenir le plus longtemps possible une tutelle toute paternelle, aussi utile pour les garçons que pour les filles. C'est dans cet esprit que nous indiquons la réforme du § 3.

Art. 10. — « Les commissions peuvent consentir à la tutelle officieuse sur leurs pupilles conformément à l'art. 361 du code civil et, en cas de nécessité, déléguer, par une simple délibération, l'exercice de la tutelle à la commission d'un autre département.

Art. 11. — « La gestion de la fortune particulière des Enfants assistés, quelle que soit son origine, appartient au tuteur et au Conseil de tutelle. Le Receveur de l'hospice dépositaire du chef-lieu, remplit à cet égard les mêmes fonctions que pour les biens des hospices. Toutefois les biens des administrateurs tuteurs ne peuvent, à raison de leurs fonctions, être passibles d'aucune hypothèque. La garantie de la tutelle réside dans le cautionnement du Receveur chargé de la manutention des deniers, et de la gestion des biens; en cas d'émancipation il remplit les fonctions du curateur.

Art. 12. — « Les capitaux qui appartiennent ou échoient aux enfants admis dans les hospices, sont placés de préférence dans les caisses d'épargne ou en rentes sur l'État, conformément aux dispositions arrêtées par la commission tutrice.

Art. 13. — « Tout ou partie des revenus des biens ou capitaux appartenant aux enfants, à l'exception de ceux provenant de leur travail, peut être perçu jusqu'à la sortie de tutelle au profit du domaine départemental des Enfants assistés, à titre d'indemnité des frais de leur nourriture et entretien.

Art. 14. — « Si l'enfant décède avant sa sortie de tutelle, son émancipation ou sa majorité, et qu'aucun héritier ne se présente, ses biens, quelle que soit leur origine, appartiennent en propriété au même domaine, lequel peut être envoyé en possession à la diligence du Trésorier-payeur général du département et sur les conclusions du Ministère public.

« S'il se présente ensuite des héritiers, ils ne peuvent répéter les fruits que du jour de la demande. »

Ces règles si sages, sanctionnées par la pratique, appartiennent à la loi de pluviôse. Étant donné l'esprit élevé et généreux des membres des commissions hospitalières, il n'y a aucun inconvénient à laisser aux commissions départementales le pouvoir de faire rembourser partiellement aux pupilles leurs dépenses au moyen d'un prélèvement sur ces revenus et jamais sur les capitaux.

Art. 15. — « Les héritiers qui se présentent pour recueillir la succession d'un enfant décédé avant sa sortie de tutelle, son émancipation ou sa majorité, sont tenus d'indemniser le département des aliments fournis et dépenses faites par l'enfant décédé pendant le temps qu'il est resté à la charge de l'Administration, sauf à faire entrer en compensation jusqu'à due concurrence les revenus perçus par le domaine départemental. »

TITRE III. — Du placement des enfants et de la surveillance.

Art. 16. — « Les enfants assistés, quel que soit leur âge, ne sont point conservés dans les hospices où ils ont été déposés, excepté les cas de maladie ou accidents graves qui en empêchent le transport ; ce premier asile ne devant être considéré que comme un dépôt en attendant que ces enfants puissent être placés chez des nourrices ou mis en pension chez des particuliers. »

Si la loi de pluviôse an XIII doit servir de règle lorsqu'il s'agit de la tutelle, le décret du 30 ventôse an V (20 mars 1797) a tracé depuis quatre-vingt dix ans l'ensemble des conditions de nature à assurer les meilleurs modes de placement pour les pupilles. Ce sont ces dispositions si excellentes que nous voudrions reproduire dans une loi.

Art. 17. — « Les enfants placés dans les campagnes ne peuvent être ramenés dans les hospices, à moins qu'ils ne soient estropiés ou attaqués de maladies particulières qui les excluent de la société ou les rendent inhabiles à se livrer à des travaux qui exigent de la force et de l'adresse.

Art. 18. — « Les Conseils généraux arrêtent tous les cinq ans, sur la proposition des commissions départementales tutrices :

« 1° Le tarif des frais de séjour à rembourser aux hospices ou hôpitaux qui reçoivent des enfants assistés ;

« 2° Le tarif des mois de nourrice et pension. Ces mois de nourrice et de pension sont payables par trimestre jusqu'à la 13e année accomplie ;

« 3° La composition et la valeur des layettes et vêtures délivrées annuellement aux pupilles à la pension. »

Depuis la loi du 28 mars 1882 sur l'instruction obligatoire, un grand nombre de Conseils généraux ont prolongé la pension de 12 à 13 ans ; c'est cette situation qu'il faut sanctionner législativement. Elle est, du reste, tout à l'avantage des enfants obligés antérieurement de se suffire à eux-mêmes dès l'âge de 12 ans. Dans la commission de 1849 (p. 405), M. de Watteville disait :

« Je demande, que les salaires des nourrices soient portés jusqu'à ce que l'enfant ait atteint sa quinzième année. Dans l'état actuel de la législation, qui fixe à 12 ans accomplis l'âge auquel cesse le payement du salaire, l'enfant se trouve délaissé à une époque de la vie où il a encore grand besoin de secours.

« La fixation des salaires pour les enfants trouvés au-dessus de 12 ans n'est point invention nouvelle. Sous Louis XV, par l'ordonnance du 7 janvier 1761, ce salaire était prolongé jusqu'à 15 ans pour les garçons et 16 ans pour les filles. »

Art. 19. — « Les nourrices qui justifient d'avoir traité avec humanité les enfants reçoivent, indépendamment des mois de nourrice, et pour les neuf premiers mois de la vie de ces élèves, une indemnité de 50 francs payable en une seule fois.

« Les nourrices qui ont conservé des pupilles de la première année jusqu'à 13 ans accomplis et les ont préservés, jusqu'à cet âge, d'accidents provenant de défaut de soins tout en leur facilitant les moyens d'acquérir l'instruction civique et religieuse, reçoivent une seconde indemnité de 100 francs. »

Nous avons augmenté les indemnités de ventôse an V (18 francs et 50 francs) en raison de la différence de la puissance du signe monétaire à la fin du siècle dernier et de nos jours.

L'art. 15 du même décret parle d'une troisième indemnité à accorder lors de la mise en apprentissage. Mais cette indemnité « destinée à être employée à procurer à ces enfants les vêtements qui leur sont nécessaires, » a perdu sa raison d'être depuis que tous les départements délivrent aux différents âges les vêtures indispensables.

Art. 20. — « A l'expiration de leur 13e année, les pupilles sont maintenus, autant que possible, dans l'agriculture, et il est passé avec les patrons, par les soins des commissions tutrices, des contrats d'apprentissage dont la durée ne peut dépasser cinq années. Les nourrices qui ont élevé jusqu'à 13 ans les enfants qui leur sont confiés, peuvent les conserver de préférence à tous autres en se chargeant de leur faire apprendre un métier ou de les appliquer à l'agriculture. »

Reproduction presque textuelle du décret de ventôse an V (art. 14 et 15). En ce qui concerne la durée des contrats, le décret du 19 janvier 1811 contenait des dispositions absolument injustes et dues aux circonstances particulières de l'époque.

Il semble toutefois utile de limiter la durée des contrats d'apprentissage pouvant être consentis par les commissions tutrices.

Art. 21. — « Le choix des placements, la rédaction des contrats et la surveillance permanente des enfants assistés chez les nourrices ou les patrons, sont assurés au moyen d'Inspecteurs et de Sous-Inspecteurs, s'il y a lieu, résidant dans les divers centres de placement ou au chef-lieu du département.

« Les soins médicaux et la surveillance médicale sont confiés à des médecins chargés également d'une circonscription déterminée.

« Ces Inspecteurs et Sous-Inspecteurs sont nommés par le Conseil général sur la présentation de la commission départementale de tutelle ; assimilés aux employés départementaux, ils restent soumis aux mêmes obligations en ce qui concerne la caisse des retraites. Les médecins, nommés de la même manière que les Inspecteurs, reçoivent seulement des indemnités fixées par le Conseil général et non susceptibles de retenues pour la caisse des retraites. »

A l'heure actuelle, tout est confondu en province ; suivant la remarque si juste du rapporteur du Conseil général de la Seine en 1878, M. Thulié. Il faut que l'*Inspecteur inspecte et que l'Administration administre ;* or l'inspection appartient aux Inspecteurs généraux du ministère de l'Intérieur, et les commissions ont besoin, pour remplir utilement leur mission, *d'agents de surveillance* exécutant les instructions de la commission, visitant constamment les pupilles et rendant compte de leurs tournées.

En un mot, il faut, pour ce service, une tête doublée d'un cœur et d'un bras. Le Conseil général est la tête, la commission le cœur et l'agent de surveillance le bras.

Quant aux médecins, leur rôle s'explique de lui-même.

TITRE IV. — Dispositions spéciales.

Art. 22. — « Le domicile de secours des Enfants assistés mineurs, légitimes ou naturels, même non reconnus, est celui de leur mère au moment de leur naissance. Les rapatriements de département à département sont prohibés, excepté lorsqu'il s'agit d'orphelins, d'enfants légitimes, d'enfants de parents condamnés ou d'enfants envoyés d'office par la police ou les tribunaux par suite de l'inconduite notoire de leurs auteurs.

« Les instances en rapatriement sont engagées par les commissions de tutelle les unes vis-à-vis des autres; en cas de dissentiment, l'affaire est soumise à l'arbitrage du Ministre de l'intérieur qui statue définitivement.

Art. 23. — « Conformément à l'ordonnance royale du 28 juin 1833, les percepteurs et autres agents du ministère des finances effectuent, dans toutes les communes autres que les chef-lieux des départements, le paiement des mois de nourrice, pensions et indemnités dues aux nourrices, patrons, instituteurs et médecins, sur le vu d'un état, ordonnancé et signé par le Président de la Commission tutrice, et une fois que l'existence ou le décès des enfants aura été certifié par les maires de leur résidence.

« Au chef-lieu les dits paiements sont effectués par le receveur de l'hospice dépositaire.

Art. 24. — « Les mois de nourrice et pensions des Enfants assistés, les indemnités accordées aux patrons, sont incessibles et insaisissables. Les états d'émargement sur lesquels ils sont portés sont dispensés de tout timbre, ainsi que les états d'indemnités attribués aux instituteurs et médecins.

Art. 25. — « Les commissions de tutelle ont, sous le contreseing du président ou du secrétaire la Commission, la correspondance en franchise entre elles, avec toutes les autorités religieuses, civiles et militaires des départements où sont placés leurs pupilles.

« Le même privilège leur est accordé en ce qui concerne la correspondance avec les Inspecteurs, Sous-Inspecteurs, médecins, nourrices et patrons.

« Toute lettre adressée au Président de la Commission de tutelle est remise en franchise.

« Le privilège mentionné ci-dessus pourrait, par délibération spéciale du Conseil général, être demandé en faveur des Inspecteurs et Sous-Inspecteurs ne résidant pas au chef-lieu du département. »

Les articles 22 à 25 renferment des dispositions diverses qu'il a paru utile de codifier. De plus, chaque année, le service des Enfants assistés nécessite l'emploi de sommes d'argent considérables en frais de correspondance. Déjà certains droits de franchise postale ont été accordés, il est bon de les étendre encore, car dans quel intérêt faire rentrer dans les caisses du trésor un argent provenant d'un budget alimenté presque uniquement par les contribuables.

Nous avons mis le contre-seing du président ou du secrétaire, parce que ce dernier résidant forcément à la Préfecture sera plus à même que personne de contre-signer la correspondance. Il peut se présenter également des cas où les Inspecteurs et Sous-Inspecteurs ne se trouvent pas au chef-lieu; le département de la Seine possède ainsi trente directeurs d'agence résidant au centre de leurs circonscriptions respectives dans les départements.

TITRE V. — De la remise des enfants.

Art. 26.— « Les pères, mères et les ascendants légitimes qui réclament des Enfants assistés admis à quelque titre que ce soit, sont tenus d'établir leur qualité par la présentation d'actes de l'état civil ou d'actes de reconnaissance en due forme ; ils doivent justifier en outre de leur moralité et de la possession de ressources suffisantes pour élever l'enfant. Si la commission juge que l'enfant peut être rendu à ses parents, elle a le droit de les exonérer sur leur demande, et suivant les cas, de tout ou partie des frais occasionnés par le pupille. La remise définitive peut être faite seulement aux ascendants légitimes de tous les degrés, aux pères et mères naturels après reconnaissance.

« Tout enfant confié à des parents autres que ceux désignés

ci-dessus ou à des particuliers, ne l'est que sous la réserve de la tutelle de la commission. »

Cet article est la reproduction des règlements existants; il nous a paru indispensable, cependant, d'en modifier légèrement la rédaction en vue de fortifier l'action des tuteurs légaux et de leur permettre de mieux résister à des réclamations mal fondées.

TITRE VI. — Des recettes et des dépenses du service.

Art. 27. — « Le budget du service des Enfants assistés bien que faisant partie du budget départemental au point de vue de la comptabilité, constitue un budget spécial avec des recettes distinctes des autres revenus départementaux; il est voté à part par le conseil général.

Art. 28. — « Le budget est dressé par le préfet du département conformément aux délibérations de la Commission de tutelle.

« Le préfet joint à l'appui de ce projet, le rapport annexe adressé au Conseil général par la dite Commission, en l'accompagnant de ses propres observations s'il y a lieu. »

Nous croyons utile d'établir un budget spécial; à l'heure actuelle, les crédits des Enfants assistés, en recettes et en dépenses se trouvent fondus dans l'ensemble du budget, si bien que les recettes du service peuvent servir à tout autre usage qu'à améliorer le sort des enfants. Notre disposition augmenterait, certainement, le nombre des dons et legs.

Art. 29. — « Les recettes du service des enfants assistés se composent :

« 1° Du produit des fondations, dons et legs spéciaux faits soit à un hospice, soit au département, au profit particulier des enfants assistés ;

« 2° Du produit des fondations, dons et legs, faits soit à un hospice, soit au département au profit du domaine des enfants assistés ;

« 3° Du produit des amendes de police correctionnelle recouvrées dans le département, déduction faite de la part attribuée aux agents de la force publique par les lois et règlements ;

« 4° Du contingent de l'État. Ce contingent, ouvert chaque année au budget du ministère de l'intérieur, est égal au montant des successions en déshérence recouvrées par l'État pendant l'exercice clos. Il est réparti entre les départements au prorata de leur population d'enfants à la pension arrêtée au 31 décembre;

« 5° Du contingent des communes, égal au plus à la moitié des dépenses de toute nature, déduction faite des recettes prévues aux numéros 1, 2 et 3 du présent article ;

« 6° De la part contributive du département égale à la différence existant entre les dépenses du service et les recettes mentionnées aux numéros 1 à 5. »

Le n° 1 de l'article nous semble très important. Il est naturel que les revenus du domaine des Enfants assistés diminuent les charges du budget; mais lorsqu'un bienfaiteur donne ou lègue une somme pour un but déterminé : dots de mariage, d'apprentissage, etc., il à entendu évidemment être utile aux enfants et non au département.

Or, sans cette distinction, il arrive fatalement que plus on fait de fondations, moins le département alloue de crédits et les enfants ne profitent pas suffisamment des libéralités, c'est pour éviter cette injustice que nous avons voulu établir une séparation entre le don destiné aux enfants en général et tombant dans le domaine, et le don avec destination spéciale.

Ce mode de procéder ne peut qu'exciter les bienfaiteurs à s'occuper de cette classe d'indigents si intéressante.

Art. 30. — « Les dépenses du service des Enfants assistés comprennent :

« 1° Les frais de toute nature occasionnés par le séjour des enfants dans des hospices :

« 2° Le prix de pension, et les allocations réglementaires et exceptionnelles concernant les enfants placés à la campagne ou dans des établissements spéciaux; les primes aux nourriciers et récompenses diverses ;

« 3° Les dépenses d'instruction primaire et religieuse;

« 4° Les frais de déplacement, soit des nourrices, soit des enfants;

« 5° Les registres, imprimés de toute nature, les livrets et signes de reconnaissance établis par les règlements ;

« 6° Les frais de maladie et d'inhumation des enfants placés en nourrice ou en apprentissage ;

« 7° Les frais d'inspection et de surveillance.

Art. 31. — « Il peut être ouvert en outre au budget des enfants assistés, un crédit destiné à accorder des secours temporaires à des femmes dignes d'intérêt, notamment à des mères naturelles, ayant un premier enfant, de manière à éviter l'abandon et à favoriser l'allaitement maternel.

« Ces secours sont alloués par délibération de la commission tutrice. Les enfants ainsi secourus ne peuvent figurer à aucun titre au nombre des enfants trouvés, abandonnés et orphelins, et la commission tutrice n'a aucun droit de tutelle sur eux. »

Les secours temporaires ont été absolument exagérés, nous avons signalé les inconvénients graves, de la manière de procéder de l'inspection départementale il nous a paru que la rédaction ci-dessus rendait à ce mode d'assistance, le rang secondaire qu'il n'aurait jamais dû perdre.

Art. 32. — « Sont abrogés le décret du 30 ventôse an V ; les lois des 15 pluviôse an XIII et 5 mai 1869.

« Sont abrogés également les lois et décrets, en ce qu'ils ont de contraire aux dispositions de la présente loi. La loi du 10 janvier 1849 est toutefois maintenue, le directeur de l'assistance publique remplaçant complètement, dans le département de la Seine, les commissions tutrices et jouissant seul des droits et attributions qui leur sont concédés. »

CHAPITRE SEPTIÈME

UN NOUVEAU PROJET DE LOI SUR LES ENFANTS MORALEMENT ABANDONNÉS

§ Ier. — *Modifications des art.* 335 *et* 66 *du code pénal.*

En dehors de ces considérations générales et sans revenir sur les principes que nous avons exposés, soit en discutant les articles de la loi votée par le Sénat, soit au chapitre v des présentes études, nous proposons d'insérer dans les articles 66 et 335 du code pénal, des règles qui nous paraissent pleinement suffire à protéger les enfants vagabonds ou appartenant à des parents indignes tout en évitant les subtilités du projet de loi dont il s'agit.

On remarquera seulement la différence fondamentale qui existe entre la rédaction de l'art. 335 et celle de l'art. 66. Nous pensons que dans le cas particulier où la situation est assez grave pour motiver la déchéance de la puissance paternelle sur tout ou partie des enfants existants, ces enfants doivent être placés sous la protection des commissions départementales tutrices. Elles seules nous semblent assez fortes pour les protéger efficacement contre toute tentative ultérieure de leurs parents parce qu'elles représentent l'action administrative. Il peut d'ailleurs y avoir parmi eux des nouveau-nés ou des enfants âgés de quelques années seulement.

S'agit-il au contraire des vagabonds, des indisciplinés de l'art. 66 dont les parents ont négligé l'éducation et qu'ils refusent souvent de reprendre, le Président peut les confier soit à un particulier, soit à une administration publique, soit à une association reconnue.

Cette distinction est fondamentale et nous servira à établir notre projet de loi relatif aux moralement abandonnés.

De la déchéance de la puissance paternelle et de la modification de l'art. 66 du Code pénal.

CODE PÉNAL ART. 335 [1].

RÉDACTION ACTUELLE

Les coupables du délit mentionné au précédent article seront interdits de toute tutelle ou curatelle et de toute participation aux conseils de famille, savoir : les individus auxquels s'applique le premier paragraphe de cet article, pendant deux ans au moins et cinq ans au plus, et ceux dont il est parlé au second paragraphe, pendant dix ans au moins, et vingt ans au plus.

Si le délit a été commis par le père ou la mère, le coupable sera, de plus, privé des droits et avantages à lui accordés sur la personne et les biens de l'enfant par le code civil, liv. Ier, titre IX *de la puissance paternelle*. Dans tous les cas, les coupables pourront être mis, par l'arrêt ou le jugement, sous la surveillance de la haute police en observant, pour la durée de la surveillance, ce qui vient d'être établi pour la durée de l'interdiction mentionnée au présent article.

RÉDACTION PROPOSÉE

Les coupables des délits mentionnés aux paragraphes 1 et 2 du précédent article, seront interdits, leur vie durant, de toute tutelle ou curatelle, et de toute participation aux conseils de famille.

Les pères et mères coupables des délits mentionnés aux dits paragraphes seront de droit, à la requête du ministère public, déchus de la puissance paternelle sur leurs enfants vivants. Si le tribunal ne juge pas qu'il y ait lieu à constitution d'une tutelle de droit commun, ces enfants seront placés dans le service des enfants assistés de leur département d'origine.

Si le délit a été commis par le père ou la mère, le coupable sera, de plus privé des droits et avantages à lui accordés sur la personne et les biens de l'enfant par le code civil (liv. Ier titre IX *de la puissance paternelle*).

Dans tous les cas. . . . .

. . . .

. . . .

1. Art. 334. Quiconque aura attenté aux mœurs, en excitant, favorisant ou facilitant habituellement la débauche ou la corruption de la jeunesse de l'un ou de l'autre sexe au-dessous de l'âge de 21 ans, sera puni d'un emprisonnement de 6 mois à 2 ans, et d'une amende de 50 à 500 francs ; si la prostitution ou la corruption a été excitée, favorisée ou facilitée par leurs pères, mères, tuteurs ou autres personnes chargées de leur surveillance, la peine sera de 2 ans à 5 ans d'emprisonnement et de 300 francs à 1000 francs d'amende.

Toutes les fois que des pères ou mères seront condamnés à une peine afflictive et infamante pour coups, blessures, sévices sur la personne de leurs enfants, mauvais traitements pouvant compromettre leur santé ou leur existence, ou délit de mendicité prévu par la loi du 7 décembre 1874, le Ministère public posera, subsidiairement, la question de déchéance de la puissance paternelle sur ces enfants, à perpétuité ou pour un temps déterminé.

Une fois que le tribunal aura prononcé, il sera pourvu à l'égard de ces enfants, ainsi qu'il est dit au paragraphe 2 du présent article.

Les parents déchus de la puissance paternelle pourront obtenir la réhabilitation en se conformant aux ar-articles 619 et suivants du code d'instruction criminelle.

ART. 66 DU CODE PÉNAL

RÉDACTION ACTUELLE	RÉDACTION PROPOSÉE
Lorsque l'accusé aura moins de 16 ans, s'il est décidé qu'il a agi sans discernement, il sera acquitté, mais il sera, selon les circonstances, remis à ses parents, ou détenu, pendant tel nombre d'années que le jugement déterminera, et qui, toutefois, ne pourra excéder l'époque où il aura atteint sa 20e année.	Même rédaction.
	Lorsque les antécédents de l'accusé le permettront et qu'il ne pourra pas néanmoins être remis à ses parents, une ordonnance de non-lieu sera rendue et, sur la requête du ministère public, le Président du tribunal aura la faculté d'ordonner l'envoi du mineur dans le service des moralement abandonnés pour une période déterminée, en le confiant soit à un particulier, soit à une asso-

ciation de bienfaisance reconnue, soit à la Commission tutrice des Enfants assistés de son département d'origine, à condition que ces personnes, associations ou administrations consentiront par écrit à le recevoir.

Par le fait de cette ordonnance, les parents seront dessaisis des droits de garde, d'éducation, de placement en apprentissage, de consentement à l'engagement militaire ou à l'engagement décennal dans l'instruction, et de gestion du pécule.

Par analogie avec l'article 378 du code civil, il n'y aura de ce chef aucune écriture ou formalité judiciaire.

§ II. — *Projet de loi.*

Titre I. — Classification, admission des enfants moralement abandonnés.

Art. 1er. — « Les enfants moralement abandonnés dont le patronage peut être confié à la charité publique ou privée, sont les enfants de 9 ans à 16 ans que leurs parents laissent volontairement, ou par suite de circonstances indépendantes de leur volonté, dans un état habituel de mendicité, de vagabondage ou de prostitution.

Art. 2. — « L'admission d'un enfant dans le service des moralement abandonnés jusqu'à sa majorité ou pendant une période déterminée, comporte toujours la privation pour les parents ou tuteur des droits de garde, d'éducation, de mise en apprentissage, d'autorisation de consentir à l'engagement militaire ou à l'engagement décennal dans l'instruction publique et de gestion du pécule.

Art. 3. — « Les enfants moralement abandonnés peuvent être placés sous le patronage de la commission départementale tutrice des Enfants assistés, d'une association reconnue ou d'un particulier, de trois manières différentes :

« 1° Par le Président du tribunal, en vertu de l'art. 66 (nouveau) du code pénal ;

« 2° Par la libre volonté de leurs parents ou tuteur exprimée conformément aux prescriptions de la présente loi ;

« 3° Sur la demande motivée des administrations ou des personnes les ayant antérieurement recueillis.

« En tout état de cause, les particuliers doivent remplir les conditions imposées par les articles 4, 5 et 6 de la loi du 4 mars 1851 sur les contrats d'apprentissage.

Art. 4. — « En dehors de l'action accordée au ministère public par l'art. 66 (nouveau) du code pénal pour les enfants traduits devant les tribunaux, tout agent de l'autorité publique qui rencontre sur la voie publique un mineur de 16 ans, de l'un ou de l'autre sexe, dans une des conditions énoncées à l'art. 1er, le défère au Procureur de la république qui agit, à son égard, conformément aux prescriptions de cet article 66.

Art. 5. — « Lorsque les père, mère ou tuteur sont dans l'incapacité ou l'impossibilité constatée de remplir leurs devoirs de surveillance ou d'éducation envers leurs enfants ou pupilles mineurs de 9 à 16 ans, et que, trouvant les placements ordinaires insuffisants, ils désirent les faire entrer dans le service des moralement abandonnés, ils doivent remettre au juge de paix de leur domicile une déclaration par écrit des causes ou circonstances qui ne leur permettent pas l'accomplissement des devoirs sus-mentionnés, en y joignant la déclaration écrite par laquelle le représentant de la commission tutrice, d'une association reconnue, ou un particulier consent à se charger des mineurs soit gratuitement, soit moyennant une redevance déterminée.

« Si le juge de paix reconnaît qu'il est conforme aux intérêts des enfants de donner suite à cette requête, il transmet, dans les huit jours, avec son avis motivé, les pièces sus-visées au Président du tribunal civil, qui agit alors en conformité de l'art. 66 (nouveau) du code pénal comme s'il était saisi par le parquet.

« L'approbation du Président valide immédiatement le dessaisissement consenti par les parents ou tuteur suivant les clauses et conditions contenues dans les pièces adressées au juge de paix et qui restent dans ses archives, à charge d'en délivrer gratuitement une copie certifiée aux intéressés.

Art. 6. « — La commission tutrice, l'association reconnue, le particulier qui recueille spontanément un mineur de 9 à 16 ans, non à titre d'enfant assisté s'il s'agit d'une commission tutrice, sans aucun autre droit que ceux résultant de contrats privés, peut, à toute époque de la minorité des pupilles, s'adresser au juge de paix du lieu où a été placé l'enfant, à l'effet d'obtenir son admission dans le service des moralement abandonnés.

« Le juge de paix saisit, dans le mois, le Président du tribunal ainsi qu'il est dit à l'article précédent, et le Président décide, s'il y a lieu, que la commission, l'association ou le particulier jouira, sur cet enfant, des droits spécifiés par la présente loi.

« Ses ascendants, le tuteur ou la personne qui aura placé l'enfant, devront nécessairement être appelés à présenter, contradictoirement, les observations qu'ils jugeront utiles.

Art. 7. — « Toutes les fois qu'un enfant est confié, conformément à la présente loi, à une association reconnue ou à un particulier devant exercer sur lui les droits de garde, d'éducation, de placement en apprentissage, etc., il est dans les huit jours, donné par le Président du tribunal, avis de cette décision à la Commission départementale, tutrice des Enfants assistés du département dans lequel on se propose de faire élever le dit mineur.

« La Commission peut faire visiter alors les enfants qui lui ont été signalés, soit dans les établissements, soit chez les particuliers, surveiller les soins moraux et matériels qui leur sont donnés et faire connaître à l'autorité judiciaire les contraventions ou abus constatés.

« La Commission peut aussi, sur requête motivée, provoquer de la part du président du tribunal civil, un avertissement, une réprimande, le retrait des enfants et même saisir le parquet d'une demande de fermeture de l'établissement. »

Cet article n'est que la reproduction, à peu près textuelle, de l'amendement présenté en deuxième lecture par l'honorable M. Bérenger sur l'art. 7, et dont le renvoi à la commission n'a été repoussé que par 153 voix sur 271 votants. Parmi les membres du Sénat acceptant le renvoi figurait, comme nous l'avons déjà dit, M. Jules Simon, membre de la commission. Avec son esprit large, toujours prêt à saisir les aspirations généreuses, M. Jules Simon avait adopté un amendement favorable à la bienfaisance privée, subordonnée complètement à l'administration dans le projet alors en discussion. (*Officiel* du 6 juillet 1883.)

Art. 8. — « Si l'enfant placé a des biens personnels dépassant 3,000 francs, il lui est constitué nécessairement une tutelle de droit commun pour la gestion de ces biens. Un représentant de la commission tutrice, de l'association reconnue ou le particulier auquel est confié l'enfant, fait de droit partie de ce conseil de famille.

« Au-dessous de 3,000 francs, les biens sont compris dans la dénomination générale de pécule; et les enfants jouissent, pour la garantie de ce pécule, sur les biens propres de l'association reconnue, ou sur ceux du particulier qui les a recueillis, de l'hypothèque légale du mineur sur les biens de son tuteur.

« Cette hypothèque, conformément à l'art. 2121 du code civil, existe en dehors de toute inscription, du jour même de la décision du Président du tribunal, comprenant ces enfants au nombre des moralement abandonnés.

« En vertu de l'art. 11 de la loi sur les Enfants assistés[1], les biens des membres de la commission départementale tutrice sont exempts de toute hypothèque, la garantie résidant dans le receveur de l'hospice dépositaire du chef-lieu.

Art. 9. — « Les enfants moralement abandonnés doivent recevoir l'enseignement civique et religieux et être, suivant leur âge et leurs aptitudes, placés dans l'agriculture ou soumis à l'apprentissage d'un métier les mettant à même de gagner honorablement leur vie.

« En cas de nécessité absolue, les personnes, associations, administrations qui ont recueilli ces enfants, peuvent les mettre à la disposition du procureur de la République qui, après examen, requiert s'il y a lieu, du tribunal, leur envoi dans une colonie pénitentiaire pour une durée déterminée ou jusqu'à leur majorité. »

1. Il s'agit toujours du projet nouveau.

Nous répétons encore ici que le but du service des moralement abandonnés n'est pas de mettre des enfants en correction. Ainsi que l'a si bien démontré, à maintes reprises, M. Ch. Lucas, il faut deux régimes complétement distincts, l'un approprié à l'enfant abandonné ou délaissé, l'autre à l'enfant coupable. Les moralements abandonnés qui ne sauraient pas mettre à profit les sacrifices consentis pour eux et auxquels ne conviendrait par le travail en liberté, passeraient simplement de la première catégoric dans la seconde.

Art. 10. — « Il ne peut être accordé sur les fonds publics, aux associations et au particulier ayant recueilli un enfant moralement abandonné et jouissant sur lui des droits conférés par la présente loi, aucune pension ou indemnité personnelle à ces enfants.

« Quant aux dépenses résultant de l'entretien des pupilles confiés aux commissions départementales tutrices des enfants assistés, elle sont votées par les conseils généraux, et forment un article additionnel au budget spécial du service. »

La disposition du paragraphe 1er a pour but d'empêcher des abus; du moment qu'une association ou un particulier a réclamé les droits conférés par la loi, il ne doit pas recevoir une pension sur les fonds départementaux.

Art. 11. — « Les parties intéressées peuvent toujours demander au tribunal civil, de rapporter la décision qui place un enfant au nombre des moralement abandonnés, ces instances et toutes celles relatives à l'exécution de la présente loi, jouissent du bénéfice de la loi du 30 janvier 1851, sur l'assistance judiciaire.

Art. 12. — « La remise à ses parents d'un enfant compris au nombre des moralement abandonnés ne peut être prononcée que par décision du Président du tribunal de la résidence de l'enfant.

« La Commission départementale, l'Association reconnue, ou le particulier auquel l'enfant était confié, peut demander au tribunal l'annulation de cette décision dans la forme prévue par l'article précédent. »

TABLE DES MATIÈRES

II. — CONCLUSIONS

Pour paraître le 1er novembre 1885 :

HISTOIRE

DES

ENFANTS ABANDONNÉS ET DÉLAISSÉS

Un très fort vol. in-8 (d'environ 700 pages).

PAR LÉON LALLEMAND

Ouvrage couronné par l'Académie des Sciences morales et politiques.

SOMMAIRE DU VOLUME

ANGERS, IMP. BURDIN ET Cie, RUE GARNIER, 4.

Printed in Dunstable, United Kingdom

91220033R00137